Editorial

Von Jost Maurin

Zwölf Millionen Menschen waren Ende 2011 in Ostafrika vom Hungertod bedroht. Besonders verzweifelt war die Lage in Somalia: Vier Millionen konnten dort nur dank Lebensmittelspenden notdürftig ernährt werden.

Die Krise am Horn von Afrika ist ein besonders dramatischer Anlass, der uns zwingt, über die Welternährung im 21. Jahrhundert nachzudenken. Rund eine Milliarde Menschen haben heute keine Chance auf ein langes, geschweige denn gesundes Leben, weil sie nicht genug zu essen haben. Dieses Problem zu lösen ist die größte moralische Herausforderung für die Weltgemeinschaft in diesem Jahrhundert.

Deshalb versuchen die meisten Autoren dieses Heftes, die Ursachen des globalen Hungerdramas aufzuzeigen: Spekulanten treiben die Preise fürs Essen in die Höhe. Kleinbauern in den armen Staaten verlieren ihr Land, auf dem dann agrarische Exportgüter für die reichen Länder angebaut werden. Die Europäische Union und die Vereinigten Staaten ruinieren mit ihren Dumpingexporten die bäuerliche Bevölkerung in Entwicklungsländern. Die Ernten ganzer Regionen werden durch Heuschrecken vernichtet.

Die Produktionssteigerungen, die sich die globalisierte Agrarindustrie zugute hält, ändern an diesen Verhältnissen wenig. Und das Problem, dass zwar genug Lebensmittel für alle Menschen produziert werden, dass diese aber nicht gerecht verteilt sind, wird durch das Agrobusiness nicht gelöst, sondern eher verstärkt. Zudem hat diese Produktionsform ihre düsteren Kehrseiten: Sie beutet Arbeiter aus, schädigt die Umwelt und erzeugt in den betroffenen Regionen noch mehr Armut, weil die Kleinbauern mit ihrem Land auch ihre Einkommensquelle verlieren. Auch davon erzählen einige der hier versammelten Beiträge.

Unsere Edition will aber auch aufzeigen, welche Lösungsansätze es gibt, um die Hungerkrise zu überwinden: »Esst weniger Fleisch!« lautet eine Empfehlung. Denn um Fleisch zu erzeugen, werden Unmengen Getreide, Wasser und Land benötigt, die dann zur Ernährung der Hungernden fehlen. »Kauft nur so viel Lebensmittel wie nötig!«, fordert ein anderer Beitrag zur Lösung des Hungerproblems. Schließlich landet weltweit ein Drittel aller Nahrungsmittel im Müll oder verdirbt etwa beim Transport. So sinkt das Angebot und die Preise steigen.

Eine wichtige und sehr konkrete Empfehlung lautet: »Schult die Kleinbauern in biologischer Landwirtschaft!« Sieben von zehn Hungernden auf dieser Welt sind Kleinbauern. Sie haben kein Geld für teure Pestizide und Dünger, könnten aber mit alternativen Anbaumethoden mehr ernten als bisher. Und das, ohne sich von den Lieferanten umweltschädlicher Agrarchemikalien abhängig zu machen.

So lautet das Fazit dieses Hefts: Ein Ausweg ist möglich, und er könnte sogar für Ostafrika die Rettung bringen. Aber er muss mit konkreten Schritten beginnen. Und wir haben nicht mehr viel Zeit.

Inhalt

6 AFRIKAS HUNGER IST DIE SCHULD DES WESTENS
Jean Ziegler • Eine ungehaltene Rede

8 SIE SPIELEN MIT DEM ESSEN DER ANDEREN
Harald Schumann • Investoren und Spekulanten treiben die Preise für Nahrungsmittel in die Höhe.

14 DIE ACHTE PLAGE
Marc Engelhardt • Heuschrecken-Schwärme bedrohen Afrika. In wenigen Stunden fressen sie ganze Ernten auf.

18 ZURÜCKESSEN
Katharina Döbler • Heuschrecken und andere Insekten könnte man auch essen. Warum tun wir es nicht?

20 DIE WELT IN EINEM LAIB BROT
Christian Parenti • Ein Lehrstück über unser tägliches Grundnahrungsmittel, das in den nächsten Jahrzehnten knapper und teurer wird.

24 NOMADEN DER GEMÜSEFELDER
Lucile Garçon und Rami Zurayk • Im libanesischen Bekaa-Tal schuften syrische Arbeitsmigranten für die Agroindustrie.

28 FÜR EINE HANDVOLL TOMATEN
Pierre Daum • In der Wüste von Almería wird Discount-Gemüse für Europa gezüchtet. Die Arbeitsbedingungen sind verheerend, die Umweltschäden fatal.

32 DIE FRANKENSTEIN-INDUSTRIE
Hilal Sezgin • High-Tech-Hühner, Designer-Kühe und Pharma-Cocktails – ein Blick in die Abgründe der globalen Fleischproduktion.

38 DAS GIFT IM REIS
Shi Ming • In China werden Nahrungsmittel immer teurer und schlechter. Agrarmultis wie Monsanto wittern ihre große Chance.

42 WIE GOLD, NUR BESSER
Joan Baxter • Internationale Anleger kaufen in afrikanischen Staaten Agrarland – eine neue Form der kolonialen Ausbeutung.

46 SCHÖNE NEUE WORTE
Benoît Lallau • Appelle von Weltbank und UNO stoppen den Landraub in Afrika nicht.

56 DAS MALIBYA-PROJEKT
Amandine Adamczewski und Jean-Yves Jamin • Ohne Rücksicht auf die örtliche Bevölkerung lässt Libyen in Mali Getreide anbauen.

58 ALLES FÜR COCA-COLA
Guillaume Pitron • Für den Limonadenkonzern vergessen die USA sogar ihr Embargo gegen den »Schurkenstaat« Sudan.

66 FREIHANDEL MACHT HUNGRIG
Armin Paasch • Die Agrarsubventionen der Europäischen Union und unfaire Freihandelsabkommen zerstören die Lebensgrundlage der Bauern in Entwicklungsländern.

70 DAS BESTE ÖL FÜR DIE GOURMETKÜCHE
Cécile Raimbeau • In Marokko stellen Frauenkooperativen in Handarbeit das weltweit begehrte Arganöl her.

76 BILLIGMAIS FÜR MEXIKO
Anne Vigna • Das Nordamerikanische Freihandelsabkommen Nafta hat die mexikanische Landwirtschaft den Dumpingimporten aus den USA ausgeliefert.

82 KRABBEN AUS BANGLADESCH
Cédric Gouverneur • Der Preis für Tiefkühlshrimps vom Discounter ist hoch: Die Aquakulturen vernichten Mangroven, Fischbestände und Ackerland.

84 DAS FALSCHE VERSPRECHEN
Toralf Staud • Monsanto und Co behaupten, sie könnten mit ihren genetisch manipulierten Pflanzen das Welthungerproblem lösen.

90 SOJA, DIE KOSTEN EINER MONOKULTUR
Darío Aranda und Nina Holland • Argentinien setzt seit fünfzehn Jahren auf den Anbau gentechnisch veränderter Sojabohnen – und auf den Großeinsatz von Pestiziden.

94 KOPFSALAT AUS DEM 3. STOCK
Malte E. Kollenberg und Fabian Kretschmer • In Südkoreas erster »Vertical Farm« wird Gemüse mitten in der Großstadt angebaut.

96 HUNGERNDE BAUERN
Stéphane Parmentier • Die Kleinbauern in den Entwicklungsländern müssen mehr Rechte bekommen. Das geht nur auf Kosten der Agroindustrie.

98 AUFESSEN STATT WEGWERFEN
Tristram Stuart • Wie wir zu einer gerechteren Verteilung der Nahrungsmittel in der Welt beitragen können.

102 SAWADOGOS LEIDENSCHAFT FÜR BÄUME
Mark Hertsgaard • Bauer Yacouba Sawadogo pflanzt in Burkina Faso Bäume auf seinen Feldern. Mit der alten landwirtschaftlichen Methode wird die Sahelzone fruchtbarer.

108 GENUG STATT MEHR
Benedikt Haerlin • Mit möglichst geringem Aufwand möglichst viel zu produzieren ist keine Lösung. Die Alternativen liegen bereits auf dem Tisch.

Street Eats.
»Ich fotografiere alles, was ich unterwegs esse«.
BILD: NICK MOLLBERG

Comics
64 *Birgit Weyhe* • Heldentum
88 *M tom Dieck* • Grashalme

Grafik
50–55
• Hunger in der Welt
• »Landgrabbing«
• Nahrungsmittelspekulation
• Fisch und Fleisch

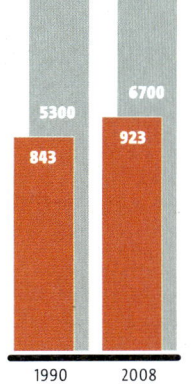

Impressum

Edition Le Monde diplomatique N° 10 • 2011

Redaktionsadresse
Rudi-Dutschke-Straße 23, D-10969 Berlin
Telefon +49 (0)30 259 02-276
Fax +49 (0)30 259 02-676

Redaktion: Jost Maurin (v. i. S. d. P.),
Barbara Bauer, Dorothee D'Aprile
Korrektur: Bernd Cornely

Bildredaktion und Gestaltung: Adolf Buitenhuis

Internet: www.monde-diplomatique.de

Verlagsadresse
taz Verlags- und Vertriebs GmbH
Rudi-Dutschke-Straße 23, D-10969 Berlin
Telefon +49 (0)30 259 02-0

Anzeigen: Lena Meier
Telefon +49 (0)30 259 02-318,
meier@monde-diplomatique.de

Druck: Druckhaus Kaufmann, Lahr
Gedruckt auf 100% Recyclingpapier
Printed in Germany

Preis des Heftes: 8,50 Euro [D]. Alle Rechte vorbehalten. Nachdruck, Aufnahme in Online-Dienste und Internet und Vervielfältigung auf Datenträgern wie CD-ROM, DVD-ROM, usw. dürfen nur nach vorheriger schriftlicher Zustimmung des Verlages erfolgen. Anzeigenpreise auf Anfrage.

ISSN 1864-3876 • ISBN 978-3-937683-31-7

taz.genossenschaft Die deutsche Ausgabe von *Le Monde diplomatique* geht auf eine Initiative der taz Genossenschaft im Jahr 1994 zurück. Mehr über die taz Genossenschaft erfahren Sie unter: www.taz.de/genossenschaft

Erhältlich in den Bahnhofs- und Flughafenbuchhandlungen in Deutschland

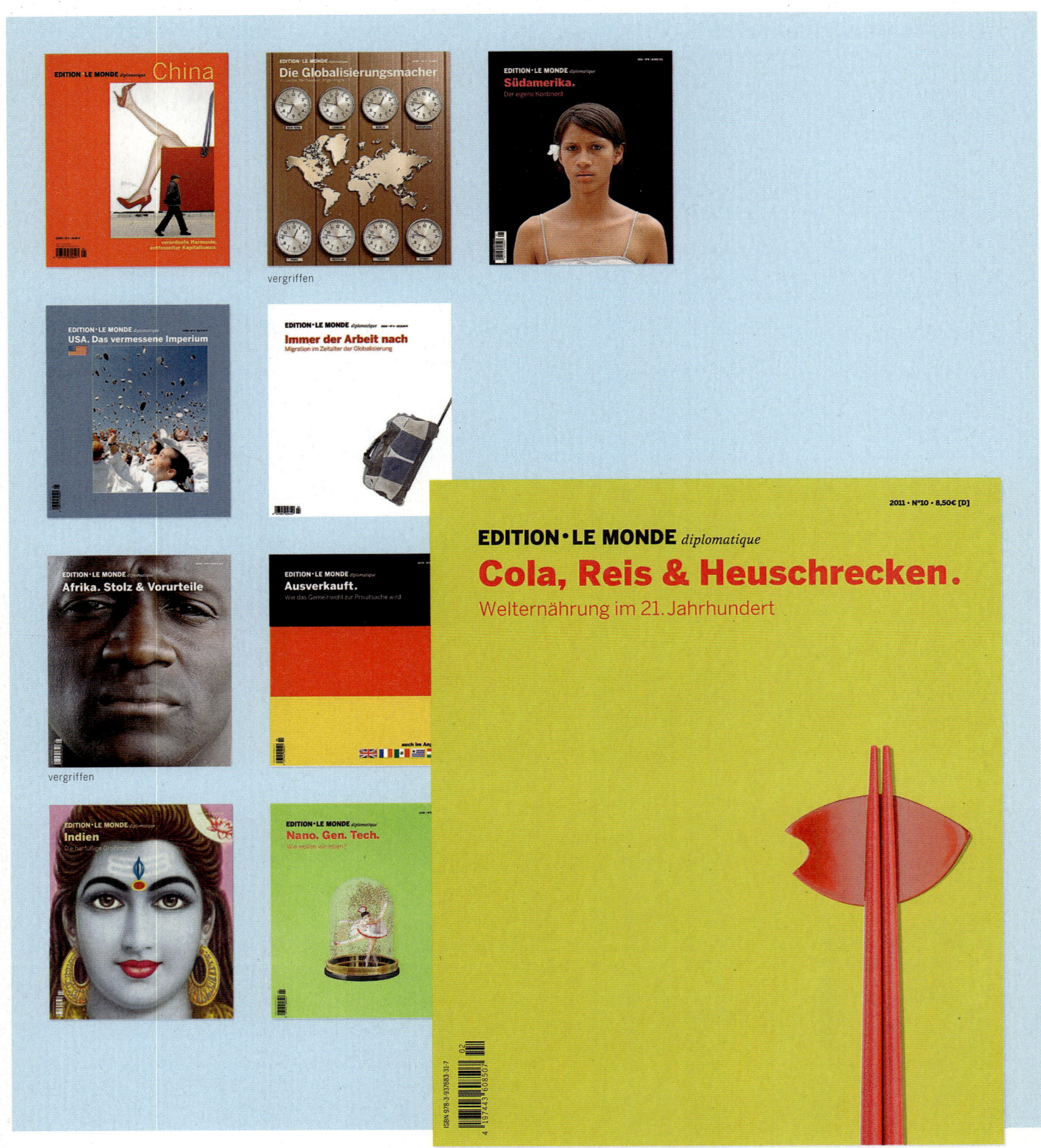

HEINRICH BÖLL STIFTUNG

Gerechtigkeit in einer endlichen Welt

20 Jahre nach dem ersten Erdgipfel von Rio de Janeiro 1992 wird sich die Weltgemeinschaft im Juni 2012 erneut in Rio de Janeiro treffen. Kernthemen sind «Global Environmental Governance» sowie «Greening the Economy».

Für die Heinrich-Böll-Stiftung Anlass und Gebot, sich aktiv in die politischen Debatten und die Suche nach Lösungen für die drängendsten Probleme unserer Zeit einzumischen.

Wieviel Wachstum kann ein endlicher Planet vertragen? Wie beenden wir Hunger in einer Welt des Überflusses? Wie gehen wir nachhaltig und fair mit unserem natürlichen Ressourcenreichtum um?

Wir wollen nachhaltige Entwicklung neu denken und konkrete Beiträge für eine soziale und ökologische Transformation leisten, nachzulesen in unserem Internetdossier unter: **www.boell.de/rio20**

Wohlstand ohne Wachstum

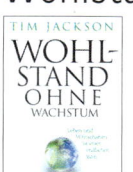

Leben und Wirtschaften in einer endlichen Welt
von Tim Jackson
Hrsg. von der Heinrich-Böll-Stiftung
Aus dem Englischen von Eva Leipprand
oekom Verlag, 3. Auflage, München 2011, zahlr. Abb., 240 S., € 19,95

Hunger im Überfluss

Neue Strategien gegen Unterernährung und Armut
Bericht zur Lage der Welt 2011
Hrsg. vom Worldwatch Institute in Zusammenarbeit mit der Heinrich-Böll-Stiftung und Germanwatch
oekom Verlag, 1. Auflage, München 2011, zahlreiche Tabellen und Abb., 288 S., € 19,95

Zu bestellen unter: **www.boell.de/publikationen**

‚SurVivArt' – Kunst für ein Recht auf gutes Leben

«SurVivArt» hat Künstler/innen aus Afrika, Asien und Europa dazu eingeladen, über das «Gute Leben» zu reflektieren. Gemeinsam mit den Menschen vor Ort entwerfen sie ihre Vision von Nachhaltigkeit und sozialer Gerechtigkeit. Mit «SurVivArt» will die Heinrich-Böll-Stiftung einen weltweiten Brückenschlag zwischen Nachhaltigkeit, Geschlechtergerechtigkeit, Kunst und Kultur schaffen.

Ausstellung: Berlin, 4. - 24. Februar 2012
Mehr Infos unter: **www.survivart.org**

Heinrich-Böll-Stiftung   Die grüne politische Stiftung   Schumannstraße 8   10117 Berlin   Telefon 030.285 34-0   **www.boell.de**

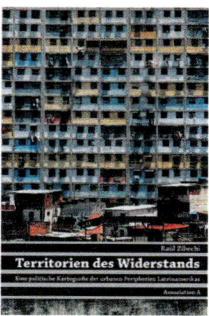

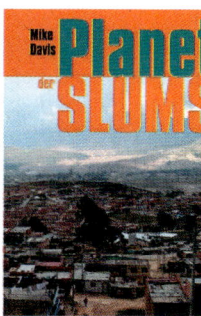

Gerhard Klas
Die Mikrofinanz-Industrie
Die große Illusion oder das Geschäft mit der Armut

Klas schreibt über Allianzen von Investoren, Banken und NGOs, räumt mit den Mythen der Mikrofinanzwelt auf und zieht nicht zuletzt die Querverbindungen zum reichen Deutschland. Für ihn steht fest: Das Kreditgeschäft funktioniert auf Kosten und nicht zum Nutzen der Armen.

ISBN 978-3-86241-401-7
320 Seiten | 19,80 €

Raúl Zibechi
Territorien des Widerstands
Eine politische Kartografie der urbanen Peripherien Lateinamerikas

Territorien des Widerstands, die mit den von den Medien transportierten Bildern wenig zu tun haben: In den Barrios von Mexiko-Stadt, Buenos Aires oder Caracas – überall haben Campesinos, städtische Arme und Indigene völlig neue Überlebensstrategien entwickelt.

ISBN 978-3-86241-402-4
176 Seiten | 16 €

Walden Bello
Politik des Hungers

Walden Bello fragt nach den Ursachen des Hungers. Er findet sie in der Kapitalisierung der Landwirtschaft, wie sie in Afrika, Asien und Lateinamerika seit den 1980er Jahren forciert worden ist. Sein Buch befasst sich mit den Folgen der von Weltbank und IWF verordneten Strukturanpassungsprogramme für Kleinbauern und Landarbeiter.

ISBN 978-3-935936-91-0
200 Seiten | 16 €

Mike Davis
Planet der Slums
Neuauflage mit aktuellem Nachwort des Autors

»Zugespitzt formuliert bedeutet der globale Slum für die höchsten Hierarchieebenen der internationalen Politik im Kern keine humanitäre Krise, sondern ein Schlachtfeld. Währenddessen haben die Vorhersagen des Berichts The Challenge of Slums verbissen mit dem Zuwachs von Zig-Millionen neuer Slumbewohner [...] Kurs gehalten.«

ISBN 978-3-935936-56-9
264 Seiten | 20 €

metroZones (Hg.)
Urban Prayers
Neue religiöse Bewegungen in der globalen Stadt

Welche Relevanz haben neue religiöse Bewegungen für aktuelle urbane Konflikte in verschiedenen Städten und im globalen Zusammenhang? Die Texte und Gespräche aus Afrika, Asien, Lateinamerika und Europa zum Verhältnis von Stadt, Religion und Politik, werfen einen präzisen Blick auf das Phänomen »Urban Prayers«.

ISBN 978-3-935936-78-1
280 Seiten | 20 €

Xabier Makazaga
Demokratie und Folter
Das Beispiel Spanien

Obwohl die Menschenrechtsgremien von UNO und EU oder AI alljährlich gegen Folterungen in Spanien protestieren, findet sich in der Presse fast nichts. Die postfranquistische Justiz und Politik bestreiten alle Vorwürfe. Die wenigen verurteilten Folterer wurden fast alle begnadigt oder sogar befördert.

ISBN 978-3-86241-406-2
160 Seiten | 14,80 €

ASSOZIATION A — **WWW.ASSOZIATION-A.DE**

Afrikas Hunger ist die Schuld des Westens

Eine ungehaltene Rede

Von Jean Ziegler

Der Schweizer Soziologe Jean Ziegler sollte im Juli 2011 auf Einladung des Bundeslandes Salzburg mit einer Rede die dortigen Festspiele für Oper, Schauspiel und Konzert eröffnen. Im März wurde Ziegler von Landeshauptfrau Gabi Burgstaller jedoch wieder ausgeladen – wegen seiner angeblichen Nähe zu dem libyschen Machthaber Muammar al-Gaddafi. Ziegler dagegen betont, dass er den als Beleg für diese Nähe angeführten Menschenrechtspreis, den Gaddafi ihm einst angetragen hatte, umgehend abgelehnt habe. Ziegler schrieb die hier dokumentierte Rede trotz der Ausladung.
Er war bis 1999 Abgeordneter im Schweizer Parlament, dann Sonderberichterstatter der Vereinten Nationen für das Recht auf Nahrung. Seit 2008 ist er Vizepräsident des Beratenden Ausschusses des UNO-Menschenrechtsrats.

Sehr verehrte Damen und Herren, alle fünf Sekunden verhungert ein Kind unter zehn Jahren. 37 000 Menschen verhungern jeden Tag und fast eine Milliarde sind permanent schwerstens unterernährt. Und derselbe World-Food-Report der FAO, der alljährlich diese Opferzahlen gibt, sagt, dass die Weltlandwirtschaft in der heutigen Phase ihrer Entwicklung problemlos das Doppelte der Weltbevölkerung normal ernähren könnte.

Schlussfolgerung: Es gibt keinen objektiven Mangel, also keine Fatalität für das tägliche Massaker des Hungers, das in eisiger Normalität vor sich geht.

Ein Kind, das an Hunger stirbt, wird ermordet.

Gestorben wird überall gleich. Ob in den somalischen Flüchtlingslagern, den Elendsvierteln von Karatschi oder in den Slums von Dhaka, der Todeskampf erfolgt immer in denselben Etappen.

Bei unterernährten Kindern setzt der Zerfall nach wenigen Tagen ein. Der Körper braucht erst die Zucker-, dann die Fettreserven auf. Die Kinder werden lethargisch, dann immer dünner. Das Immunsystem bricht zusammen. Durchfälle beschleunigen die Auszehrung. Mundparasiten und Infektionen der Atemwege verursachen schreckliche Schmerzen. Dann beginnt der Raubbau an den Muskeln. Die Kinder können sich nicht mehr auf den Beinen halten. Ihre Arme baumeln kraftlos am Körper. Ihre Gesichter gleichen Greisen. Dann folgt der Tod.

Die Umstände jedoch, die zu dieser tausendfachen Agonie führen, sind vielfältig und oft kompliziert.

Ein Beispiel: die Tragödie, die sich gegenwärtig (Juli 2011) in Ostafrika abspielt. In den Savannen, Wüsten, Bergen von Äthiopien, Dschibuti, Somalia und Tarkana (Nordkenia) sind 12 Millionen Menschen auf der Flucht. Seit fünf Jahren gibt es keine ausreichende Ernte mehr. Der Boden ist hart wie Beton. Neben den trockenen Wasserlöchern liegen die verdursteten Zebu-Rinder, Ziegen, Esel und Kamele. Wer von den Frauen, Kindern, Männern noch Kraft hat, macht sich auf den Weg in eines der vom UNO-Hochkommissariat für Flüchtlinge und vertriebene Personen eingerichteten Lager.

Zum Beispiel nach Dadaab, auf kenianischem Boden. Dort drängen sich seit drei Monaten über 400 000 Hungerflüchtlinge. Die meisten stammen aus dem benachbarten Südsomalia, wo die mit al-Qaida verbundenen fürchterlichen Chebab-Milizen wüten. Seit Juni treten täglich rund 1500 Neuankömmlinge aus dem Morgennebel. Platz im Lager gibt es schon lange nicht mehr. Das Tor im Stacheldrahtzaun ist geschlossen. Vor dem Tor führen die UNO-Beamten die Selektion durch: Nur noch ganz wenige – die, die eine Lebenschance haben – kommen hinein.

Das Geld für die intravenöse therapeutische Sondernahrung, die ein Kleinkind, wenn es nicht zu sehr geschädigt ist, in zwölf Tagen ins Leben zurückbringt, fehlt.

Das Geld fehlt. Das Welternährungsprogramm, das die humanitäre Soforthilfe leisten sollte, verlangte am 1. Juli für diesen Monat einen Sonderbeitrag seiner Mitgliedstaaten von 180 Millionen Euro. Nur 62 Millionen kamen herein. Das normale WFP (World-Food-Programm)-Budget betrug 2008 sechs Milliarden Dollar. 2011 liegt das reguläre Jahresbudget noch bei 2,8 Milliarden. Warum? Weil die reichen Geberländer – insbesondere die EU-Staaten, die USA, Kanada und Australien – viele tausend Milliarden Euro und Dollars ihren einheimischen Bank-Halunken bezahlen mussten: zur Wiederbelebung des Interbanken-Kredits zur Rettung der Spekulations-Banditen. Für die humanitäre Soforthilfe (und die reguläre Entwicklungshilfe) blieb und bleibt praktisch kein Geld.

Wegen des Zusammenbruchs der Finanzmärkte sind die Hedgefonds und andere Groß-Spekulanten auf die Agrarrohstoffbörsen (Chicago Commodity Stock Exchange u. a.) umgestiegen. Mit Termingeschäften, Futures, etc. treiben sie die Grundnahrungsmittelpreise in astronomische Höhen.

Die Tonne Getreide kostet heute auf dem Weltmarkt 270 Euro. Ihr Preis lag im Jahr zuvor genau bei der Hälfte. Reis ist um 110 Prozent gestiegen. Mais um 63 Prozent.

Was ist die Folge? Weder Äthiopien noch Somalia, Dschibuti oder Kenia konnten Nahrungsmittelvorräte anlegen – obschon die Katastrophe seit fünf Jahren voraussehbar war.

Dazu kommt: Die Länder des Horns von Afrika werden von ihren Auslandsschulden erdrückt. Für Infrastrukturinvestitionen fehlt das Geld. In Afrika südlich der Sahara sind lediglich 3,8 Prozent des bebaubaren Bodens künstlich bewässert. In Wollo, Tigray und Shoa auf dem äthiopischen Hochland, in Nordkenia und Somalia noch weniger. Die Dürre tötet ungestört. Diesmal wird sie viele Zehntausende töten.

Viele der Schönen und der Reichen, der Großbankiers und der Konzern-Mogule dieser Welt kommen in Salz-

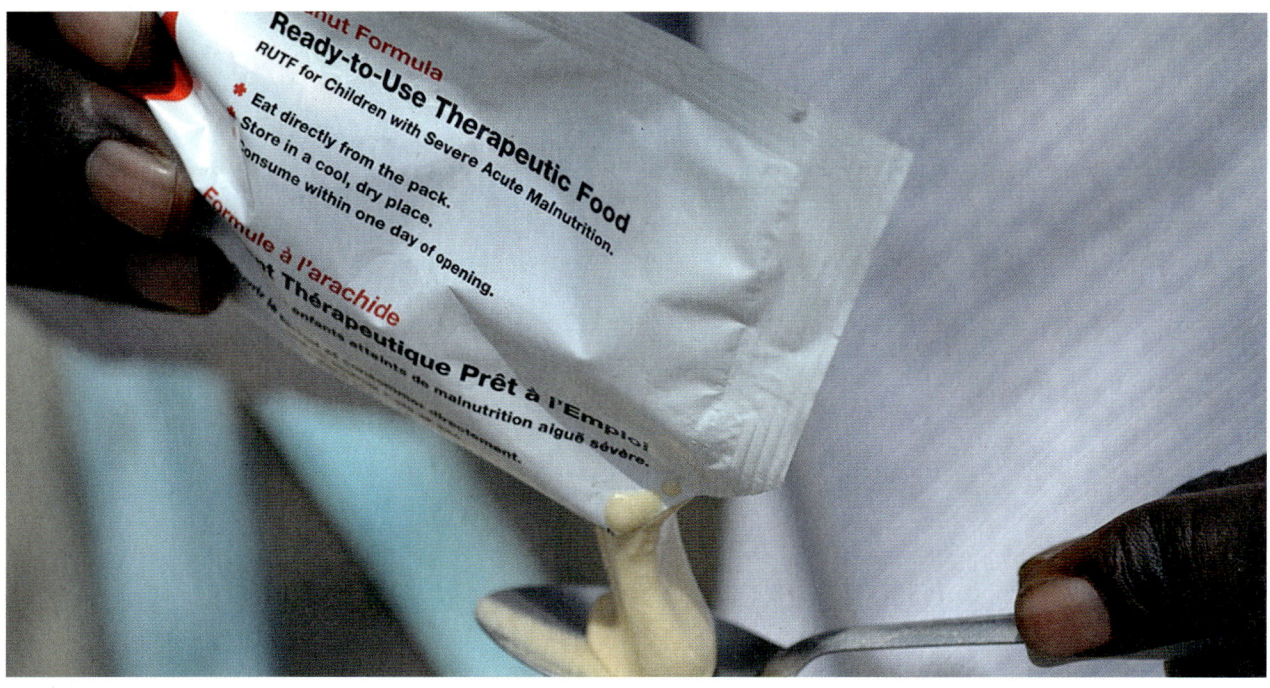

Therapeutische Nahrung für ein unterernährtes Kind.
BILD: SHO
(WWW.SAMENWERKENDEHULPORGANISATIES.NL)

burg zusammen. Sie sind die Verursacher und die Herren dieser kannibalischen Weltordnung.

Was ist mein Traum? Die Musik, das Theater, die Poesie – kurz: die Kunst – transportieren die Menschen jenseits ihrer selbst. Die Kunst hat Waffen, welche der analytische Verstand nicht besitzt: Sie wühlt den Zuhörer, Zuschauer in seinem Innersten auf, durchdringt auch die dickste Betondecke des Egoismus, der Entfremdung und der Entfernung. Sie trifft den Menschen in seinem Innersten, bewegt in ihm ungeahnte Emotionen. Und plötzlich bricht die Defensiv-Mauer seiner Selbstgerechtigkeit zusammen. Der neoliberale Profitwahn zerfällt in Staub und Asche.

Ins Bewusstsein dringt die Realität, dringen die sterbenden Kinder.

Wunder könnten in Salzburg geschehen: Das Erwachen der Herren der Welt. Der Aufstand des Gewissens!

Aber keine Angst, dieses Wunder wird in Salzburg nicht geschehen!

Ich erwache. Mein Traum könnte wirklichkeitsfremder nicht sein! Kapital ist immer und überall und zu allen Zeiten stärker als Kunst. »Unsterbliche gigantische Personen« nennt Noam Chomsky die Konzerne. Vergangenes Jahr – laut Weltbankstatistik – haben die 500 größten Privatkonzerne, alle Sektoren zusammen genommen, 52,8 Prozent des Welt-Bruttosozialproduktes, also aller in einem Jahr auf der Welt produzierten Reichtümer, kontrolliert. Die total entfesselte, sozial völlig unkontrollierte Profitmaximierung ist ihre Strategie. Es ist gleichgültig, welcher Mensch an der Spitze des Konzerns steht. Es geht nicht um seine Emotionen, sein Wissen, seine Gefühle. Es geht um die strukturelle Gewalt des Kapitals. Produziert er dieses nicht, wird er aus der Vorstands-Etage verjagt.

Gegen das eherne Gesetz der Kapitalakkumulation sind selbst Beethoven und Hofmannsthal machtlos.

»L'art pour l'art« hat Théophile Gautier Mitte des 19. Jahrhunderts geschrieben. Die These von der autonomen, von jeder sozialen Realität losgelösten Kunst, schützt die Mächtigen vor ihren eigenen Emotionen und dem eventuell drohenden Sinneswandel.

Die Hoffnung liegt im Kampf der Völker der südlichen Hemisphäre, von Ägypten und Syrien bis Bolivien, und im geduldigen, mühsamen Aufbau der Radikal-Opposition in den westlichen Herrschaftsländern. Kurz: in der aktiven, unermüdlichen, solidarischen, demokratischen Organisation der revolutionären Gegengewalt. Es gibt ein Leben vor dem Tod. Der Tag wird kommen, wo Menschen in Frieden, Gerechtigkeit, Vernunft und Freiheit, befreit von der Angst vor materieller Not, zusammenleben werden.

Mutter Courage, aus dem gleichnamigen Drama von Bertolt Brecht, erklärt diese Hoffnung ihren Kindern:

»Es kommt der Tag, da wird sich wenden
Das Blatt für uns, er ist nicht fern.
Da werden wir, das Volk, beenden
Den großen Krieg der großen Herrn.
Die Händler, mit all ihren Bütteln
Und ihrem Kriegs- und Totentanz
Sie wird auf ewig von sich schütteln
Die neue Welt des g'meinen Manns.
Es wird der Tag, doch wann er wird,
Hängt ab von mein und deinem Tun.
Drum wer mit uns noch nicht marschiert,
Der mach' sich auf die Socken nun.«

Ich danke Ihnen,
Jean Ziegler

© Jean Ziegler, *Der Aufstand des Gewissens. Die nicht-gehaltene Festspielrede 2011*, Salzburg (Ecowin Verlag) 2011.

Sie spielen mit dem Essen der anderen

Von Harald Schumann Der Autor ist Redakteur beim *Tagesspiegel*.

Frankreichs Staatspräsident Nicolas Sarkozy gilt unter den Mächtigen der Welt nicht gerade als Anwalt der Armen und Schwachen. Umso mehr überraschte er Ende Januar 2011 an die 300 Diplomaten und Journalisten im Elysée-Palast, als er die Ziele für Frankreichs Präsidentschaft in der Gruppe der zwanzig wichtigsten Industrie- und Schwellenländer (G20) erklärte. Im golden getäfelten Empfangssaal unter glitzernden Kronleuchtern machte er sich da energisch für die Bedürftigsten der Welt stark, für jene, die hungern müssen, weil sie die hohen Preise für Nahrungsmittel nicht zahlen können. An ihrem Schicksal, so erklärte Sarkozy, trage die Spekulation von Kapitalanlegern auf den Märkten für Rohstoffe und Getreide erhebliche Mitschuld. »Wenn wir dagegen nichts tun, dann riskieren wir Hungerrevolten in den armen Ländern und schlimme Folgen für die Weltwirtschaft«, mahnte er. Die G20-Staaten müssten darum Regeln vereinbaren, die den Einfluss der Finanzinvestoren zurückdrängen. Das sei »auch eine moralische Frage«.

Erstmals erhob damit der Staatschef einer mächtigen Industrienation eine Anklage, die bis dahin nur einige Ökonomen und Aktivisten vergeblich vorgetragen hatten: Demnach nehmen Kapitalanleger aus aller Welt, die an den Börsen auf steigende Preise für Rohstoffe und Getreide setzen, billigend in Kauf, dass sie Millionen Menschen in Hungersnot treiben, weil die Spekulation Nahrungsmittel künstlich verteuert. Oder, wie es Sarkozy kurz darauf bei einer Rede vor der Afrikanischen Union in Addis Abeba erklärte: Die Spekulanten erzeugen »Wucherpreise« und betreiben so »eine Plünderung der armen Länder«, die auf Nahrungs- und Ölimporte angewiesen sind.

Doch die von Sarkozy erhobene Forderung nach engen Grenzen für das umstrittene Geschäft trifft auf ein mächtiges Geflecht aus Investmentbanken, Börsenkonzernen und Finanzinvestoren, die mit allen Mitteln dagegenhalten. Die Fortsetzung der Spekulation mit Rohstoffen und Nahrungsmitteln sei eine »regelrechte Machtdemonstration der Finanzbranche«, klagt Markus Henn, Finanzmarkt-Experte bei Weed, der Berliner Denkfabrik für Entwicklungspolitik.

Dabei könnte das Problem kaum drängender sein. Seit dem Jahr 2000, nur kurz unterbrochen während der Finanzkrise des Jahres 2008, steigen weltweit die Preise für Grundnahrungsmittel. Gleich ob Getreide, Speiseöl, Zucker oder Milch: Alle für die menschliche Ernährung wichtigen agrarischen Rohstoffe waren auf den Weltmärkten im Frühjahr 2011 nach Abzug der Inflation mindestens doppelt so teuer wie zehn Jahre zuvor. In den reichen Industriestaaten, wo die Verbraucher weniger als zehn Prozent ihres Einkommens für Nahrungsmittel ausgeben, fällt das kaum ins Gewicht. Doch für die rund eine Milliarde Menschen in den Entwicklungsländern, die den größten Teil ihrer Einkünfte für die Ernährung verwenden müssen und ohnehin an Unterernährung leiden, bedeuten die Preissteigerungen gravierende Einschränkungen, und vielen bringen sie Krankheit und Tod. Allein 2010 seien die Nahrungspreise um mehr als ein Drittel gestiegen, berichtete die Weltbank und schätzte die Zahl derer, die nur dadurch zusätzlich in absolute Armut gestürzt wurden, auf mehr als 40 Millionen. Diese verhängnisvolle Entwicklung schaffe ein »giftiges Gemisch aus menschlichem Leid und sozialem Aufruhr«, warnte Weltbank-Chef Robert Zoellick.

Während so die Agrarpreise immer neue Höhen erreichen und die Warnmeldungen aus den Armutsregionen sich häufen, verzeichnet auch das andere Ende der Weltgesellschaft einen Rekord: Investoren aller Art, von milliardenschweren Pensionsfonds bis hin zu vielen tausend Kleinanlegern, haben mehr als 600 Milliarden Dollar in Wertpapiere investiert, mit denen sie vom Anstieg der Rohstoffpreise profitieren. Dies ist mehr als je zuvor und mehr als das Vierzigfache dessen, was zu Beginn des vergangenen Jahrzehnts in diesem Sektor des Kapitalmarktes angelegt war. Knapp ein Drittel dieser Summe floss in Anlagen für Agrarrohstoffe, mehr noch als für Rohöl und Erdgas, und diese Summe steige monatlich um fünf bis zehn Milliarden Dollar, berichten die Analysten der britischen Großbank Barclays, die zu den führenden Investmenthäusern an den Rohstoffmärkten zählt. Der Agrarbereich ziehe nicht nur die meisten Mittel an, sondern sei dabei auch der »Sektor mit der besten Performance« und habe seit Anfang 2010 bis zu 50 Prozent Rendite eingebracht. Insgesamt, so stellen die Investmentstrategen fest, sei »jetzt der Zeitpunkt, an dem sich die Entscheidung am stärksten lohnt, das Portfolio über Rohstoff-Anlagen zu diversifizieren«.

Hohe Preise und wachsende Not auf der einen, euphorische Investoren und ihre Milliardengewinne auf der anderen Seite – da liegt der Verdacht nur allzu nahe, dass der Kapitalstrom auf die Rohstoffbörsen selbst die ausschlaggebende Kraft des Preisauftriebs ist. Doch eben das leugnen die Manager der verantwortlichen Finanzunternehmen rundheraus und sprechen so der Politik jede Berechtigung für mögliche Eingriffe ab. Es gebe »keinen glaubwürdigen Beweis für einen Zusammenhang der Investitionen in Rohstoff-Fonds und dem starken Anstieg der Getreidepreise«, behauptet etwa Steve Strongin, Chefstratege für Kapitalanlagen bei der Investmentbank Goldman Sachs, dem Weltmarktführer für Rohstoffinvestments. »Es gibt keinen Nachweis, dass Spekulanten die Preise irgendeines bestimmten Produktes beeinflussen«, meint auch Terence Duffy, Chef des US-Börsenbetreibers CME, der fast die Hälfte seines Umsatzes mit Rohstoffgeschäften macht.

Diese Taktik des Abstreitens ist vor allem deshalb so erfolgreich, weil die moderne Rohstoffspekulation ein höchst abstrakter und undurchsichtiger Vorgang ist. Wo Spekulanten einst noch die jeweilige Ware in geheimen Lagern horteten, um so über eine künstliche Verknappung des Angebots die Preise zu treiben, operieren ihre

Anzeigetafel im Handelsraum des Chicago Board of Trade.
BILD: LARS PLOUGMANN

modernen Nachfolger nur im elektronischen Cyberspace der Finanzwelt. Ihr Geschäft betreiben sie in den mit Computerbildschirmen vollgestellten Handelssälen von Banken, Versicherern sowie Fonds, und ihre Instrumente heißen Futures, Optionen und Swaps. In vollständiger Anonymität können sie so mit ein paar Mausklicks Millionen Tonnen Getreide, Rohöl und andere Rohstoffe kaufen und verkaufen, ohne sich je mit der physischen Ware selbst zu befassen. Und so bleibt das umstrittene

Handelssaal der Chicago Mercantile Exchange, 1928.
BILD: COMMODITY FUTURES TRADING COMMISSION

Geschäft dem Verständnis der meisten Bürger und damit auch der politischen Kontrolle weitgehend entzogen.

Dabei ist die Konstruktion, auf der das moderne Rohstoffgeschäft basiert, im Grunde einfach und schon 150 Jahre alt: Bereits Mitte des 19. Jahrhunderts führten US-Getreidehändler an der Rohstoffbörse Chicago Board of Trade (CBOT, heute Teil des CME-Konzerns), den Handel mit Warenterminverträgen ein, im Finanzjargon Futures genannt. Mit diesen Kontrakten kaufen und verkaufen Farmer, Verarbeiter und Händler eine definierte Menge und Qualität Getreide zu festgelegten Terminen in der Zukunft. Das Neue daran war damals, dass die Börse selbst der Vertragspartner für Käufer wie Verkäufer wurde und für die Erfüllung des Vertrages garantierte. Dafür mussten die Akteure ihrerseits Sicherheiten auf ein Börsenkonto einzahlen, im Branchenjargon »margins« genannt.

Das hatte zunächst nichts mit Spekulation zu tun. Die Idee war vielmehr, die wilden Preisschwankungen auf dem Getreidemarkt zwischen dem Überfluss nach der Ernte im Herbst und dem Mangel im Frühjahr zu vermeiden. Dazu richteten die Börsenbetreiber große Lagerhäuser ein, deren Nutzung direkt mit den Futures verbunden war: Wer einen solchen Vertrag erwarb, bekam im Falle eines Kaufes das Recht, die entsprechende Menge an Weizen, Mais oder Hafer zum vereinbarten Termin und Preis aus diesen Lagerhäusern zu beziehen. Wer dagegen verkaufte, musste bis zum selben Zeitpunkt die vereinbarte Menge dort anliefern oder aus den Beständen kaufen. Daran hat sich im Grundsatz bis heute nichts geändert. Wo immer Futures auf Rohstoffe gehandelt werden, können diese im Prinzip auch mit der Lieferung der physischen Ware erfüllt werden.

Die Konstruktion diente – und tut dies im Prinzip noch immer – den Interessen beider Seiten. Die Farmer und ihre Handelsfirmen wussten schon vor der Aussaat, welche Menge an Getreide sie zu welchem Preis würden verkaufen können, und konnten ihre Anbauplanung darauf einstellen. Ebenso konnten die Abnehmer der Ware, zum Beispiel Mühlen und Brotfabrikanten, aufgrund sicherer Mengen und Preise ihre Produktion planen und kalkulieren.

Die physische Lieferung zur Erfüllung der Verträge ist aber nur eine mögliche Form, die fast nie genutzt wird.

Von Beginn an nutzten Händler aller Couleur lieber die Möglichkeit, die Future-Verträge rein finanziell abzuwickeln. Wenn die Preise zwischen Abschluss des Kontrakts und dessen Fälligkeit stiegen, macht dabei der Verkäufer einen Verlust. Denn er hat sich ja verpflichtet, die Ware billiger zu liefern, als sie zum Zeitpunkt der Fälligkeit am Markt ist. Umgekehrt macht der Käufer einen Gewinn, denn er könnte theoretisch die Ware vom Verkäufer billig beziehen und gleich teurer weiterverkaufen. Weil die Erfüllung solcher Verträge mit physischen Lieferungen aber hohe Transport- und Lagerkosten verursacht, werden seit jeher die meisten Futures rein finanziell über Ein- und Auszahlungen auf die Börsenkonten abgewickelt. Für Unternehmen, die mit der physischen Ware arbeiten, bietet der Future-Handel darum vor allem eine Art Versicherung gegen Preisschwankungen.

Die Möglichkeit, die Verträge nur über Geldzahlungen zu erfüllen, lockte natürlich von Anfang an auch Spekulanten an, die gar kein Interesse am Getreide oder anderen börsengehandelten Rohstoffen hatten, sondern nur auf steigende oder fallende Preise wetteten. Zwangsläufig führte dies auch immer wieder zu Manipulation und Preisblasen. Aber nach einer langen Reihe von Skandalen schuf die Regierung des US-Präsidenten Franklin D. Roosevelt in den 1930er Jahren eine effektive Aufsicht für die Rohstoffbörsen. Diese setzte Grenzen für die Höchstzahl von Future-Verträgen durch, die einzelne Handelsfirmen halten durften. Demnach war es allen Händlern, die nicht selbst auch im physischen Getreidehandel tätig waren, verboten, mehr als 500 Standardkontrakte pro Getreideart zu erwerben. Das entsprach knapp 55 000 Tonnen Weizen oder 51 000 Tonnen Mais. Diese »Positionslimits« erwiesen sich über sechzig Jahre hinweg als wirksames Instrument, um die Getreidespekulation in Grenzen zu halten, und wurden später auch auf andere Rohstoffe wie Rohöl oder Industriemetalle angewandt.

Bis Ende der 1990er Jahre folgten die Preise an den Rohstoffbörsen daher vorwiegend dem Umfang der zu erwartenden Ernten oder der Nachfrage nach Öl im Zuge der Konjunkturlage. Ann Berg, eine frühere Börsenmaklerin, die bis 1997 auch Vorstandsmitglied der Chicagoer Futures-Börse war, erinnert sich noch gut: »Die Spekulanten waren nur Mitspieler auf den Rohstoffmärkten, und sie waren bei den kommerziellen Produzenten und Verarbeitern sogar willkommen.« Denn sie sorgten dafür, dass der Markt für die Futures »liquide« war, das heißt, es gab stets Käufer oder Verkäufer. Dabei lag aber der Anteil aller Kontrakte, die zu rein spekulativen Zwecken gehandelt wurden, selten höher als 30 Prozent.

Mit Beginn des neuen Jahrtausends änderte sich das radikal. Damals erschütterte der Börsencrash nach dem Internetboom die Finanzwelt, und Aktien erschienen plötzlich als Kapitalanlage weit weniger attraktiv. In dieser Lage begann die Finanzbranche ein neues Angebot zu vermarkten: die Anlage in Rohstoffen. Das Instrument dafür hatte die Investmentbank Goldman Sachs entwickelt, den Goldman-Sachs-Commodity-Index, kurz GSCI. Mit diesem Index spiegelten die Investmentplaner die Entwicklung der Future-Preise von 25 verschiedenen Rohstoffen von Aluminium bis Zucker.

Preissicherung. Von nun an verkaufte die Finanzwirtschaft den Einstieg in die Warenterminkontrakte als neue »asset class«, also eine neue Klasse von Kapitalanlagen, die jeder Vermögensverwalter seinem Portfolio zur Absicherung beimischen sollte – eine Empfehlung, die längst auch deutsche Banken ihren Kunden geben. Jörg Warnecke etwa, Anlagemanager bei Union-Investment, der Fondstochter der deutschen Genossenschaftsbanken, erteilt bedenkenlos den Rat, Rohstoffe hätten »eine entscheidende Rolle« für ein »krisenfestes Depot«.

Im großen Stil fließt seither auf diesem Weg anlagesuchendes Kapital auf die vergleichsweise kleinen Warenterminmärkte. Dort gehen mittlerweile bis zu 80 Prozent aller Verträge nur noch auf die spekulative Kapitalanlage

Bis zu 80 Prozent der Verträge gehen nur noch auf die spekulative Kapitalanlage zurück

Die Goldman-Banker boten Anlegern nun an, deren Kapital zu verwalten und Futures für die jeweiligen Rohstoffe entsprechend der Gewichtung im Index zu kaufen. Über diese »Indexfonds« sollten sie an den Gewinnen oder Verlusten auf den Rohstoffmärkten teilhaben, ohne selbst mit den Rohstoffen handeln zu müssen. Stiegen die Future-Verträge im Wert, sollte auch der Wert der Kapitalanlage entsprechend zulegen und umgekehrt. Mit dem Argument, dies würde ein Portfolio auch gegen Inflation absichern und vor weiteren Crashs schützen, warb Goldman weltweit für die neuen Fonds – und das mit durchschlagendem Erfolg. Schon bald legten zahlreiche weitere Großbanken wie Barclays, Morgan Stanley und die Deutsche Bank ähnliche Fonds auf, die sie anschließend auch für private Anleger öffneten. Ganz vorne dabei ist auch Pimco, der weltgrößte Verwalter von Vermögensanlagen, im Besitz des deutschen Allianz-Konzerns, bei dessen »Commodity Real Return Strategy Fund« allein fast 30 Milliarden Dollar investiert sind.

Die als »Innovation« gepriesenen Rohstoff-Indexfonds wären aber unbedeutend geblieben, hätten die Geldkonzerne parallel nicht auch die Aufhebung der alten Positionsgrenzen durchgesetzt. Unter dem Schlachtruf »Befreiung von der Regulierung« hoben ihre – über Wahlkampfspenden großzügig finanzierten – Verbündeten im US-Kongress denn auch Stück für Stück alle Regeln auf, die vordem den Einfluss der Finanzanleger auf die Future-Preise begrenzt hatten. Erst nahmen sie die Kontrakte für Öl und Gas davon aus, dann wurden auch die Grenzen für Getreidefutures um mehr als das 30fache angehoben, und bis 2005 erlangten die meisten beteiligten Großbanken schließlich sogar den gleichen Ausnahmestatus wie die kommerziellen Rohstoffproduzenten und -verarbeiter, die beim Erwerb von Futures seit eh und je keinerlei Begrenzung unterlagen.

Seitdem war kein Halten mehr. Binnen weniger Jahre erfuhren die Rohstoffmärkte der USA eine radikale Transformation, die weltweite Folgen hatte. Fortan waren Rohstoff-Futures nicht mehr bloß ein Instrument zur

zurück, obwohl diese Märkte dafür eigentlich nie gedacht waren. Denn die Rohstoffanlagen dienen – anders als Aktien oder Anleihen – ja nicht dem Zweck, den Aufbau von Produktionsanlagen oder staatlicher Infrastruktur zu finanzieren und auf diesem Weg Erträge zu erwirtschaften. Vielmehr schließen die Rohstoffanleger lediglich Wetten auf die Preisentwicklung der jeweiligen Rohstoffe ab.

Doch genau damit lösen sie einen verhängnisvollen Kurzschluss aus. Denn die Preise für die Futures an den Rohstoffbörsen der USA und Europas dienen zugleich als Richtgröße im Handel mit den physischen Waren. Für Getreide kann das jeder moderne Landwirt sofort bestätigen. Heinrich Heitmüller zum Beispiel führt einen Betrieb auf Rügen und produziert auf rund 400 Hektar Weizen und Raps. Die Frage, wie er die Preise mit seinem Getreidehändler aushandelt, quittiert er mit einem Lachen. Dann zieht er sein Handy aus der Tasche, tippt auf das Display und zeigt das Ergebnis: »Hier, das sind die aktuellen Preise der Matif, das sind auch meine Preise.« Gemeint sind die Notierungen der Getreidebörse in Paris, deren Kurse wiederum in der Regel jenen in Chicago folgen. So bestimmt der Börsenpreis auch den tatsächlichen Handelspreis. Und genauso läuft auch die Preisbildung für andere börsengehandelte Rohstoffe wie Rohöl, Erdgas oder Kupfer.

Die Konsequenzen sind verheerend. Denn die massenhafte Kapitalanlage in Index-Fonds auf Rohstoffe hat zur Folge, dass die Rohstoffpreise über lange Zeiträume nicht mehr den Veränderungen bei Angebot und Nachfrage folgen, sondern allein dem Herdentrieb der Anleger. Nirgendwo ist das so offensichtlich wie bei den Preissprüngen für Rohöl. Die hat es auch in der Vergangenheit schon gegeben, etwa 1991, während des ersten Golfkrieges, als die Ölfelder Kuwaits brannten.

Doch was geschah im Frühjahr 2008? Keine Revolution und kein Krieg gefährdeten die Ölförderung. Wohl stieg der Ölverbrauch Chinas im Jahresverlauf um 12 Prozent, doch gleichzeitig sank er wegen der Rezession in den Industrieländern umso stärker. Alle Zeichen standen auf Preisverfall. Stattdessen stieg der Ölpreis zwischen Januar und Juni um volle 50 Prozent von 95 auf 147 Dollar pro Fass. Und dafür gab es nur eine plausible Erklärung: Das Geschäft mit Hypothekenpapieren war in den USA auf breiter Front eingebrochen, gleichzeitig fielen die Aktienkurse, und die Anleger griffen zu der Alternative, die ihnen die Finanzbranche bot: Wetten auf steigende Rohstoffpreise. Allein in der ersten Woche des April 2008 flossen nur über die Index-Investoren 10 Milliarden Dollar in die Spekulation mit Öl-Futures.

Erst als der folgende Beinahe-Kollaps des globalen Finanzsystems die Investoren zwang, alle verfügbaren Anlagen aufzulösen, um sich flüssige Mittel zu beschaffen, platzte die Öl-Blase, und der Rohölpreis stürzte binnen sechs Monaten um 62 Prozent ab. Vor diesem Hintergrund kam selbst die Europäische Zentralbank zu dem Schluss, dass »die Aktivitäten auf den Futures-Märkten die Ölpreise um 15 Prozent über das Niveau gedrückt haben, das durch die Fundamentaldaten [über Angebot und Nachfrage] gerechtfertigt gewesen wäre«.

Das gleiche Phänomen wiederholte sich im ersten Halbjahr 2011, als der Preis für Rohöl binnen fünf Monaten von 90 auf 126 Dollar pro Fass stieg. Der Zufluss an spekulativem Geld in die Rohstoff-Terminmärkte war so groß, dass selbst die Energie-Analysten von Goldman Sachs vor einer neuen Öl-Blase warnten. Die Positionen der Spekulanten seien auf ein Maß angewachsen, das einem Volumen von 375 Millionen Fass entspreche, schrieben die Goldman-Experten. Mit jeder elektronisch gekauften zusätzlichen Million Fass steige der Preis aber um 8 bis 10 US-Cent. Demnach war der Ölpreis zu diesem Zeitpunkt also allein durch die Spekulation um bis zu 26 Dollar aufgeblasen.

Schon das allein trägt erheblich dazu bei, die Hungerkrise zu verschärfen. Denn der Getreideanbau ist energieintensiv. Über Dieseltreibstoff und Mineraldünger schlagen die gestiegenen Energiekosten deshalb zu rund einem Viertel auf die Getreidepreise durch. Darum würde die Rohstoffspekulation die Ernährung der Weltbevölkerung selbst dann gefährden, wenn die Getreidemärkte davon nicht betroffen wären. Zugleich sorgen die Anleger aber auch dort für lang anhaltende Preisspitzen, die nicht mit schlechten Ernten oder gestiegener Nachfrage zu erklären sind. So wurden Mais und Weizen an der Börse in Chicago und auch im Welthandel zwischen Juni 2007 und Juni 2008 um 140 Prozent teurer. Zur Begründung verwiesen Finanzanalysten vor allem auf den wachsenden Einsatz von Mais für die Herstellung von Biosprit. Insbesondere das Ethanol-Programm der USA führte dazu, dass rund 40 Prozent der gesamten US-Maisernte in den Tanks amerikanischer Autofahrer landen.

Gleichwohl steht die Preisexplosion für Getreide dazu in keinem Verhältnis. Denn während die Ethanol-Produktion das ganze Jahr 2008 auf vollen Touren lief, stürzten die Preise für Mais und Weizen in der zweiten Jahreshälfte 2008 wieder um fast 70 Prozent ab. Die Entwicklung bei den Bio-Treibstoffen könne daher vielleicht einen Beitrag zur Nahrungskrise geleistet haben, »aber dieser ist weit geringer, als zunächst angenommen«, urteilten die Autoren einer Überblicksstudie für die Weltbank.

Als weitere Erklärung für die Preisspitzen bei Getreide führen viele Fachleute zudem die allgemeine Versorgungslage mit Getreide an. Als Indikator dafür gilt das Verhältnis zwischen den gemeldeten Lagerbeständen und dem Verbrauch (»stocks-to-use ratio«). Dies war zur

Zwischen Juni 2007 und Juni 2008 wurden Mais und Weizen an

Jahreswende 2007/08 wegen Missernten im großen Exportland Australien tatsächlich auf ein historisches Tief gefallen. Zur Erklärung der Preisentwicklung taugt aber auch dieser Wert wenig. Denn über längere Zeiträume betrachtet, laufen auch die Getreidepreise und die »stocks-to-use ratio« völlig auseinander. So lag im Sommer 2011 weit mehr Getreide auf Lager als im Jahr 2008, während der Verbrauch kaum gestiegen war. Trotzdem schossen die Preise auf das höchste je erreichte Niveau.

Diese scheinbar widersinnigen Preisbewegungen belegen, dass die Finanzialisierung des Rohstoffhandels die Märkte für Rohstoffe aller Art zu einem Teil des globalen Kapitalmarktes gemacht hat. In der Folge wurden daher Zinsänderungen, Bankenkrisen und der generelle Herdentrieb der Kapitalverwalter die zentralen Faktoren, nach denen sich die Preisentwicklung richtet.

Nichts verdeutlicht diesen Zusammenhang klarer als der Gleichklang der Geldpolitik der US-Notenbank mit der Entwicklung der Rohstoffpreise. Deren erneuter Anstieg nach der Finanzkrise begann just in dem Moment, als die Notenbanker der USA im Mai 2009 dazu übergingen, mit ihrem elektronisch erzeugten Geld selber Staatsanleihen für 300 Milliarden Dollar zu kaufen und so das Finanzsystem mit billigen Dollars zu fluten. Das half zwar der US-Wirtschaft wenig, aber dafür sank die Rendite von Staatsanleihen der Vereinigten Staaten unter die Inflationsrate. Umso stärker setzten Großinvestoren daher auf Rohstoffe und brachten so einen erneuten Preisschub in Gang, der mit dem Ende der Aktion auch prompt zum Stillstand kam. Als die Zentralbank ab August 2010 dann noch einmal 600 Milliarden zusätzliche Dollar in den Markt pumpte, zündete dies aber eine erneute Preisexplosion. Und erst mit dem absehbaren Ende der Dollarflut brachen die Preise ab Mai 2011 wieder ein.

Längst gibt es eine Fülle wissenschaftlicher Arbeiten, die den Zusammenhang zwischen Spekulation und Preisentwicklung belegen. Die umfassendste Untersuchung veröffentlichten vier Ökonomen des renommierten »New England Complex Systems Institute« in Boston im September 2011. Demnach waren die Preissprünge für Getreide in den Erntejahren 2007/08 und 2010/11 »spezifisch auf die Spekulation von Investoren zurückzuführen«. Beide Male, so kalkulierten die Autoren, seien die Preise für jeweils fast ein ganzes Jahr um bis zu 50 Prozent über das Niveau gestiegen, das aus dem Verhältnis von Angebot und Nachfrage auf dem physischen Markt zu erwarten gewesen wäre.

Vor diesem Hintergrund wirkt die anhaltende Leugnung der Mitschuld der Spekulation an den Hungerkrisen durch die interessierten Geldkonzerne mehr als weltfremd. Offenbar sei es in dieser Debatte so wie einst beim Streit über die Schädlichkeit des Rauchens, spottet der

Fraktionen des Europaparlaments gemeinsam im Februar 2011, die Kommission solle »die notwendigen Schritte unternehmen, um gegen die Exzesse der Spekulation auf den Rohstoffmärkten zu kämpfen«. In einem weiteren Beschluss vom Juni 2011 forderten die Abgeordneten sogar, der »Ausschluss von Finanzinstituten« von »der Zulassung zu den Rohstoffbörsen« sei zu prüfen, um eine »wirksame Begrenzung des ungesund hohen Handelsvolumens an den Rohstoffmärkten« zu erreichen.

Doch auch hier gelang es der Finanzbranche durch intensive Lobbyarbeit, eine wirksame Begrenzung des Rohstoffgeschäfts vorerst abzuwehren. Nach dem Willen des Parlaments sollte diese eigentlich über die anstehende Novelle der EU-Gesetzgebung über Finanzmarktin-

der Börse in Chicago und im Welthandel um 140 Prozent teurer

Agrarökonom Tassos Haniotis, der für die EU-Kommission das Thema untersuchte: »Es gibt immer mehr Belege, aber die interessierte Branche leugnet, so lange es geht.«

Umso dringender wäre es, dass Regierungen und Aufsichtsbehörden mit strengen Regeln gegen den Missbrauch der Warenterminbörsen durch Kapitalanleger vorgehen. Doch die Chancen dafür stehen schlecht. Dabei ist gerade im Ursprungsland der Rohstoffspekulation die Wut groß. In den USA schafft die von den Anlegern forcierte Verteuerung von Benzin für die autoabhängige Bevölkerung große Probleme. Darum beauftragte der US-Kongress im Sommer 2010 im Rahmen der großen Finanzreform die zuständige Aufsichtsbehörde CFTC auch damit, erneut Positionsgrenzen zu erlassen, um der »exzessiven Spekulation« Einhalt zu gebieten. Doch die Finanzlobby kämpft mit allen Mitteln gegen die Erfüllung dieses Auftrags.

Zur Seite steht ihr die mit hohen Wahlkampfspenden der Wall Street gesponserte republikanische Mehrheit im Repräsentantenhaus. Diese drohte der Behörde kurzerhand mit der Kürzung der Mittel, wenn sie an den Plänen festhalte. Nachdem die CFTC trotzdem einen ersten Vorschlag für neue Regeln veröffentlicht hatte, trugen die Verteidiger der unbegrenzten Spekulation den Streit in die Behörde, in deren Führungsgremium die Reformer seitdem keine Mehrheit mehr haben. Im Ergebnis beschlossen die Behördenchefs am 18. Oktober 2011 ein Konzept, das zwar die pauschalen Ausnahmegenehmigungen für die Investmentbanken aufhebt. Aber durch die Schaffung neuer Schlupflöcher werde sich im Ergebnis – entgegen dem gesetzlichen Auftrag – »wenig bis gar nichts« an den bisherigen Praktiken ändern, beklagte der demokratische Senator Bernie Sanders.

Nicht viel besser steht es auf der anderen Seite des Atlantiks. Auch hier hatte der für die Finanzmarktregulierung zuständige EU-Kommissar Michel Barnier schon im Januar 2010 erklärt, »die Spekulation mit Grundnahrungsmitteln« sei »ein Skandal, während es eine Milliarde Menschen gibt, die hungern«. Auch hier forderten alle

strumente eingeführt werden. Der von der Kommission am 20. Oktober 2011 dazu vorgelegte Reformvorschlag sieht den Erlass von Positionslimits an den Rohstoffbörsen jedoch nur als Kann-Bestimmung vor, deren Umsetzung den nationalen Aufsichtsbehörden überlassen bleiben soll. Bleibt es dabei, dann wird sich auch an Europas wichtigsten Rohstoffbörsen nichts ändern. Denn diese residieren in London, und Großbritanniens Finanzminister George Osborne ließ seine Behörde bereits erklären, sie werde keine solchen Limits verfügen.

Und selbst die Bundesregierung, deren Finanzminister Wolfgang Schäuble und Agrarministerin Ilse Aigner noch im Januar die »Exzesse an den Rohstoffmärkten« beklagt hatten, will vorerst gar nichts unternehmen. Die »Eckpunkte«, die Aigner im Juni 2011 zum Thema veröffentlichte, stellen Regeln gegen die Rohstoffspekulation allenfalls für die ferne Zukunft in Aussicht. Zur Begründung verwies Aigner ganz im Ton der Finanzlobbyisten auf das vermeintlich ungesicherte Wissen über den Einfluss der Spekulation auf die Preise. Zunächst gelte es, »den Einfluss von Derivategeschäften auf die Preisentwicklung empirisch genauer zu untersuchen«. Erst wenn sich »auf dieser Basis Bedarf für Regulierungsmaßnahmen« ergebe, sei »ein Bündel spezifischer Instrumente zu prüfen, mit dem die Aufsichtsbehörden den Fehlentwicklungen angemessen beggnen können«, heißt es vage.

So stand Frankreichs Staatspräsident am Ende seines Jahres an der Spitze der G20 weitgehend mit leeren Händen da. Vom Gegenwind aus den USA und den anderen EU-Staaten ließ er sich nicht beirren, womöglich auch deshalb, weil er sich von seinem Engagement Punkte bei den Wählern für den anstehenden Wahlkampf erhofft. »Lasst uns nicht auf die Experten warten, bis wir handeln«, forderte er beim World Farmers' Forum, der Weltkonferenz der Bauernverbände, in Paris. Denn eines ist laut Sarkozy sicher: »Die Experten werden sich niemals einig sein. Wenn wir warten, dann wird gar nichts getan, aber das können wir uns nicht leisten.« ●

Dieser Artikel beruht auf einem Bericht, den der Autor im November 2011 für die Verbraucherorganisation Foodwatch erstellt hat. Der umfassende Report Die Hungermacher. Wie Deutsche Bank, Goldman Sachs und Co. auf Kosten der Ärmsten mit Lebensmitteln spekulieren *ist im Internet abrufbar unter:* http://foodwatch.de
Das jüngste Buch von Harald Schumann (zs. mit Christiane Grefe) Der globale Countdown. Gerechtigkeit oder Selbstzerstörung – Die Zukunft der Globalisierung *erschien 2008 bei Kiepenheuer & Witsch in Köln.*

Die achte Plage

Heuschrecken-Schwärme bedrohen Afrika. In wenigen Stunden fressen sie ganze Ernten auf.

Von Marc Engelhardt   Der Autor ist freier Journalist und lebt in Genf.

»Gleich wie die Morgenröte sich ausbreitet über die Berge, so kommt ein großes und mächtiges Volk.« Noch klingt es poetisch, was der Prophet Joel vor fast dreitausend Jahren über eine der größten Naturkatastrophen seiner Zeit schreibt. Die Morgenröte lässt vom wahren Horror noch nichts erahnen. Aber dann: »Vor diesem Volk her geht ein verzehrendes Feuer und hinter ihm eine brennende Flamme. Das Land ist vor ihm wie der Garten Eden, aber hinter ihm wie eine wüste Einöde. Sie sind gestaltet wie Pferde und rennen wie die Rosse. Sie sprengen daher über die Höhen der Berge, wie ein mächtiges Volk, das zum Kampf gerüstet ist. Vor ihm erzittert das Land und bebt der Himmel, Sonne und Mond werden finster, und die Sterne halten ihren Schein zurück. Das Feld ist verwüstet und der Acker ausgedörrt, das Getreide ist verdorben.«

Es ist eine Reportage aus der Hölle. Was einer der ältesten Propheten im Alten Testament beschreibt, ist bis heute ein Sinnbild für Hunger, Elend und Verwüstung. Nachdem Heuschrecken durch ein Land gezogen sind, bleibt nichts zurück als der sichere Tod, obwohl die Insekten keinem Menschen etwas zu Leide tun. Dennoch ist aus dem kahlgefressenen Land alles Leben gewichen, auch wenn es noch Wochen dauern wird, bis die Bewohner verhungert sind. Es gibt keinen Ausweg, denn was an Pflanzen, Getreide und Vorräten da war, haben die Heuschrecken vernichtet. Mit den Ratten kommt die Pest, mit den Heuschrecken kommt der Hungertod. Was kann es Grausameres geben als das sichere Wissen, langsam und elendig zu verhungern – nicht alleine, sondern mit seinen Kindern, der Familie, seinen Freunden.

Kein Wunder, dass Heuschreckenplagen vor dem Hintergrund ihrer schieren Unfassbarkeit den Opfern als Symbol eines höheren, göttlichen Gerichts erscheinen mussten. Schon im alten Ägypten wurde die Heuschrecke als Gottes Todesbote angebetet. Und die achte Plage, die Gott im Alten Testament auf Ägypten niederschickt, ist die eine, die jeder kennt. »Am Morgen führte der Ostwind die Heuschrecken herbei«, heißt es im Buch Mose. »Und sie kamen über ganz Ägypten und ließen sich nieder überall, so viele, wie nie zuvor gewesen sind noch hinfort sein werden. Denn sie bedeckten den Erdboden so dicht, dass er ganz dunkel wurde. Und sie fraßen alles, was im Lande wuchs, und alle Früchte auf den Bäumen, und ließen nichts Grünes übrig an den Bäumen und auf dem Felde.«

Und heute? Heute fallen bildliche Heuschrecken über Unternehmen und Banken her, über Staaten, die nicht der neoliberalen Idealfigur entsprechen, oder über alles andere, wogegen sich wetten oder was sich sonst zu Geld machen lässt. Die Heuschrecken aus der Bankenwelt haben mit denen Moses' gemeinsam, dass sie aus dem Nichts kommen und wieder ins Nichts verschwinden, nachdem sie alles vernichtet haben, was es zu vernichten gab. Nicht Brot und Früchte, sondern Existenzen und Euro fallen ihnen zum Opfer. In einer Welt, in der die Fertignahrung aus dem Supermarkt statt vom Feld stammt, ist das die Übersetzung des altertümlichen Horrors in einen aktuellen. Doch es gibt sie noch, die echten Heuschrecken, nicht nur die bildlichen Müntefering'scher Prägung. Gerade brüten sie auf Madagaskar und im Norden Afghanistans.

Dass sie sich nicht in alle Himmelsrichtungen ausbreiten, ist nur einem komplizierten System zu verdanken, an dem Tausende Kontrolleure in der ganzen Welt beteiligt sind. Ihre Informationen werden im »Emergency Centre for Locust Operations« gesammelt, einer Abteilung der UN-Organisation für Landwirtschaft und Ernährung (FAO). Hier planen UN-Beamte einen Krieg, den sie vermutlich nie gewinnen werden. Doch jede Schlacht zählt, und jedes monatliche Bulletin, dessen Überschrift in grüner Farbe gedruckt wird, ist ein Erfolg. Calm, ruhig, bedeutet Grün. Wenn die Ruhe vorbei ist, ändert sich die Farbe. Gelb heißt Vorsicht, Orange Bedrohung und Rot Gefahr. Mit Millionenbeträgen versucht die FAO, die Alarmstufe rot zu verhindern. Sie soll dafür sorgen, dass sich das Biblische nicht wiederholt. Das Geld ist gut investiert, glaubt Keith Cressman, einer der Heuschreckenexperten bei der FAO. »Wenn wir eine Heuschreckenplage in Afrika nicht frühzeitig eindämmen, könnte sie sich auch bis zu uns nach Mitteleuropa ausdehnen.« Längst ist die Landwirtschaft global vernetzt. Eine Heuschreckenplage auf den Weizenfeldern Zentralasiens etwa könnte eine weltweite Hungersnot zur Folge haben, vor allem bei denen, die sich die unweigerlich teureren Nahrungsmittel nicht mehr leisten könnten.

Doch der verwundbarste Kontinent ist Afrika. »Das liegt am Geld«, sagt Cressman. Sobald die Plage die verfügbaren Ressourcen übersteigt, müssen afrikanische Länder um ausländische Hilfen bitten. So geschehen bei der letzten großen Plage zwischen 2003 und 2005, als Heuschrecken im westlichen Sahel zwischen Mauretanien und dem Sudan den Lebensraum von mehr als achteinhalb Millionen Menschen verwüsteten. »Unser Monitoring hat fantastisch funktioniert«, so Cressman. Die

Heuschreckenschwarm in Ägypten, November 2004.
BILD: REUTERS | ALADIN ABDEL NABY

FAO wusste bereits Ende 2003, dass sich Heuschrecken in Mauretanien, Mali, Niger und dem Sudan parallel massenhaft vermehrten. »Wir brauchten neun Millionen Dollar, um der Plage Herr zu werden, aber es hat ein halbes Jahr gedauert, bis Geberländer das Geld zugesagt haben – da war der Bedarf schon auf 100 Millionen Dollar angestiegen.« Zum Schluss, im Jahr 2005, kostete die Bekämpfung der Plage und ihrer Folgen das Dreifache. Erst als es im Winter so kalt wurde, dass Schnee in der Sahara fiel, starben auch die letzten Heuschrecken. Da waren in vielen Sahelstaaten hundert Prozent der Getreideernte, neunzig Prozent der Gemüseernte und achtzig Prozent der Weidefläche zerstört. In Mauretanien allein waren wegen der Plage sechzig Prozent der privaten Haushalte überschuldet. Auch viele der westafrikanischen Regierungen, die zwei Drittel der 300 Millionen Dollar Kosten schulterten, machten Schulden.

Den Schrecken, den sie verbreiten kann, sieht man der Heuschrecke nicht an. Wenige Zentimeter lang mit einem pferdeähnlich geneigten Kopf, langen Sprungbeinen und ausgestreckten Fühlern, wecken Heuschrecken eher die Erinnerung an Frühlingswiesen und ersten Sonnenschein als an Tod und Verwüstung. Tatsächlich sind von den hunderten Arten, die weltweit vorkommen, nur zehn als Wanderheuschrecken klassifiziert. Vor allem eine Art, Schistocerca gregaria, die Wüstenheuschrecke, lässt Wissenschaftler und Bauern gleichermaßen erzittern. Und doch scheint auch sie meist harmlos. »Ich kannte Heuschrecken, als Kind habe ich sie gejagt, in Schraubgläsern aufbewahrt und dort gefüttert«, erinnert sich Suleimane, der auf dem Land östlich von Mauretaniens Hauptstadt Nouakchott aufgewachsen ist. Oft musste Suleimane als Junge stundenlang suchen, bis er fündig wurde. »Es war nicht leicht, die Heuschrecken waren weit verteilt – es ist nicht so, als hätte es Massen davon gegeben.« Doch dann kam das Jahr 2004. Nach jahrelanger Dürre fiel in Mauretanien erstmals wieder Regen. »Wir haben uns gefreut«, erinnert sich Suleimane. »Mein Vater hat mit einer Rekordernte gerechnet.« Die Warnung der FAO-Experten aus Rom verhallte nicht nur in Mauretanien ungehört. Denn nicht nur für die Bauern, auch für die Heuschrecken waren die Regenfälle ein Segen.

Baldwyn Torto kennt die Wanderheuschrecken so gut wie kaum jemand anderes. Der ghanaische Chemiker beschäftigt sich seit seinem Studium mit kaum etwas anderem. Mehr als zwanzig Jahre ist das her. »Wanderheuschrecken leben solitär, das heißt vereinzelt, dann nehmen sie übrigens nur wenig Nahrung zu sich, denn die kargen Böden in den Wüsten und Halbwüsten bieten nicht viel«, erklärt er. »Sie fallen kaum auf, Schädlinge jedenfalls sind sie nicht.« Wenn in den meist trockenen Habitaten der Wanderheuschrecke Regen fällt, ändert sich alles. Dann schlüpfen junge Heuschrecken aus den Eiern, die die Weibchen mehrmals im Jahr legen. Innerhalb weniger Wochen wächst die Population der Heuschrecken so stark, dass die karge Nahrung nicht mehr ausreicht. Eine Verwandlung setzt ein. Aus den solitären, friedlichen Tieren werden die gefürchteten Fressmaschinen, die bereit sind, ihren Hunger auf weiten Wanderungen zu stillen. Der Wechsel vom Dr. Jekyll zum Mr. Hyde vollzieht sich auch äußerlich: Die veränderten, gregär genannten Wanderheuschrecken sind größer, dunkler und bilden größere Flügel aus. Sie ähneln ihren solitären Müttern und Vätern so wenig, dass man sie bis unlängst noch für eine eigene Art hielt. Doch es sind die gleichen Tiere.

Suleimane erinnert sich. »Es war an einem Morgen, da habe ich ein Geräusch gehört wie noch nie zuvor.« Eigentlich ist es dort, wo Suleimanes Vater seinen Hof hat, still. Die nächste Straße ist weit entfernt, Elektrizität oder Traktoren gibt es nicht. Allenfalls das Muhen von Ochsen oder das Gelächter der Kinder ist zu hören. »Die Hirse stand hoch, mein Vater plante bereits die Ernte.«

Schwarm- (links) und Einzelphase der Wüstenheuschrecke (Schistocerca gregaria).
BILD: TOM FAYLE | UNIVERSITY OF CAMBRIDGE

Doch dann das Geräusch. »Es war ein hohes Fiepen, ich hatte das Gefühl, die Luft vibriert und redet zu mir, aber da war nichts, nicht einmal Wölkchen am Himmel.« Das Vieh verstummt zuerst. Dann, als am Horizont düstere Wolken auftauchen, verstummen auch die Kinder. »Wir haben dahin geguckt und gedacht, das kann keine Gewitterfront sein, die Regenzeit hat doch aufgehört und es wehte kein Lüftchen – trotzdem kamen die Wolken rasend schnell auf uns zu.« Als Suleimanes Vater die lebenden Wolken über seine Felder herfallen sieht, ist es zu spät. Die Familie kann nichts tun als sich in ihren Hütten zu verschanzen. »Wir haben uns die Ohren zugehalten, es dröhnte, die Ohren klingelten, und es schien endlos weiterzugehen.« Doch als die Stille wieder Einzug hält, scheint die Sonne erst im Zenit. Nur ein paar Stunden lang ist der Schwarm über die Farm hinweggezogen. Kein Geräusch ist zu hören. Und Suleimane traut seinen Augen nicht. »Es war nichts mehr da, es sah aus, als hätte jemand einen Berg genommen und damit alles platt geschlagen.« Statt der Rekordernte kommt ein Hungerjahr auf Suleimanes Familie zu.

Bis in die Karibik haben es Wanderheuschreckenschwärme schon geschafft, weiß der Chemiker Baldwyn Torto. Ihr Erfolgsgeheimnis, sagt der Ghanaer, ist schlicht die Masse. »Jede einzelne Heuschrecke frisst am Tag nicht mehr als ihr Körpergewicht – aber in einem einzigen Schwarm können mehr als eine Milliarde Heuschrecken leben, das entspricht einem Gewicht von anderthalb Millionen Kilo – und diese Masse frisst ein Schwarm jeden Tag aufs Neue.« Gregäre Wanderheuschrecken pflanzen sich fort, während sie fressen. Dabei können sie am Tag zweihundert Kilometer oder mehr zurücklegen. Nichts hält sie mehr auf – außer Gift. »Wenn eine Heuschreckenplage begonnen hat, helfen nur noch große Mengen an Insektiziden«, sagt Torto. »Ganze Landstriche werden mit Kontaktgiften eingesprüht, 2004 wurden dutzende Flugzeuge dafür eingesetzt.« Bis in die achtziger Jahre wurde das gefährliche DDT dafür eingesetzt, heute sind es harmlosere Ersatzstoffe, von denen allerdings größere Mengen benötigt werden, um

den gleichen Effekt zu erzielen. Auch die Insektizide zerstören die Ernte, verkleinern aber den Schwarm, bis die Wanderung schließlich stoppt. Doch das teure Gift ist nur eine letzte Rettung. Um Heuschreckenplagen zu verhindern, muss man früher aktiv werden – nämlich dann, wenn die Heuschrecken noch solitär und harmlos sind.

Auch in Mitteleuropa gab es Heuschreckenplagen. Im Mittelalter verwüsteten Heuschrecken ganze Regionen. Kupferstiche zeigen, wie Bauern hilflos mit Stöcken und Sensen auf die gefräßige Monsterbrut einschlagen. »Im Jahr 1749, als Maria Theresia regiert, kam ein so gewaltiger Heuschreckenschwarm von Westen her, dass es ganz dunkel wurde, weil man die Sonne nicht mehr sehen konnte«, schreibt ein österreichischer Chronist. »Sie fraßen die Felder kahl und ließen kein bisschen von der Frucht übrig.« Angeblich verjagte die Potentatin Maria Theresia höchstselbst die Heuschrecken, indem sie ihre Reitertruppe mit Trommeln und Posaunen durch die Felder ziehen ließ. Dass das stimmt, ist kaum wahrscheinlich, lässt sich aber heute zumindest in Österreich nicht mehr überprüfen. Denn nördlich der Alpen gibt es keine Plagen mehr.

»Wir haben noch einheimische Wanderheuschrecken, aber sie wandern nicht mehr«, weiß Urs Tester von Pronatura, dem Schweizerischen Bund für Naturschutz. Und die besonders gefährliche Wüstenheuschrecke hat – wegen der Maßnahmen in Afrika – die Alpen schon lange nicht mehr überquert. Allerdings wären alle Heuschreckenarten in der Lage, binnen kurzer Zeit große Bestände aufzubauen, so Tester – nur gibt es in der Schweiz das gegenteilige Problem: 40 der 106 in der Schweiz bekannten Heuschreckenarten stehen auf der roten Liste. Gerade erst hat Tester einen Bachlauf renaturieren lassen, um neue Brutgebiete für den Kiesbankgrashüpfer, eine gefährdete Heuschreckenart, zu schaffen. »Das Verschwinden der Heuschrecken hat fatale Auswirkungen auf das Ökosystem«, erklärt Tester. Als er untersuchte, warum die Wiedehopf-Population dramatisch abnahm, fand Tester heraus, dass der Grund die Verdrängung von Maulwurfsgrillen, einer weiteren Heuschreckenart, war: Die Hauptnahrung des Wiedehopfes gibt es nur noch in der Rhoneebene, wo für die Vögel aber Brutgebiete fehlen. »Die Vögel mussten vom Wallis dorthin fliegen, das war zu erschöpfend.« Inzwischen hat Tester Nistkästen in der Rhoneebene aufstellen lassen. Die Vögel lassen sich leichter ansiedeln als die Grashüpfer.

Während Urs Tester überlegt, wie er Heuschrecken retten kann, denkt Baldwyn Torto über das Gegenteil nach. Am afrikanischen Insektenforschungszentrum ICIPE in Nairobi forschen er und sein Team seit Jahren an Methoden, die Wanderheuschrecken frühzeitig dezimieren, ohne die Umwelt zu belasten. Ein Insektizid auf Basis von Pilzen namens »Green Muscle« (Grüner Muskel) wird von der FAO bereits in Feuchtgebieten und anderen sensiblen Naturarealen gesprüht. Selbst in entlegensten Brutgebieten sind dafür Einsatzkräfte unterwegs, um schon die Eier der Heuschrecken zu vernichten und eine Massenvermehrung im Keim zu ersticken.

Doch Tortos aktuelle Forschung gilt einer noch subtileren Art der Bekämpfung. »Wir haben lange geforscht, wie genau die gregären Heuschrecken miteinander kommunizieren, sodass sie als Schwarm gemeinsam jagen, sich vermehren und fliegen können.« Des Rätsels Lösung: Pheromone – hormonelle Botenstoffe, die in der Luft verbreitet und durch Geruchsorgane aufgenommen werden und so die biochemische Kommunikation zwischen Heuschrecken möglich machen. »So eine Art der Kommunikation ist nicht ungewöhnlich, die gibt es auch bei den solitären Wanderheuschrecken – aber da sind die Botenstoffe andere.« Torto war neugierig: Was passiert, wenn die gregären Heuschrecken mit den andersartigen Pheromonen solitärer Heuschrecken besprüht werden? »Wir haben beobachtet, dass die gregären Heuschrecken sich zerstreuen – sie sind orientierungslos, wandern nicht mehr und wehren sich sogar kaum noch, wenn sie zum Beispiel von Vögeln angegriffen werden.« Anders als beim Gifteinsatz zeigen sich andere Tierarten von den Pheromonen unbeeindruckt. »Wir sind noch in der Erprobungsphase, aber die Ergebnisse lassen sich gut an«, freut sich Torto. In Brutstätten beobachten die Forscher zudem sonst unüblichen Kannibalismus – die Mütter fressen ihre Brut und ihre Kinder, der Schwarm zerstört sich selbst. Es ist eine andere Art von Horror, eine, die sich nur im Insektenreich abspielt.

© *Le Monde diplomatique*, Berlin

Zurückessen

Heuschrecken und andere Insekten könnte man auch essen. Warum tun wir es nicht?

Von Katharina Döbler   Die Autorin ist Redakteurin der deutschen Ausgabe von *Le Monde diplomatique*.

Tiere töten

An einem heißen Sommertag, am Mittelmeer. Man saß im angenehmen Schatten der Pergola. Die Sonne spielte im Laub. Es sah aus, als ob die Blätter hüpften. Ich setzte die Brille auf. Sie hüpften tatsächlich. Die schönen hellgrünen Weinblätter hatten Beine. Und Fühler. Und lange Mundwerkzeuge, mit denen sie alles niederfraßen, was ihren Weg kreuzte. Es waren Heuschrecken, die echten aus den belaubten Hecken, nicht aus den Hedgefonds.

Sie hatten sich ihrer Umgebung so gut angepasst, dass sie sogar zarte Blattrippen auf ihren grünen Flügeldecken zeigten. Ein Wunderwerk der Natur. Doch der Hausbesitzer hatte uns einen strikten Befehl erteilt: Wenn ihr im Garten eine Heuschrecke seht, tötet sie sofort.

Wie bringt man eine Heuschrecke um?

In Mexiko, sagte eine Person, die anonym bleiben möchte, weil sie auf ihren vielen Reisen schon einmal gebratenen Hund gegessen hat, in Mexiko wirft man sie in siedendes Öl.

Wir hatten kein siedendes Öl. Aber ich glaube heute noch, wenn wir damals die Heuschrecken nicht nur getötet (ich verrate nicht, wie) sondern sie auch gegessen hätten, würde ich ein besseres Gewissen haben.

Gut sein

Menschen lassen sich nach marktwirtschaftlichen Gesichtspunkten sehr genau unterscheiden. Alter, Geschlecht, Bildung, Einkommen und so weiter bestimmen ihr Konsumverhalten. Auch die Religions- und Parteizugehörigkeit. Einer der Gründe für die relativ hohe Toleranz in unserer Gesellschaft ist es, dass jede Konsumgewohnheit ein Marktsegment bedeutet.

Besonders gut lässt sich das an Nahrungsmitteln erkennen, wie beim Einkaufswagen-Spiel im Supermarkt: Schau, was darin liegt, und rate, wer ihn schiebt. Tiefkühl-Pizza mit Salami? Ziegenkäse? Schweinemett? Fettarme Bio-Milch? Salat? Schnaps?

Essen ist ein wichtiger Indikator für den sozialen Status – aber nicht nur für den. »Ich ernähre mich gesund« ist ein Satz, der auf Bildung, gehobenes Selbstwertgefühl und Verantwortung hinweist. »Ich ernähre mich bewusst«, die Steigerungsform davon, hat schon eine moralische Komponente.

Und in der Tat: Einer der leichtesten Wege, ein besserer Mensch zu werden, ist es, besser zu essen. Er bedarf keiner emotionalen Anstrengung, keiner tiefgreifenden Veränderung im Denken oder gar im Fühlen, keiner, wie man früher, ganz früher gesagt hätte, wie auch immer gearteten Tugendhaftigkeit. Man braucht nur zu wissen, dass, wer keinen Thunfisch isst, bereits die Welt – ein bisschen – verbessert. Wenn wir mal davon ausgehen, dass das Aussterben des Thunfischs eine Verschlechterung wäre.

Um ein guter Mensch zu sein, fährt man im Bioladen vor und kauft den fair gehandelten Kaffee, die regionalen pestizidrückstandsfreien Erdbeeren und das Fleisch von Tieren, die bis an ihr jähes Ende gelebt haben wie im All-inclusive-Urlaub. Das alles gibt es natürlich nur im gehobenen Preissegment, wir leben schließlich im Kapitalismus. Aber in den Kosten für das Abendessen ist dann auch etwas enthalten, das man nicht überall kriegt: ein deutlich verbessertes Gewissen, oder wer es etwas spiritueller mag: gutes Karma. Oder so ähnlich. Man muss dafür nicht die Veden gelesen haben, ein gutes Kochbuch reicht. Jedenfalls: mit moralisch gesteuertem Konsumverhalten lässt sich der Standard der gefühlten Güte deutlich heben.

Gut essen ist also eine einfache, wenn auch nicht ganz billige Weise, gut zu sein. Man kann sich gewissermaßen gutessen.

Gut essen

Früher einmal verstand man darunter, ohne Mangel zu essen. Die Kinder der Kriegsgeneration, meine also, ist noch aufgewachsen mit dem Satz: Im Krieg wären wir froh gewesen … um eine solche Graupensuppe, um altes Brot mit Margarine. Gut essen war sattessen.

In den 1950er Jahren gaben sich die Deutschen einer Fresswelle hin. Die Steigerung war: satt essen, fett essen, süß essen, Fleisch essen. Die Verfeinerung kam mit der Zeit – und immer exotischeren Zutaten: Ketchup. Auberginen. Meeresfrüchte. Kiwi …

Lange Zeit ging es beim Essen eben um Essen, nicht um die Moral. (Die seltenen Vegetarier waren mit dem Hinweis auf Hitler, der bekanntlich Vegetarier war, leicht mundtot zu machen. Allerdings boykottierte man als guter Mensch natürlich Orangen aus Südafrika, um das Apartheid-Regime zu untergraben.)

Die Frontlinie zwischen den verschiedenen Ess-Schulen verlief entlang der Ekelgrenze. Der Kampf wurde ohne große Erbitterung zwischen Kartoffel-und-Fleisch-Spießern und Austern schlürfenden Freigeistern ausgetragen.

Interessanterweise ekeln sich aber viele Austernesser von heute vor so schlichten alten Gerichten wie Lungenhaschee oder paniertem Kalbsbries.

Ekel und Appetit haben bekanntlich mit Kultur zu tun. Und damit auch mit zivilisatorischen Hierarchien. Innereien sind »niederes« fettarmes Fleisch, die Speise der Armen, Tierfutter, von Menschen verschmäht.

Die kulinarische Geschichte des Lachses beispielsweise folgt interessanten sozialen Kurven. Vom massenhaft vorhandenen Allerweltsfisch, den man den Hausangestellten vorsetzte, wurde er zeitweilig aus Gründen der Verknappung (was mit Flussregulierungen zu hat, aber das ist eine andere Geschichte) zur Delikatesse; und ist nun als Zuchtlachs wieder zur wenig geschätzten Massenware geworden.

Ein schlagendes Beispiel für kulinarische Hierarchien ist das Sushi: In meiner Kindheit war es ein beliebter Schocker, bei Tisch zu erzählen, die Japaner äßen rohen Fisch – nicht eingelegt, nicht geräuchert, einfach roh. Es wissen ganze Völkerschaften nicht, was gut ist, pflegte mein Großvater gemütvoll zu bemerken. Er hat sein halbes Leben in Neuguinea verbracht.

Ich aber war mit kulinarischen Höhepunkten wie Hawaii-Toast und Steak aufgewachsen. Die Vorstellung, kalten Reis mit totem Fisch zum Frühstück zu essen, trieb mir Tränen des Ekels in die Augen.

Fünfzehn Jahre später aß ich mein erstes Sushi.

In diesen fünfzehn Jahren war Japan vom Herkunftsland billiger Plastikprodukte zum Exporteur anspruchsvoller Unterhaltungselektronik geworden. Gitarren, Motorräder und Autos aus Japan verloren den Ruf der billigen Imitate.

Die Japaner hatten, so entdeckte man in Europa, eine interessante Kultur: Essstäbchen, Kimonos, Fujiyama – und Sushi. Das erste Reisbätzchen mit rohem Fisch drauf kostete Überwindung. Beim dritten Mal schmeckte es bereits köstlich.

Zurück zu den Heuschrecken

Meine erste Portion Heuschrecke dagegen erforderte nicht nur Mut, sie schmeckte auch fürchterlich. Das lag wahrscheinlich nicht an den Heuschrecken selbst, sondern am Koch, der in einem sehr rustikalen australischen Restaurant in einem ganz und gar nicht angesagten Viertel Berlins amtiert (und anderswo wahrscheinlich keinen Tag länger beschäftigt worden wäre). Ein Gericht namens »Buschteller« bietet dort so etwas wie einen kulinarischen Rundumschlag in die Randbezirke des Essbaren: Känguru, Krokodil, Schwarzkäferlarven und Heuschrecken liegen so geschickt auf grünen Blättern verteilt, dass man sie ohne Brille gerade noch sehen kann. Wahrscheinlich ist es im australischen Busch auch so, wenn man nach etwas Essbarem sucht.

Die Larven sehen ganz genau wie Würmer aus, sie haben Ringe und sind braun, lang und dünn. Man macht es mit ihnen und den Heuschrecken genauso wie mit kleinen, ganz gebratenen Sardinen: Man steckt sie sich einfach in den Mund, mit Kopf und allem, und beißt hinein. Das knirscht ein bisschen, im Mund krümelt und splittert es. Etwas weniger, wenn man den Heuschrecken die Flügel entfernt. Sie schmecken nach altem Frittierfett. Eine ziemlich enttäuschende Erfahrung, da der einschlägigen Literatur zufolge Insekten durchaus nicht wie angebrannte Mumien schmecken müssen.

Dass Ameisen und Skorpione eher knusprig sind, wird niemanden wundern; Letztere sollen frittiert aber besser schmecken als aus dem Wok. Chinesische Arbeiterinnen in Seidenfabriken nehmen sich gelegentlich einen Topf voll Seidenlarven mit nach Hause, die ohne ihren Kokon sowieso keine Zukunft mehr haben, und bereiten sie im Wok mit Sojasauce zu.

Termiten sind im Gegensatz zu Ameisen ziemlich fett und haben mehr Kalorien als Pizza – die Behauptung, alle Insekten seien fettarm, ist also falsch. In Neuguinea beispielsweise werden bestimmte Maden vor allem wegen ihres Fettgehalts geschätzt. Und die Larve des Holzbohrers erfreut sich großer Beliebtheit im australischen Outback. Geschmack und Konsistenz gebratener »Witchetty Grubs« werden verglichen mit Rührei und Mozzarella mit leicht nussiger Note, gehüllt in feinen Blätterteig. Das könnte man sich gut mit Tomatensoße vorstellen. Warum gibt es hier keine gehobenen Köche, die dergleichen zubereiten? Warum essen wir so etwas nicht?

Esskultur

Es gibt auf der Welt etwa 500 Insektenarten, die gegessen werden. In Europa sind es 27. Theoretisch.

Wir essen zwar Garnelen und Shrimps, wir essen rohe Austern und Fischeier. Aber eben keine Heuschrecken. Und gerade die Heuschrecken haben es verdient, dass zurückgegessen wird, sie haben genug Verheerungen angerichtet.

Essen ist etwas, das man lernt. Raffinierte Geschmäcker, wie den Hautgout von Wild, wie die leichte Bitterkeit von Spargel, wie das Schimmlige am Roquefort sind eine Frage der kulturellen Anpassung.

Sushi wurde erst dann im Westen populär, als die japanische Kultur als Bereicherung verstanden wurde. Das wiederum hat mit dem wirtschaftlichen Aufstieg Japans zu tun. Was wir kulturell achten, essen wir auch. Und je höher wir es schätzen, desto mehr zahlen wir dafür.

In Berlin, wo es so ziemlich alles gibt, kostet ein Tütchen gerösteter Ameisen im Laden knapp sechs Euro. Sie verkaufen sich schlecht. Insekten verschwanden mangels Nachfrage auch von der Speisekarte eines angesagten Szene-Restaurants.

Es hat also wenig Sinn, den Konsum von Insekten zu propagieren, weil sie so gesund sind. Und weil es moralischer ist, Maden aus Baumstümpfen zu sammeln, als Hühner zum Fraß zu züchten. Wir würden Insekten essen, wenn sie aus einer Kultur kämen, die wir akzeptieren, vielleicht sogar bewundern. Alles Übrige ist eine Frage der Sozialisation – wie der Hawaii-Toast.

Kinder essen, wenn sie klein sind, tendenziell alles; dann kommt eine Zeit, ungefähr gleichzeitig mit der ersten Trotzphase, in der sie nur Dinge essen, die nach nichts schmecken. Man könnte sich gut vorstellen, dass Holzbohrer-Maden da ein echter Renner werden könnten.

Erstmals erschienen in *Le Monde diplomatique* vom Oktober 2011.

Die Welt in einem Laib Brot

Ein Lehrstück über unser tägliches Grundnahrungsmittel, das in den nächsten Jahrzehnten knapper und teurer wird.

Von Christian Parenti Der Autor schreibt für *The Nation*, *Fortune*, die *New York Times* und *Mother Jones*.

Was kann uns ein einfaches Brot über die Welt mitteilen? Weit mehr, als wir uns vorstellen. Das hat einen schlichten Grund. Ein Brot lässt sich »lesen« wie die Kernprobe einer Bohrsonde, die verschiedene Schichten unserer krisenverhärteten Weltwirtschaft abbildet. Anders formuliert: Am Brot lassen sich die wichtigsten Konfliktlinien der Weltpolitik aufzeigen, bis hin zu den Ursachen des »arabischen Frühlings«, der seine Fortsetzung in einem Sommer der sozialen Unruhen gefunden hat.

Beginnen wir mit den Fakten: Zwischen Juni 2010 und Juni 2011 hat sich der Weltmarktpreis für Getreide nahezu verdoppelt, was für viele Regionen unserer Erde eine Katastrophe ist. Im selben Zeitraum wurden mehrere Regierungen gestürzt, kam es in vielen Hauptstädten – von Bischkek bis Nairobi – zu gewaltsamen Protesten und in mehreren Ländern wie Libyen, Jemen, Syrien und Sudan zu neuen Bürgerkriegen. Neuerdings rebellieren sogar die Beduinenstämme auf der Sinai-Halbinsel gegen die ägyptische Interimsregierung und errichten Straßensperren, die sie mit bewaffneten Posten absichern.

Bei all diesen Konflikten hatten die ersten Proteste mehr oder weniger mit dem Preis des besagten Brotlaibs zu tun. Und auch wenn man bei diesen Unruhen nicht von Ressourcenkonflikten im wörtlichen Sinne sprechen kann, war ihr Auslöser doch die Brotfrage.

Brot gilt seit jeher als Grundstoff des Lebens. In weiten Teilen der Welt ist es das Grundnahrungsmittel schlechthin, denn nur der tägliche Laib Brot bewahrt Milliarden Menschen vor dem Verhungern. Bevor wir jedoch die weltpolitische Lage von einem Laib Brot ablesen können, gilt es die Frage zu beantworten: Was genau ist eigentlich in diesem Laib enthalten? Natürlich Wasser, Salz, Hefe, und vor allem Weizen. Daraus folgt, dass mit anziehenden Weltmarktpreisen für Weizen auch der Preis für einen Brotlaib steigt – und die Wahrscheinlichkeit von Protesten.

Wer allerdings meint, dass sich Brot nur aus diesen materiellen Bestandteilen zusammensetzt, hat von der modernen globalen Agrarwirtschaft nichts verstanden. Mit der Mechanisierung hat sich anstelle der Arbeit auf dem Feld die Fabrikarbeit durchgesetzt. Die Heerscharen von Bauern, die früher das Getreide von Hand aussäten und die Ernte einbrachten, sind längst durch Industriearbeiter ersetzt, die Traktoren und Erntemaschinen herstellen. Und ohne Substanzen wie Dieseltreibstoff, chemische Pflanzenschutzmittel und Stickstoffdünger, die allesamt aus Rohöl gewonnen werden, könnte man kein Getreide erzeugen, verarbeiten oder über alle Kontinente und Ozeane transportieren.

Ein weiterer wesentlicher Bestandteil des Brots ist der Faktor Arbeit, wenn auch nicht unbedingt in der Form, die man sich vorstellt. Seit die Mechanisierung die Landarbeiter verdrängt hat, kommt Arbeitskraft auf dem Kornfeld fast nur noch in Form von Technologie zum Einsatz. Heute kann ein einziger Arbeiter am Steuer eines riesigen, 300 000 Euro teuren Mähdreschers sitzen, der täglich 750 Liter Diesel verbraucht, durch GPS-Navigationssysteme gesteuert wird und der pro Stunde 8 Hektar aberntet. Das entspricht einer Tagesernte von bis zu 300 Tonnen.

Der nächste Faktor ist das Geld: Unseren Brotlaib würde es ohne Kapitaleinsatz nicht geben, denn der Produzent muss vorweg Saatgut, Dünger, Treibstoff, den Mähdrescher und alles weitere kaufen. Noch massiver dürfte der indirekte Einfluss sein, den das Geldkapital auf den Preis unseres Brotlaibs ausübt. Wenn im globalen Finanzsystem zu viel liquides Kapital in Umlauf ist, beginnen Spekulanten die Preise der verschiedensten Güter und Rohstoffe in die Höhe zu treiben, und das betrifft auch die genannten Bestandteile des Brots. Derartige Spekulationen lassen natürlich die Sprit- und Getreidepreise steigen.

Für weitere entscheidende Zutaten sorgt die Natur: Sonnenlicht, Sauerstoff, Wasser, nährstoffreicher Boden, alles zur rechten Zeit und in der richtigen Menge. Hinzu kommt noch ein – inzwischen unübersehbar gewordener und nicht ganz naturgegebener – Faktor: der Klimawandel. Er schlägt erst allmählich voll durch und wird sich als zunehmend destabilisierend erweisen, indem er die künftige Versorgung des Markts mit Brot dramatisch gefährdet.

Wenn das Zusammenspiel dieser Faktoren den Brotpreis in die Höhe schießen lässt, kommt die Politik ins Spiel. Wie etwa bei der Rebellion in Ägypten, dem zentralen Ereignis des »arabischen Frühlings«. Ägypten ist der größte Weizenimporteur der Welt, Algerien und Ma-

Weizenernte in der Ukraine.
BILD: ALEXANDER POPKOV

Bäckerei in Kairo, Ägypten.
BILD: LUCA GARGANO

rokko liegen nur knapp dahinter. Es sei auch daran erinnert, dass der arabische Frühling in Tunesien begann, wo steigende Lebensmittelpreise, die hohe Arbeitslosigkeit und die wachsende Kluft zwischen Reichen und Armen zu gewaltsamen Straßenunruhen führten, die den autokratischen Herrscher Zine Bin Ali aus dem Land fegten. Dessen letzte Handlung war das feierliche Versprechen, die Preise von Zucker, Milch und Brot zu senken. Aber das war »too little too late«.

Kurz darauf begannen die Proteste in Ägypten, und die algerische Regierung genehmigte zusätzliche Getreideimporte, um die wachsende Unruhe über die Nahrungsmittelpreise abzufangen. Der Brotverbrauch der Ägypter ging aufgrund des teurer gewordenen Weizens (in der zweiten Jahreshälfte 2010 um 70 Prozent) deutlich zurück. Die Ökonomen sprechen in einem solchen Fall von »price rationing«, einer »vom Preis erzwungenen Rationierung«. Der Trend setzte sich das ganze Frühjahr 2011 über fort. Im Juni 2011 lag der Einkaufspreis für Weizen 83 Prozent höher als ein Jahr zuvor. Im selben Zeitraum war der Maispreis sogar um 93 Prozent gestiegen – Ägypten ist der viertgrößte Maisimporteur der Welt.[1]

Mit dem rapiden Anstieg der Weizen- und Maispreise war für die Armutsbevölkerung in Ägypten nicht nur ihr Lebensstandard, sondern ihr Leben überhaupt in Gefahr, weil die Preissteigerungen auch gewaltsame politische Auseinandersetzungen zur Folge hatten.

In Ägypten leben 20 Prozent der Bevölkerung in extremer Armut, das heißt, sie haben weniger als den Gegenwert von einem US-Dollar pro Tag zur Verfügung. Die Regierung muss 14,2 Millionen Menschen (bei einer Gesamtbevölkerung von 83 Millionen) mit subventioniertem Brot versorgen. Im Lauf des Jahres 2010 stiegen die Preise für Grundnahrungsmittel um mehr als 20 Prozent. Für die ägyptische Durchschnittsfamilie war das eine schwere Belastung, muss sie doch 40 Prozent ihres dürftigen Einkommens für die tägliche Ernährung ausgeben.

Vor diesem Hintergrund macht sich Weltbankpräsident Robert Zoellick große Sorgen, dass der nächste Schock die Welternährung in eine tiefe Krise stürzen wird. Dass eine solche Krise unmittelbar bevorsteht, hat eindeutig ökologische Ursachen. Die wichtigste ist der Klimawandel: Überall auf der Welt entstehen immer häufiger extreme Wetterlagen, die verheerende Folgen für die Landwirtschaft haben.

Sehen wir uns an, was das konkret für unser Brot bedeutet: Im Sommer 2010 kam es in Russland, einem der größten Weizenexporteure der Welt, zur schlimmsten Dürre seit hundert Jahren. Die extreme Wetterlage, auch Schwarzmeerdürre genannt, führte nicht nur zu verheerenden Waldbränden, sondern ließ auch das Ackerland austrocknen. Die Schäden für die Weizenernte waren so gravierend, dass die russische Führung – zur großen Freude westlicher Getreidespekulanten – ein einjähriges Exportverbot für Weizen verhängte. Die Folge war ein rasanter Preisanstieg.

Im selben Jahr kam es in Australien – ebenfalls ein wichtiger Weizenexporteur – zu furchtbaren Überschwemmungen. Im Mittleren Westen der USA und in Kanada beeinträchtigten schwere Regenfälle die Maisernte. Und die Jahrhundertflut in Pakistan, die ein Fünftel des Landes unter Wasser setzte, verschreckte die Märkte und ließ die Spekulanten frohlocken.

In ebendieser Situation schossen in Ägypten die Lebensmittelpreise erneut in die Höhe. Die anschließende Krise – ausgelöst unter anderem durch den teurer gewordenen Laib Brot – mündete in den Aufstand, der das Mubarak-Regime zu Fall brachte. Die Ereignisse in Tunesien

[1] Zu den fünfzehn größten Maisimporteuren gehören auch Algerien, Syrien, Marokko und Saudi-Arabien.

und Ägypten strahlten auch auf das Nachbarland Libyen aus, wo der Ausbruch des Bürgerkriegs zur Intervention der Nato führte, was den fast vollständigen Ausfall der libyschen Ölproduktion von täglich 1,4 Millionen Barrel zur Folge hatte. Das ließ den Preis für Rohöl auf bis zu 125 Dollar pro Barrel ansteigen, was wiederum eine neue Spekulationswelle auf den Nahrungsmittelmärkten auslöste, die den Getreidepreis weiter in die Höhe trieb.

In den Monaten danach hat sich die Lage kaum entspannt. Die Ernten in Kanada, den USA und Australien haben unter weiteren schweren Überschwemmungen gelitten. Auch in Nordeuropa hat die unerwartete Trockenheit im Frühjahr die Getreideproduktion beeinträchtigt. Die wachsende Nachfrage, höhere Energiepreise, zunehmende Wasserknappheit und vor allem die chaotischen Klimaveränderungen treiben das Welternährungssystem in die Krise, wenn nicht den Zusammenbruch.

Und das ist nur der Anfang, sagen die Experten. Sie gehen davon aus, dass der Brotpreis in den nächsten zwanzig Jahren um bis zu 90 Prozent steigt. Die absehbaren Folgen wären weitere Unruhen und Proteste, mehr Verzweiflung, verschärfte Wasserkonflikte, noch mehr Migration, Ausbrüche ethnisch und religiös motivierter Gewalt bis hin zu Bürgerkriegen, eine wachsende Bedrohung der Handelswege durch Räuberbanden und Piraten. Und womöglich auch – wie die Vergangenheit lehrt – zahllose neue Interventionen durch imperiale oder auch regionale Mächte. Und wie reagieren wir auf die Krise, die sich da zusammenbraut? Gibt es eine breite internationale Initiative, um die Armen dieser Welt mit Grundnahrungsmitteln zu versorgen, oder anders gesagt, um einen erschwinglichen Preis für unseren Laib Brot festzusetzen? Wir kennen die traurige Antwort.

Aber dafür werden andere aktiv: Großkonzerne wie Glencore (weltweit größter Rohstoffhändler mit Sitz in der Schweiz) und das von der Öffentlichkeit kaum beachtete Familienunternehmen Cargill (weltweit größter Händler mit Agrargütern mit Hauptsitz in Minneapolis, USA) sind eifrig dabei, ihre Herrschaft über den Weltgetreidemarkt abzusichern. Zugleich betreiben sie die vertikale Integration ihrer weltumspannenden Versorgungsketten in Form eines neuen Nahrungsmittelimperialismus, der darauf angelegt ist, das globale Elend zum eigenen Vorteil auszubeuten. Während im Nahen Osten die Brotfrage zu einem Auslöser von Kriegen und Revolutionen wurde, konnte Glencore dank explodierender Getreidepreise Extraprofite machen. Kurzum: Je teurer ein Laib Brot wird, desto mehr Geld können Multis wie Glencore und Cargill scheffeln – eine grauenvolle Art der »Anpassung« an die Klimakrise.

Aus dem Englischen von Niels Kadritzke

© Agence Globale, für die deutsche Übersetzung *Le Monde diplomatique*, Berlin.

Erstmals erschienen in *Le Monde diplomatique* vom September 2011.

Nomaden der Gemüsefelder

Im libanesischen Bekaa-Tal schuften syrische Arbeitsmigranten für die Agroindustrie.

Von Lucile Garçon und Rami Zurayk

Kaum steigt die Sonne über die Kämme des Gebirges Antilibanon, geben in den behelfsmäßigen Lagern in der Bekaa-Ebene wie jeden Morgen die Sirenen das Signal zum Aufbruch. Männer, Frauen und Kinder strömen aus den Zelten und klettern mit ihren Proviantsäcken voll mit Brot, Käse und gekochten Kartoffeln auf die Ladeflächen der Pick-ups. Unter das lange, abgetragene Gewand haben sie mehrere Schichten Kleidung gezogen, auf dem Kopf tragen sie die Kufiya, die traditionelle Kopfbekleidung der Fellachen und Beduinen in der Levante und im Bekaa-Tal. Wie ihre Vorfahren leben sie von den Früchten der Erde. Aber sie sind Nomaden eines anderen, neuen Typs.

Im zwischen den beiden Gebirgszügen eingebetteten Schwemmland der Bekaa-Ebene, die mehr als 40 Prozent des libanesischen Staatsgebiets ausmacht und seit der Antike als fruchtbare Kornkammer galt, wird gegenwärtig hauptsächlich Obst und Gemüse angebaut. Eine eigene staatliche Agrarpolitik gibt es nicht; stattdessen bemüht sich der Staat, einen privaten Wirtschaftssektor zu fördern, der Investoren anlockt und auf Exporte abzielt, vor allem mit Blick auf Jordanien und die Golfstaaten.

Diese Strategie führte zu einem großflächigen Gemüseanbau mit den Methoden der intensiven Landwirtschaft. Der Wechsel der Jahreszeiten spielt bei dieser Produktionsweise praktisch keine Rolle mehr, die Tomaten wachsen sommers wie winters im Gewächshaus. Seit den 1980er Jahren schießen mit Frühjahrsbeginn stattdessen Zelte aus dem Boden, deren Wände nicht aus den traditionellen gegerbten Häuten, sondern aus zusammengenähten Jutesäcken und Plastikplanen bestehen – recycelten Werbeträgern, auf denen die Logos von Kaffeeröstern mit Werbesprüchen für Textilmarken konkurrieren. Schon seit Generationen kommen die Syrer über den Antilibanon herüber. Während sie früher aber kamen, um im Bekaa-Tal ihr Vieh zu weiden, sind Herdenwanderungen heute kein Thema mehr: In einem durch und durch monetarisierten und im Kräftespiel der internationalen Konkurrenz gefangenen Wirtschaftssystem erzwingen heute der Geldbedarf der vielen Einzelnen und die Sorge der Unternehmen um Wettbewerbsfähigkeit die Migration.

Die Logik des Wettbewerbsvorteils, die früher zum Beispiel die Textilindustrie bewog, ihre Fabriken aus den Vereinigten Staaten und Europa nach Asien auszulagern, trifft heute auch landwirtschaftliche Unternehmen. Sie importieren Arbeitskräfte aus Ländern, die arm an Kapital, aber reich an Arbeitskraft sind. Zwischen Syrien und dem Libanon funktionieren die Gesetze des zwischenstaatlichen Handels bemerkenswert hürdenfrei.[1] Ihre räumliche Nähe und die ungewöhnliche Durchlässigkeit der gemeinsamen Grenze, eine künstliche koloniale Erfindung der 1920er Jahre, erleichtern die Zirkulation von Arbeitskräften, die wenig kosten und von der Lebensmittelbranche nach Belieben aus Lagern rekrutiert werden.

Wie in Europa, wo der »gesetzliche Mindestlohn für Ausländer einen Höchstlohn darstellt«[2], ist das, was ein Landarbeiter im Libanon verdienen kann, aus syrischer Sicht ein sehr attraktives Einkommen: In der Bekaa-Ebene ist der Lohn für einen nach Mindesttarif bezahlten Arbeitstag viermal so hoch wie im ostsyrischen Raqqa.[3] Die Syrer, die mit der ganzen Familie kommen, leben in Lagern mit etlichen hundert Bewohnern. Manche bleiben ein paar Monate, andere viele Jahre – so lange, bis man das Geld beisammen hat, um ein Heim zu gründen, ein Unternehmen auf die Beine zu stellen, Ackerland zu kaufen oder für den Lebensunterhalt der Familie zu sorgen, während die Söhne den zweijährigen Militärdienst ableisten.

Die Syrer werden meist als ungelernte Arbeiter beschäftigt; und in der Lebensmittelbranche wechseln zwar die jeweils anfallenden Arbeiten von Tag zu Tag, aber deren Charakter bleibt sich mehr oder weniger gleich: Ob Wein, Oliven oder Gurken – man bückt sich und pflückt oder liest auf. Die Bewegungen sind nicht abwechslungsreicher als in der Fabrik: Entladen eines Lastwagens, Eindosen, Verpacken in Kartons, Beladen des Lastwagens. Im Herbst wie im Frühjahr zieht man die gleichen Gummihandschuhe an, um Erbsen zu pflücken oder die Erde von den Zwiebeln zu wischen, und man trägt die Kufiya, um sich vor der Sonne und den Pestiziden zu schützen. Naifa, eine 52-jährige Arbeiterin, klagt über die Eintönigkeit. Man kann nicht mehr mit dem Herzen bei der Sache sein. »Es gibt so viele Lieder, vor allem Erntelieder, aber dass heute noch jemand singt, kann man sich kaum noch vorstellen.« Statt der traditionellen Gesänge tönt heute die Musik aus dem Fernseher und dem Handy.

Lucile Garçon ist Agrarwissenschaftlerin und Filmemacherin. Rami Zurayk ist Professor an der Fakultät für Landwirtschaft und Ernährungswissenschaft an der Amerikanischen Universität von Beirut.

[1] Siehe John Chalcraft, *The Invisible Cage. Syrian Migrant Workers in Lebanon*, Stanford (University Press) 2009, S. 21.
[2] Jean-Pierre Berlan, »Agricultures et migrations«, *Revue européenne des migrations internationales*, Nr. 3, Poitiers 1986, S. 9–32.
[3] Aus dieser Gemeinde im Euphrat-Tal kommen zahlreiche Landarbeiter. In Syrien beträgt der tägliche Durchschnittslohn 75 syrische Pfund (2 Euro), was weniger ist als der Durchschnittslohn eines ungelernten Arbeiters in jedem anderen Sektor.

Zwiebelernte im Bekaa-Tal.
BILD: LUCA GARGANO

Im November werden im Bekaa-Tal die Kartoffeln geerntet, und das muss schnell gehen. Ein Landwirt ruft an und fordert Arbeiter für seine drei Hektar Land an. Daraufhin lädt ein »Schawisch« 70 Leute auf den Anhänger seines Pick-ups. Der Landwirt hat sich zwei Traktoren geliehen, deren Eigentümer seine Lastwagen kommen lässt und die Arbeiter zur Verfügung stellt. Schawische, meist Syrer, sind Mittelsmänner, die Makler dieses Arbeitsmarkts, um die man nicht herumkommt, wenn die Ernte eine umfangreiche oder auch sehr rasche Mobilisierung verlangt. Papiere braucht es dafür nicht: Ein Fahrzeug und ein Mobiltelefon mit den Kontaktdaten der Eigentümer reichen. Den Arbeitern garantiert der Schawisch den Einsatz und einen Platz zum Leben, den Arbeitgebern hingegen eine interessante Rendite, indem er die Durchschnittsverdienst im Süden des Landes, der 25 000 LBP beträgt. Zudem zahlen sie den Arbeitslohn an den Schawisch aus, der wiederum von jedem einzelnen Tagesverdienst 1500 bis 2000 LPB einbehält. Manche Arbeiter bekommen gar nichts, weil sie eine beim Schawisch aufgelaufene persönliche oder familiäre Schuld abtragen müssen. Rad und seine Angehörigen beispielsweise zahlen die Operation der Mutter, die im vergangenen Jahr im Krankenhaus von Damaskus war, mit monatelanger Arbeit ab: 1,5 Millionen Syrische Pfund (24 000 Euro) für einen Bandscheibenvorfall. Sobald die aus Syrien mitgebrachten Reserven aufgezehrt sind, müssen die Ar-

Der Beruf des Landarbeiters zählt zu den »3D jobs«: »disgusting,

Kosten für etwaige Arbeitsunfälle trägt und für gute Tagesleistungen sorgt.

Abu Tamer, Schawisch seit rund 15 Jahren, bietet dank rationeller Arbeitsteilung maximale Effizienz. Die Ernte im eigentlichen Sinn erledigen die Frauen: Sie folgen den Ackerfurchen und sammeln die Kartoffeln in einem Kleid, das zu einem Sack geschürzt ist. Die Männer kontrollieren: Sie achten darauf, dass die Frauen keine Zeit und keine Frucht verlieren. Dieselbe Verteilung bei den Kindern: Die Mädchen füllen die Produkte in Plastiksäcke, während die Jungen mit Nadel und Faden die Reihen ablaufen und sie mit ein paar Stichen zunähen.

Manche Arbeitgeber, die ihre Leute selbst anwerben, setzen zur Produktionssteigerung auf die Stückzahlen. Bei Mandeln zum Beispiel wird pro Stiege gezahlt. In den Verpackungsbetrieben oder Kühlhallen, von denen aus die Erzeugnisse nach Jordanien und in die Golfstaaten exportiert werden, berechnet sich der Lohn für die Arbeit nach der Menge der auf die Lastwagen verladenen Ware: Bei Ali Fayyad Tarschischi, einem weithin bekannten Kartoffelhändler im Bekaa-Tal, ist eine Tonne Gemüse einen Dollar wert.

In der Tabakherstellung wird der Lohn pro Schnur der aufgefädelten getrockneten Blätter berechnet. Nach den Stunden, die es dauert, die Blätter einzeln zu pflücken, nehmen die Arbeiter sie in Kisten mit nach Hause und lassen sie trocknen. Die ganze Familie wird eingespannt, um sie aufzufädeln. Als die Arbeit vorbei ist und man auf die Ankunft des Grundbesitzers wartet, gibt ein Vater in Tarayya seinem jüngsten, fünfjährigen Kind Geld für seine Küsse; die älteren Kinder werden für ihre Geschicklichkeit entlohnt. Für die Münze bekommt man im Laden eine Tüte Chips.

An einem zehnstündigen Arbeitstag mit lediglich einer halbstündigen – unbezahlten – Mittagspause verdient man selten mehr als 8000 Libanesische Pfund (LBP), das sind etwa 4 Euro. Die Landwirte im Bekaa-Tal zahlen rund 10 000 LBP pro Person, das ist weniger als der beiter bei den lokalen Lebensmittelhändlern so lange anschreiben lassen, bis ihnen ihr Lohn ausgezahlt wird.

Wenn gegen 15 oder 16 Uhr das Tagwerk der Warscheh (Arbeitsgruppe) beendet ist und die Jungen die letzten Säcke verschließen, wird den Frauen erlaubt, die zu kleinen, beschädigten oder vom Traktor zerstückelten Kartoffeln aufzuklauben, die dann im Lager gekocht werden: auf einem Feuer aus Plastik, alten Schuhen und leeren Jogurtbechern vom Straßenrand, denn in der ganzen Umgegend findet sich kein Feuerholz. Anschließend wird, sofern vorhanden, Wasser zum Duschen und Wäschewaschen erhitzt. Die Bewohner entrichten eine Jahresgebühr an den Schawisch, der die Bodenpacht für das Lager an den Grundbesitzer abführt, Dieselöl für den Generator kauft und die Wasserversorgung sicherstellt.

In Hillaniyeh, wo es keinen einzigen Brunnen gibt, sorgt der Schawisch leider nicht immer dafür, dass die Zisterne in der Mitte des Lagers gefüllt ist, und einen Monat nachdem er nach Syrien gefahren ist wettern die Arbeiter: »Er kann sich solche Reisen hin und zurück leisten, ist ja klar, oder?« Die übergeordnete Stellung des Schawisch in der Hierarchie lässt sich ebenso an seinem Leibesumfang ablesen wie an dem Kitsch, der sein Zelt schmückt, und dessen gehobener Ausstattung: Hifi-Anlage, Satellitenfernseher und Wasserpfeifen. Fawaz und seine Brüder, die sich die 30 Euro für die Reise nicht leisten können, bewachen das Zelt, solange er fort ist.

Die gewöhnlichen Zelte bestehen aus zwei Räumen ohne Fenster, mit Nylonmatten auf dem blanken Erdboden, insgesamt nicht einmal 20 Quadratmeter groß. Den Abort draußen verhüllen alte Teppiche, eine enge Kabine um ein Loch im Boden, das von einer Keramikschüssel bedeckt wird. Wenn das Loch voll ist, wird ein neues an anderer Stelle gegraben. Zwischen den Zelten bleiben manchmal Tierkadaver tagelang liegen, der Müll wird einfach an den Rand der Siedlung gekippt. Nicht nur ist die Unterbringung unwürdig, die Lager sind auch überbelegt, was zwangsläufig zu Spannungen führt. Die ohnehin vielköpfigen Familien wachsen mit den Neuankömmlingen von zu Hause, an die zwanzig Menschen leben dann unter ein und demselben Zeltdach – das heißt am Beginn des Frühlings jede Hoffnung auf Intimität zu begraben. Auch wenn Erfindergeist hier und da den Alltag verbessert, herrschen generell beklagenswerte Lebensbedingungen, weit unterhalb des von den Vereinten Nationen festgelegten Mindeststandards.[4]

Havra, seit 1984 in Ali Nahri ansässig, spricht indes über das Lager wie über ein kleines Paradies: »Es fehlt uns hier doch an nichts!« Zwei Läden importieren die Waren für den nötigsten Bedarf billig aus Syrien. Sie seien arm, doch man könne immerhin Ziegen und Hühner halten. Wenn man sich mit den Landwirten einigt, darf man nach der Ernte auf den Feldern Schafe weiden lassen und Wiesenchampignons sammeln. Man frisiert sich vor einem zerbrochenen Rückspiegel und isst an einem umgedrehten Düngereimer, aber »kennen Sie viele Leute, die zum Frühstück Kaffee mit Ziegenmilch trinken können?« In den meisten Lagern besteht die Ernährung allerdings vorwiegend aus Brot – in Taybe zählt der Schawisch täglich vier Säcke für eine zehnköpfige Familie ab – und Kartoffeln: Meschuyeh, mit Zwiebeln zu Batata masluqa verarbeitet oder auch zu Kischk-Suppe, die man sogar zum Frühstück isst.

Die Internationale Arbeitsorganisation (ILO) der UN zählt den Beruf des Landarbeiters zu den »3D jobs«: »disgusting, degrading, dangerous« – ekelhaft, entwürdigend und gefährlich. Zu einem Besuch im Lager gehören unweigerlich auch die Zelte der Opfer: des Mannes, dem ein Traktor den Fuß abgerissen hat, der Frau, der von einem Mulchgerät die Schulter zerfetzt wurde. Ein erhebliches Risiko ist zudem der weitgehend ungeschützte Kontakt mit giftigen Chemikalien, die Hautkrankheiten und Atembeschwerden verursachen. Darüber hinaus zieht die unnatürliche Körperhaltung, zu der die Erntetätigkeiten zwingen, Muskel-Skelett-Erkrankungen nach sich, vor allem bei Frauen, die sich am meisten hocken, knien und bücken müssen. Sie leiden unter Rücken- und Knieschmerzen und wegen der immer gleichen Bewegungen unter Sehnenscheidenentzündungen in den Händen.[5]

So etwas wie Urlaub gibt es nicht: Zwar erlaubt der Ramadan eine gewisse Lockerung des Tagesablaufs, aber Feiertage sind im Kalender der modernen Landwirtschaft nicht vorgesehen. Sogar an Aid, dem Festtag des Fastenbrechens, lässt der Besitzer der Tabakfelder seine Gäste allein, um die Kinder von Abu Hussein, der seit gut zwanzig Jahren in Tarayya wohnt, zur Arbeit zu fahren.

Manche Männer denken daran, fortzugehen, nach Beirut oder vielleicht nach Zypern, und sich Arbeit auf dem

degrading, dangerous« – ekelhaft, entwürdigend und gefährlich

Bau oder irgendetwas anderes zu suchen; andere hegen den ehrgeizigen Traum, die Feldarbeit eines Tages hinter sich zu lassen und selbst Schawisch oder Händler zu werden. Ali zum Beispiel zahlt seit zwei Jahren zusätzliche Miete für ein Extrazelt und lagert darin Kartoffeln, die er in der Erntezeit billig ersteht. Wenn die Preise am höchsten sind, vertreibt er mit zwei Geschäftspartnern Saatkartoffeln; die größeren Kartoffeln lässt er außerhalb der Saison von den Frauen am Straßenrand verkaufen. Trotz bislang negativer Bilanz gibt er die Hoffnung nicht auf, demnächst als Geschäftsmann zu reüssieren.

Verglichen mit anderen Agrarregionen der Welt scheint der Industrialisierungsgrad der Bekaa-Ebene geradezu lachhaft; dasselbe gilt für die Produktivität: Während etwa in der andalusischen Ebene die Folienfelder auf einer Fläche von 32 000 Hektar jedes Jahr drei Millionen Tonnen Obst und Gemüse für multinationale Konzerne produzieren, liefern die 300 000 Hektar landwirtschaftlicher Nutzfläche in der Bekaa-Ebene nur knapp eine Million Tonnen. Die Lage der Arbeiter ist darum aber nicht beneidenswerter: Sie müssen nicht nur die gleichen Härten hinnehmen wie rumänische Arbeiter in Griechenland, Uiguren auf den chinesischen Baumwollfeldern und Afrikaner in Italien, sie sind darüber hinaus noch Zielscheibe eines Hasses, der von der sensiblen geopolitischen Lage geschürt wird. Neben dem ethnischen Ressentiment von Leuten, die zwar am liebsten keine Syrer einstellen würden, weil sie »das Gesicht des Libanon verändern«, es dann aber doch tun, denn »Syrer sind eben billig«, sind sie Gegenstand einer besonderen Feindseligkeit: Seitdem Damaskus 2005 seine Truppen abgezogen hat, werden Syrer wiederholt Opfer von Attentaten im Libanon – wie im Dezember 2009, als in Deir al-Ahmar im Norden des Libanon ein Bus mit 25 syrischen Arbeitern beschossen und ein 17-Jähriger getötet wurde.

Aus dem Französischen von Barbara Schaden

Zeltlager für Landarbeiter im Bekaa-Tal.
BILD: DAVID PEDLER

[4] Nach dem UN-Flüchtlingshilfswerk (UNHCR) haben Flüchtlinge Anspruch auf 30 Quadratmeter rund um den Lebensmittelpunkt und dreieinhalb Quadratmeter pro Person, auf eine Latrine für jeweils 20 Personen und auf eine Versorgungsstelle für Trinkwasser, die nicht weiter als 150 Meter von der Behausung entfernt ist.

[5] Rima Habib und Fadi Fathallah, »Migrant women agricultural workers in Lebanon – A health perspective«, Migration and Urbanization Workshop, American University of Beirut, 2009.

Erstmals erschienen in *Le Monde diplomatique* vom September 2010.

Für eine Handvoll Tomaten

In der Wüste von Almería wird Discount-Gemüse für Europa gezüchtet.
Die Arbeitsbedingungen sind verheerend, die Umweltschäden fatal.

Von Pierre Daum Journalist.

Es ist jedes Jahr dasselbe. Ab Oktober verschwinden allmählich die heimischen Landtomaten von den Marktständen und aus den Supermarktregalen Westeuropas, und eine einzige Sorte bleibt übrig: die spanische Tomate.[1] Hart, knackig oder mehlig, ohne Eigengeschmack, reift sie im Gemüsekorb nicht etwa nach, sondern bleibt blass und fault schnell. »Die Leute wollen das ganze Jahr hindurch Tomaten essen, selbst im tiefsten Winter«, sagt Robert[2], der für einen Supermarkt im Süden Frankreichs Obst und Gemüse ordert. »Also besorgen wir sie!« Kaum jemand will mehr als zwei Euro für ein Kilo Tomaten zahlen, auch nicht außerhalb der Saison. Aber wie kann man mitten im Winter so billig Tomaten züchten, dass die Herstellungskosten bei einem Ladenpreis von zwei Euro unter 50 Cent pro Kilo liegen? Die Lösung für das Anbauproblem fand man in der kleinen andalusischen Region Almería, einem Küstenstreifen zwischen dem Mittelmeer und der beeindruckenden Sierra de Gádor. In dieser Region gibt es die höchste Sonneneinstrahlung Europas – und die am schlechtesten bezahlten Arbeiter.

Wer heute durch diese ehemalige Wüste reist, die als Kulisse für einige der berühmtesten Spaghetti-Western diente[3], wird nahezu erschlagen vom Anblick tausender Gewächshäuser aus Plastik, manche stabil wie Festungen, andere vom Wind halb zerrissen. Insgesamt sind es etwa 30 000, die auf 30 000 bis 40 000 Hektar eng beieinanderstehen. Dort arbeiten zehntausende Immigranten, ein Gutteil davon ohne Papiere, damit die europäischen Verbraucher zu jeder Jahreszeit frisches Gemüse bekommen.[4]

Juan Carlos Checa vom Institut für Sozial- und Kulturanthropologie der Universität Almería schätzt die Zahl der Landarbeiter auf 110 000. »Davon sind 80 000 bis 90 000 Ausländer, und von denen wiederum 20 000 bis 40 000 illegal: Sie kommen zu 50 Prozent aus Marokko, dann aus Subsahara-Afrika, Lateinamerika und Rumänien.«Für einen Achtstundentag erhält ein Landarbeiter in Frankreich 55,40 Euro netto. Mit Steuern und Sozialabgaben kostet er seinen Arbeitgeber 104 Euro. In Almería verdienen die Tagelöhner nur zwischen 32 und 37 Euro, auch wenn der offizielle Mindestlohn bei 44,40 Euro netto liegt.[5] Da sie nur selten gemeldet sind, kosten sie ihren Arbeitgeber auch keinen Cent mehr.

Die Immigranten, die es noch am besten getroffen haben, wohnen mit 15 Leuten in einer kleinen Sozialwohnung. Die weniger Glücklichen leben in *cortijos,* kleinen Schuppen aus Stein, ohne fließend Wasser und Strom, in denen die Landbesitzer normalerweise Düngemittel und Pestizide lagern. Die Elendsten versuchen in *chabolas* zu überleben, aus Latten und Plastikteilen errichteten Hütten, die entlegen und versteckt mitten zwischen den Treibhäusern liegen.

»Ich habe Glück gehabt«, erzählt der 23-jährige El Mehdi aus dem marokkanischen Tétouan in schlechtem Spanisch. »Der Chef ist nett, er hat nicht gefragt, ob ich Papiere habe.« Sein Wohnraum ist finster, es gibt kein Fenster, kein Trinkwasser, keinen Strom, keine Heizung. Im Nachbarraum stapeln sich Flaschen mit Sulfatdünger. »Den versprühe ich, mit Maske.« El Mehdi hat nur einen Arbeitgeber, den Besitzer der beiden angrenzenden Gewächshäuser. »Wenn es Arbeit gibt«, verdient er an einem Acht- bis Zehnstundentag 33 Euro. Er ist zufrieden, »denn im Sommer, wenn es zwei Monate lang keine Arbeit gibt, lässt mich der Chef weiter hier wohnen«.Im Februar 2000 war auf einmal viel die Rede von den *sin papeles* (Papierlosen). Nachdem ein psychisch kranker Marokkaner eine junge Spanierin ermordet hatte, brachen rassistische Ausschreitungen in El Ejido aus, die drei Tage andauerten. Tausende mit Eisenstangen bewaffnete Spanier griffen jeden *moro* (Mauren bzw. Marokkaner) an, dem sie auf der Straße, in Bars oder Geschäften begegneten. Am Ende gab es 54 Verletzte, davon etwa die eine Hälfte Polizisten, die andere Immigranten.

Und seitdem? »Die Lage ist sogar schlimmer geworden«, meint Spitou Mendy, Vertreter der Landarbeitergewerkschaft SOC in Almería. Jedes Jahr findet man an den Wegen zwischen den Treibhäusern ermordete Migranten. Die Polizei ermittelt kaum, die Täter werden nie gefunden.

Isidoro Martínez, Ingenieur bei Casur, der größten Landwirtschaftskooperative von Almería, ist stolz auf seine Fabrik. Er beliefert Carrefour in Frankreich, Netto in Deutschland und Lidl in ganz Europa. Jede geerntete Tomate kommt sofort in eine automatische Waschanlage, wo sie mit Wasserstrahlen, Spülmittel und Drehbürsten gereinigt und anschließend mit Heißluft getrocknet wird, »damit alle äußerlich sichtbaren Spuren von Kupfer oder Schwefel abgewaschen werden, die den Verbraucher abstoßen könnten«, erklärt Martínez. Mit einem Lächeln fügt er hinzu: »Aber die gefährlichsten Stoffe, die unter der Schale, bleiben natürlich unsichtbar.«

---

1 In Deutschland und Großbritannien beherrscht die holländische Tomate den Markt, in Frankreich sind es die spanische und die marokkanische.

2 Robert hat darum gebeten, dass seine wahre Identität und sein Arbeitsort geheim bleiben.

3 *Für eine Handvoll Dollar* (1964), *Für eine Handvoll Dollar mehr* (1965), *Zwei glorreiche Halunken* (1966); Regie führte bei allen Filmen der Italiener Sergio Leone.

4 Auf 9000 der 40 000 Hektar Gewächshausfläche von Almería werden Tomaten angebaut, dazu kommen noch 3000 Hektar im etwas weiter nördlich gelegenen Murcia. Vgl. »Origine Espagne, jusqu'où?«, in: *Végétable,* Nr. 262, Morières-les-Avignons, Dezember 2009, www.vegetable.fr. Ansonsten werden in Almería vor allem Gurken, Paprika und Wassermelonen angebaut.

5 So steht es im »Kollektivvertrag von Almería über die Behandlung und Verpackung von Obst, Gemüse und Blumen«, Boletín Oficial de Almería, Nr. 233, 3. Dezember 2008.

Tomatenwerbung auf einem LKW.
BILD: MARJOLEIN WEBER

Die nach Qualität und Größe auf Paletten sortierten Tomaten kommen ein oder zwei Tage in eine Kühlkammer, bis ihre Temperatur auf zehn Grad gesunken ist, anschließend werden sie auf Sattelzüge verladen, die durch ganz Europa fahren. Zur Hauptsaison zwischen Dezember und Februar starten von hier aus bis zu 500 Laster pro Tag. 1900 Kilometer liegen zwischen Almería und Paris – das sind zweieinhalb Tage auf der Straße, einschließlich der vorgeschriebenen Pausen. Nach Berlin sind es 2700 Kilometer oder viereinhalb Tage, nach Warschau 3300 Kilometer oder fünf Tage. »Weil zwischen der Ernte und der Ankunft im Supermarkt etwa fünf bis acht Tage liegen, packen wir nur grüne Tomaten ein«, erklärt Martínez und zeigt uns einen Farbfächer von grün bis tiefrot, der von eins bis zehn durchnummeriert ist. »Wenn ein Kunde in London acht will, dann lasse ich ihm vier einpacken.« Aber es ändert sich nur die Farbe. Denn im Gegensatz zur Banane, Avocado oder Kiwi reift die geerntete Tomate nicht mehr nach.

Am folgenden Abend gehen 26 Paletten, das sind insgesamt 15 Tonnen, in einem Sattelzug auf die Reise. Ziel

Freilandtomaten finden sich fast nur noch im Schreber-

ist Béziers, unweit von Montpellier, genauer gesagt: das dortige Umschlaglager der Supermarktkette Carrefour. Die riesigen Hangars liegen gewöhnlich weitab von neugierigen Blicken. Dort werden die Tomaten entladen und ein paar Stunden später auf andere Lkws verfrachtet, die die Supermärkte in der Umgebung beliefern.

Der Fahrer heißt Antonio Pacheco Sánchez. Er ist 47 Jahre alt und seit 34 Jahren auf der Straße. »Ich habe mit 13 angefangen, saß neben meinem Vater und habe für ihn die Straßenkarte gelesen. Mit 16 habe ich ihn nachts abgelöst, weil seine Augen immer schlechter wurden.« Der Sattelzug, ein schicker Volvo, scheint ein fabrikneues Modell zu sein. »Für so einen Wagen muss man schon 150 000 Euro löhnen«, sagt Sánchez stolz.

Vor der Abfahrt rechnet uns sein Vorgesetzter Andrés Valverde, kaufmännischer Leiter bei Carrion, der größten Spedition Almerías, den Dieselverbrauch vor: 45 Liter auf 100 Kilometer verbrauchen die beiden Motoren – der Motor des Lkws und der im Kühlaggregat. Damit mache der Treibstoffverbrauch »etwa ein Drittel der gesamten Transportkosten aus«. Bei einer Lieferung nach Paris sind das fünf Cent pro Kilo Tomaten, insgesamt verlangt die Spedition fünfzehn Cent. »Die Handelsketten setzen uns enorm unter Druck. Sie wollen immer günstigere Preise. Viele Speditionen aus Almería mussten deshalb schon dichtmachen.« Vielleicht werden die Sattelschlepper künftig durch Schiffe ersetzt, vor allem seit der Eröffnung des neuen Großhafens in Tanger (Marokko), der die andalusische Landwirtschaft gefährden könnte. Die Einrichtung einer neuen Schifffahrtslinie Almería-Dünkirchen wird gerade geprüft. »Die Verlagerung von der Straße aufs Wasser ist in vollem Gange«, erzählt der Logistikexperte Jean-Claude Montigaud aus Montpellier. »In den nächsten Jahren werden die Karten im Mittelmeerraum ganz neu gemischt. Gegenden, die bislang auf ihre gute Lage setzen konnten, werden nach und nach von der Landkarte verschwinden.« Noch brausen die Lastwagen über Europas Autobahnen. Unter dem zunehmenden Druck ihrer Kunden haben manche Speditionen eine Lösung gefunden: In Europa gibt es keine einheitlichen Ländergesetze zum Transportwesen, das per definitionem transnational ist. Die Speditionen stellen daher vermehrt Fahrer aus den Nicht-EU-Ländern Osteuropas ein, denen sie maximal halb so hohe Löhne zahlen. Das Monatsgehalt eines spanischen Fernfahrers liegt zwischen 2500 und 3000 Euro, ein Ukrainer verdient dagegen oft nur 1200 Euro.

Durch die Pleite der luxemburgisch-österreichischen Spedition Kralowetz[6] im Jahre 2002 kamen diese Praktiken ans Licht. Damals bestand der Trick darin, in Sofia oder Kiew ein Büro einzurichten, das die Fernfahrer zu den dort herrschenden Bedingungen einstellte, auch wenn sie de facto nur auf den Autobahnen Westeuropas unterwegs waren. Der österreichische Gewerkschaftsbund ÖGB erklärte damals, 80 Prozent der österreichischen Spediteure würden »nicht korrekt entlohnen«.[7]

Wie verhält es sich heute? »Auf der Straße trifft man immer mehr bulgarische oder ukrainische Fahrer«, erzählt Antonio Pacheco Sánchez bei einem »Abendessen« um drei Uhr morgens in einer Raststätte irgendwo zwischen Valencia und Castelló. Am Tisch sitzt auch Antonios alter Freund Francisco, ebenfalls Fernfahrer. Francisco erzählt: »Viele Firmen entlassen ihre alten Fahrer und stellen Ukrainer ein. Ich kenne ein paar von ihnen. Sie müssen doch irgendwie zurechtkommen, also schmuggeln sie. Zum Beispiel verkaufen sie ihre neuen Reifen und ersetzen sie durch alte, die sie komplett abfahren. Auf den großen Fernfahrer-Parkplätzen kann es im Extremfall passieren, dass sie deinen Tank abzapfen oder dir einen Reifen klauen, während du schläfst.« Manche Fahrer, die nach Kilometern bezahlt werden, sind fast ununterbrochen auf der Straße und halten auch die

6 Firmengründer Karl Kralowetz wurde vom Strafgericht Luxemburg zu sechs Monaten Gefängnis verurteilt, weil er illegal Fernfahrer angestellt hatte, die bis zu 30 000 Kilometer im Monat fuhren.

7 Pressemitteilung des ÖGB vom 30. Januar 2002, www.ots.at/presseaussendung/pdf/OTS_20 020 130_OTS0107.

obligatorischen Pausen nicht ein. Abgefahrene Reifen, müde Fahrer – so steigen die Gefahren im Straßenverkehr um ein Vielfaches.

Wir verlassen Antonio kurz vor der französischen Grenze. Eigentlich wollten wir ihn bis nach Béziers begleiten. »Das geht auf gar keinen Fall!«, hatte Thierry Galzin, Leiter des Carrefour-Lagers, gleich abgewunken. »Ich darf nicht mal mit der Presse reden. Meine Anweisungen sind da ganz klar. Das müssen Sie schon verstehen. Ich bin ja auch nur Angestellter.« Die Pressestelle von Carrefour France beschied uns: »Bedauerlicherweise können wir Ihrer Bitte um Auskunft nicht entsprechen.« Dürfen wir wenigstens Anzahl und Standorte der Umschlaglager in Frankreich erfahren? »Nein, das ist vertraulich!« Die langen Transportwege hinterlassen natürlich Spuren. Da muss hier und da nachgeholfen werden: Denn der Erfolg der spanischen Tomate hängt wesentlich von ihrer Festigkeit ab. »Wenn Tomaten auch nur ein kleines bisschen weich geworden sind, wird die ganze Palette sofort zurückgesandt«, sagt ein früherer Leiter der Frischeabteilung in einem Carrefour-Umschlaglager. Ein anderer, der ebenfalls anonym bleiben will, erklärt: »Die Tomaten müssen absolut fest sein. Die Kunden im Supermarkt fassen sie doch dauernd an, und wir müssen sie zwei bis drei Tage im Regal liegen lassen können.« Die erste Sorte langlebiger Tomaten, die dem Verfall und jeglicher Erschütterung trotzen, wurde 1989 von israelischen Forschern entwickelt. Seitdem hat man in zahlreichen weiteren Studien versucht, die »organoleptischen« Qualitäten der Tomate »Daniela« zu verbessern: Aussehen, Geschmack, Oberflächenbeschaffenheit, Konsistenz und Duft. Französische Labore entwickeln ebenfalls schon lange neue Tomatensorten. Die Forscher beschäftigen sich außerdem mit Verbesserungen in der Logistik.[8] Einrichtungen wie das Französische Institut für Agrarforschung (Inra) werden natürlich aus öffentlichen Geldern finanziert, aber ihre Arbeit nützt hauptsächlich den großen Handelsketten.

Der Verbraucher, der glaubt, beim Händler um die Ecke keine Almería-Tomaten zu bekommen, irrt. Auch wenn sie dort 3 oder 4 statt 1,90 Euro pro Kilo kosten, kommen die Tomaten oft aus demselben Gewächshaus, sind genauso behandelt und von denselben Lastern transportiert worden. »Wenn eine Palette hinten im Laster von einem großen Supermarkt abgelehnt wird, dann werde ich oft angerufen, ob ich sie nicht kaufen will«, sagt Joël, Angestellter einer Großmarktfirma in Montpellier. »Meistens nehme ich sie, dann kann ich meinen Kunden einen guten Preis machen.« Seine Kunden sind die Einzelhändler der Stadt, von den einfachsten bis zu den nobelsten.

Die großen Handelsketten lassen oft Paletten zurückgehen: Mal sind die Tomaten nicht fest genug, mal stimmt die Größe nicht, mal die Farbe, mal die Temperatur bei Verlassen des Lasters. Deshalb landet eine beträchtliche Anzahl von Tomaten, die eigentlich für einen Supermarkt bestimmt waren, auf den Märkten und beim Einzelhändler um die Ecke. Die Großmärkte sind seit der Explosion der Handelsketten die letzten Überbleibsel des traditionellen Großhandels. In Frankreich gibt es noch 18 davon, »und selbst die haben sich vollkommen

garten. Im Handel sind sie jedenfalls eine Seltenheit

verändert«, sagt Logistikexperte Jean-Claude Montigaud. »Heute gibt es dort alles: Umschlaglager für die großen Ketten, stark spezialisierte Importeure und ein paar letzte Grossisten.« Welche Wahl bleibt dem Verbraucher noch? Die marokkanischen Tomaten? Sie werden auf genau die gleiche Art angebaut, auf ausgelaugten Böden im Treibhaus, und auch hier hat sich der Anbau zu einer riesigen Industrie entwickelt.[9] Freilandtomaten – die Wurzeln in der Erde, die Schale von der Sonne verwöhnt – finden sich fast nur noch im Schrebergarten. Im Handel sind sie jedenfalls eine Seltenheit. Von den 600 000 Tonnen Tomaten, die Frankreich jedes Jahr produziert, kommen 95 Prozent aus Treibhäusern.

In den Niederlanden und in Belgien ist die Hydrokultur in geheizten gläsernen Treibhäusern sogar die einzige Anbaumethode. Im Sommer und Winter mit Gas beheizt, stecken die Wurzeln der Pflanzen in riesigen Rinnen, die von einem computergesteuerten Tropfsystem mit Wasser und Dünger versorgt werden. Auch in der Bretagne stehen solche Anlagen, wo ein Drittel der französischen Treibhaustomaten wächst.

Vielleicht sollte man dem Beispiel von Jacques Pourcel folgen. Der Spitzenkoch betreibt gemeinsam mit seinem Bruder in Montpellier das Zwei-Sterne-Restaurant »Jardin des Sens« (»Garten der Sinne«): »Ich koche nur im Sommer mit Tomaten, wenn sie in der Erde, auf dem Feld gewachsen und in der Sonne gereift sind, nicht zu stark gegossen und nur mit einem Minimum an Chemie behandelt wurden. Dann wird die Tomate geschmackvoll, nicht zu saftig, mit einer leichten Säure.« ●

Aus dem Französischen von Sabine Jainski

8 Claire Doré und Fabrice Varoquaux, *Histoire et amélioration de cinquante plantes cultivées*, Paris (Inra) 2006, S. 695 ff.

9 Zunächst nur in Souss in der Nähe von Agadir vertreten, entwickelt sich der marokkanische Tomatenanbau inzwischen auf breiter Fläche in Dakhla, einer kleinen Küstenstadt in der Westsahara. Vgl. »Dakhla, naissance d'une origine«, *Végétable*, Nr. 262, Dezember 2009.

Erstmals erschienen in *Le Monde diplomatique* vom März 2010.

Die Frankenstein-Industrie

High-Tech-Hühner, Designer-Kühe und Pharma-Cocktails – ein Blick in die Abgründe der globalen Fleischproduktion.

Von Hilal Sezgin Die Autorin ist Journalistin und Schriftstellerin.

I. Teil Natürlichkeit

Vielleicht der größte Mythos im Zusammenhang mit dem Fleischverzehr ist der seiner Natürlichkeit. Es sei natürlich, dass der Mensch Fleisch esse. Es ist scheinbar selbstverständlich. Zur Illustration wird gern auf die frühsteinzeitliche Jäger-und-Sammler-Gesellschaft verwiesen, unbekümmert der Tatsache, dass einige weitere von deren Gepflogenheiten uns heute schaudern lassen: Frauenraub zum Beispiel, Menschenopfer oder das Aufbewahren menschlicher Skelettteile zwecks Verehrung der Ahnen. Vor allem aber ist der Rekurs auf den frühen Jäger und die in der Höhle wartende Gefährtin (sie hat derweilen ein paar lumpige Beeren gesammelt) deswegen verblüffend, weil sich nichts weniger ähnelt als die oft tagelange gemeinschaftliche Jagd mit ungewissem Ausgang und der recht gefahrlose Gang in den Supermarkt. Beide Tätigkeiten und die damit verbundenen Sinneseindrücke entstammen geradezu unterschiedlichen Welten; es ist sogar fraglich, ob der Steinzeitmensch, dem man ein in Folie verpacktes Tiefkühlhuhn in die Hand drückte, sofort wüsste, was er damit anfangen sollte.

Sobald es aufgetaut wäre, würde es sich der Steinzeitmensch gewiss erfreut zuführen wie jedes andere unverhofft am Wegesrand gefundene Stück Kadaver; doch in dieser Rolle, also als Aasfresser, sieht sich der moderne Fleischkonsument ja auch wieder nicht! Trotzdem gelingt dem Supermarktkunden die – im Grunde auch nicht wenig beachtliche – Kulturleistung, das an weit entfernten Orten unter industriellen Bedingungen und mit einer Menge chemischer Zusätze hochgepäppelte Stück Leben, das hunderte von Kilometern transportiert, in eine Kette eingehängt, per Stromschlag im Wasserbad betäubt und dann geschlachtet wurde und ihm selbst erstmals als eisige, steinharte Substanz entgegentritt, als etwas wahrzunehmen, das dem ähnelt, was der entfernte Vorfahr erjagt hat.

Wozu nun dieser imaginäre Exkurs in Steinzeitwelt und Supermarkt? Um darauf hinzuweisen, dass man den heutigen Fleischkonsum für vielerlei halten kann: lecker, weit verbreitet, bequem, unappetitlich, ungesund, gesund, zivilisiert, barbarisch etc. Nur eines ist er eben nicht: »natürlich«. Welches Fleisch wir essen, wie wir daran gelangen, wie wir es zubereiten und sogar wie es – immerhin ein Produkt organischen Ursprungs – überhaupt gewachsen ist, all dies ist Ergebnis spezifischer und historisch äußerst wandelbarer menschlicher Praktiken. Doch der Vorteil der gängigen Betrachtung liegt auf der Hand: Was als natürlich gilt, ist von vornherein jeder Notwendigkeit zur Rechtfertigung enthoben, muss gesellschaftlich scheinbar nicht verhandelt werden, ist unserem moralischen und politischen Urteilen weitestgehend entzogen. Genau aus diesem moralfreien Raum haben Bücher wie Jonathan Safran Foers *Tiere essen* und Karen Duves *Anständig essen* den heutigen Fleischverzehr heraus- und in die öffentliche Arena gezerrt. Es muss sich nicht mehr allein der Vegetarier verteidigen, warum er sich zu seinen »absurden« Ernährungsgewohnheiten verstiegen hat, sondern auch der Fleischesser ist mit Argumenten konfrontiert.

Und eben mit Fakten. Nicht zufällig schenken die erwähnten Bücher dem empirischen Herstellungsprozess des Fleisches mehr Aufmerksamkeit als dem abstrakten ethischen Für und Wider. Viele, ja die allermeisten Menschen mögen es grundsätzlich in Ordnung finden, Tiere zu Nahrungszwecken zu züchten und zu töten. Doch wie dieser Teil der Nahrungsproduktion tatsächlich praktiziert wird, nämlich per Massentierhaltung, hält kaum ein informierter Konsument für ethisch vertretbar. Bezüglich der Ablehnung der Massentierhaltung hat sich ein gesellschaftlicher Konsens herausgebildet, der bislang allerdings weder Alltags- noch Rechtspraxis geworden ist. Wir alle wissen ja: So wenig wie mit der steinzeitlichen Jagd hat die heutige Fleischproduktion mit jenen idyllischen Bauernhöfen gemeinsam, die die Ausmal- und Wimmelbilder unserer Kinder füllen. Was man über die Wirklichkeit erfährt – indem man eine Fernsehreportage über Hühnerfabriken sieht oder auf der Autobahn an einem Schweinetransporter vorbeifährt – muss man schnell verdrängen, weil sich ein solches Ausmaß von Leid und Schrecken schwer aushalten lässt.

Wer sind nun diese Schweine im Lkw? Sie sind Säugetiere, empfindungsfähige Organismen, natürliche Lebewesen – und sind es nicht. Es wurde oben bereits angedeutet, dass sogar das Wachstum des Nahrungsmittels Fleisch kein rein natürlicher Vorgang ist. Auch mit klassischer Landwirtschaft hat die heutige Intensivtierhaltung wenig zu tun, vielmehr ist sie Hightech-Industrie mit Tieren. In industriellen Prozessen werden diejenigen Vorgänge von Lebewesen, die technisch vom Menschen noch nicht hervorgebracht werden können, deren Effekte aber gewünscht sind, in einen so weit wie möglich industrialisierten Produktionsprozess eingebaut. Zucht, Besamung, Fütterung, Haltung – in sämtlichen Phasen des Nutztierlebens führt der Mensch längst über die Na-

Endprodukt Brathähnchen.
BILDER: SHUTTERSTOCK;
WWW.FARMSANCTUARY.ORG [S. 34-36]

tur Regie. Wenn das nur dieses eine, bis heute noch nicht ganz kontrollierbare Moment wäre … dieser verflixte Funke Leben! Doch diesem »Leben« ist eben nur noch eine Nebenrolle zugewiesen in der heutigen Frankenstein-Industrie, die sich der eigenmächtigen und eigennützigen Planung und Erschaffung von Lebewesen verschrieben hat und auf diese Weise Fleisch, Eier und Milch für bereits ein bis zwei Milliarden von Menschen produziert.[1]

II. Teil Die Frankenstein-Industrie

Wer sich mit der modernen Agrarindustrie beschäftigt, den wird eines am stärksten verblüffen: die Beobachtung, dass heutige Ställe nicht mehr rund um die Tiere, sondern vielmehr die Tiere passend für die Haltungssysteme »designt« werden. Aus diesem Grund ist die tierschützerische Forderung nach besseren Haltungsbedingungen zwar völlig richtig, ihre Erfüllung alleine würde aber leider nicht genügen. Denn fast sämtliche heutigen Nutztierrassen sind derart auf Effizienz gezüchtet, dass ihr Organismus darunter leidet. Sie sind anfällig für Störungen im Knochenbau, das Skelett kann mit dem Muskelwachstum nicht Schritt halten, sie neigen zu Stoffwechselstörungen, Flüssigkeitsansammlungen in der Bauchhöhle, chronischen Entzündungen überbeanspruchter Organe – oder gleich mehreren solcher Symptome auf einmal.[2] Entsprechende Verhaltensstörungen kommen hinzu. Versuche haben gezeigt, dass Masthähnchen offenbar aufgrund ihrer chronischen Schmerzen die erhöhten Sitzstangen in ihrem Stall ohne Gabe von Schmerzmitteln gar nicht mehr erreichen konnten.[3] Und damit die zur Weiterzucht verwendeten Elterntiere solcher Mastgeflügelrassen überhaupt fortpflanzungsfähig sind (und nicht zu groß, schwer oder plump), muss ihnen Futter vorenthalten werden, weswegen sie permanent hungern und Verhaltensauffälligkeiten zeigen.[4]

Auch dies mutet paradox an vor dem Hintergrund unterstellter »Natürlichkeit« – dass wir doch gemeinhin annehmen, anders als das Kulturwesen Mensch vollziehe ein Tier sein Leben »nur« in der Befriedigung überschaubarer natürlicher Grundbedürfnisse. Doch bereits diese basalen tierischen Verhaltensweisen sind eben durch die Zucht immens eingeschränkt: die Bewegung, die Futteraufnahme, das Sozialverhalten – und die Fortpflanzung natürlich auch. Bei Hühnern ist die Zuchtwahl dermaßen weit fortgeschritten, dass heutige Hybridrassen nur noch entweder für Eier- oder Fleischproduktion geeignet sind. Das Erbgut und Know-how entsprechender »Zuchtlinien« liegt weltweit in der Hand weniger Firmen, die für ihre »Produkte« exakt angeben, wie viele Eier eine durchschnittliche Henne im ersten Jahr legen wird, wenn sie exakt soundso viel Gramm eines bestimmten Futters bei soundso vielen Stunden Licht etc. erhält. Eine streng geregelte Kette von Großelterntieren, Elterntieren, Brütereien und Aufzuchteinrichtungen gewährt die sozusagen gleichbleibend hohe Qualität – des Produkts Tier.[5]

Auch bei einem Säugetier wie dem Rind steuert die moderne Reproduktionstechnologie längst alles außer dem Wachstum innerhalb der Gebärmutter. Durch das strenge Überwachen einzelner Zuchtparameter wurde und wird nicht nur die Milchmenge kontinuierlich gesteigert, sondern auch der Eiweiß- und Fettgehalt der Milch je nach den Bedürfnissen des Marktes variiert. Künstliche Besamung ist Standard, zusätzlich werden inzwischen auch In-vitro- und In-vivo-Verfahren eingesetzt. Bei der In-vivo-Methode wird der Eisprung hormonell angeregt, später werden die Embryonen herausgespült, unterm Mikroskop begutachtet und in Behältern mit flüssigem Stickstoff bei minus 196 Grad Celsius zu den Empfängertieren transportiert. Dank solcher Embryonen und jährlich etwa 2,5 Millionen verschickter

Portionen Sperma verspricht die niedersächsische Firma Masterrind GmbH ihren Kunden »die Sicherheit maßgeschneiderter Qualität«.[6]

Die extreme Leistungssteigerung hat dazu geführt, dass heute zwei Drittel der Milchkühe vorzeitig aufgrund von Sterilität, Stoffwechselkrankheiten und Eutererkrankungen geschlachtet werden müssen.[7] Die Häufigkeit der chronischen (und schmerzhaften) Euter-

[1] Weltweit werden jährlich circa 56 Milliarden Tiere verzehrt (in diese Zahlen gehen vermutlich, wie bei den meisten Schätzungen dieser Art, nur die Landwirbeltiere ein). Dabei stammen 67 Prozent des Geflügelfleisches, 50 Prozent der Eierproduktion und 42 Prozent des Schweinefleisches weltweit aus Massentierhaltung. Livestock's Long Shadow, FAO 2007.

[2] Siehe die Beiträge von Bernhard Hörning (Hochschule Eberswalde) und Lars Schrader (Friedrich-Loeffler-Institut) bei der Veranstaltung »Wenn die Zucht zur Qual wird«, ein von Bündnis 90/Die Grünen initiiertes Fachgespräch vom 23. Mai 2011. www.gruene-bundestag.de/cms/tierschutz/dok/384/384370.wenn_die_zucht_zur_qual_wird@de.html

[3] Bernhard Hörning, Auswirkungen der Zucht auf das Verhalten von Nutztieren, Kassel University Press 2008.

[4] So Michael Erhard (Ludwig-Maximilians-Universität München) in »Wenn die Zucht zur Qual wird«, s. o.

[5] Auf seiner Firmenwebsite stellt Weltmarktführer Lohmann Tierzucht die Produktpalette vor: www.ltz.de/produkte.

[6] www.masterrind.com

[7] Bernhard Hörning (Hochschule Eberswalde) in »Wenn die Zucht zur Qual wird«, s. o.

erkrankung bei der Kuh schätzen Tierärzte auf 40 Prozent. Wie mir ein schleswig-holsteinischer Rinderzüchter erklärte, züchten er und seine Kollegen daher derzeit nicht nur auf noch mehr Eiweiß, sondern eben auch »auf gesunde Euter und gute Beine«. Ich fragte nach, was mit »guten Beinen« gemeint sei. Nun, schließlich komme man immer mehr von der ausschließlichen Anbindehaltung ab, bei der die Kühe einzeln auf ihrer Standfläche fixiert werden und ihr Futter vorgelegt bekommen.[8] In Lauf- oder Boxenställen dagegen müssen sich die Tiere selbst zum Futterplatz und zum Melken bewegen. »Die Tiere müssen also wieder gehen können«, formulierte es der Rinderzüchter. So erklärt sich, dass bei einem vierbeinigen Landsäugetier »gute Beine« zum Zuchtziel werden, damit es die Fähigkeit zur eigenständigen Fortbewegung (zurück) erhält. Und dazu wird Sperma in stickstoffgekühlten Röhrchen verschickt.

III. Teil auf Expansionskurs

Nun könnte man einwenden: Während wir in Europa Bedenken wälzen, ob wir aus Tierschutzgründen weniger Fleisch, Eier und Milch essen sollten, versuchen Menschen in anderen Teilen der Welt erst einmal, sich der von der Weltgesundheitsorganisation (WHO) empfohlenen Kalorienmenge von unten zu nähern. Sobald dies gelingt und Einkommen und Lebensstandard steigen, werden auch mehr Milch, Eier und Fleisch konsumiert. So hat sich der weltweite Fleischverbrauch allein in den Entwicklungsländern von 1963 bis 1999 mehr als verdoppelt.[9] Die Milchproduktion in Schwellenländern in Asien und Lateinamerika hat eine Steigerungsrate von ca. 3 Prozent, die der Eierproduktion von zwei Prozent – jährlich.[10] Es handelt sich, könnte man den Eindruck bekommen, um eine Entwicklung analog zur weltweiten Verbreitung des Autos. Die Bewohner der Industrienationen verpesten schon seit Jahrzehnten mit ihren Abgasen die Luft – sollen deswegen Chinesen auf ewig nur Fahrrad fahren? Wollen wir der langen Reihe unserer kolonialistischen Exporte nun auch noch unsere neu entdeckten moralischen Skrupel hinzufügen, denen zufolge der Rest der Menschheit vegetarisch zu leben habe?

Auch hier begegnet uns übrigens die Idee der Natürlichkeit oder Selbstverständlichkeit des Fleischessens (und Verzehrs anderer tierischer Produkte). In vielen Veröffentlichungen wird der Zusammenhang zwischen steigendem Lebensstandard und steigendem Konsum als gleichsam zwangsläufige, sich selbst erklärende Entwicklung dargestellt, kann beispielsweise knapp lauten: »Während die Green Revolution eine konzertierte politische und wissenschaftliche Antwort auf rasch wachsende Bevölkerungen war, wird die Livestock Revolution, die sich derzeit in den Entwicklungsländern vollzieht, vom Steigen der Einkommen und der weltweiten Mittelklasse vorangetrieben.«[11] Das ist einerseits nicht falsch, andererseits aber, wie im Folgenden gezeigt werden soll, nicht die ganze Wahrheit.

Was bezeichnen überhaupt die Wörter »Green Revolution« und »Livestock Revolution«? Das Erstere meint die Steigerung der landwirtschaftlichen Produktion von Getreide und Feldfrüchten mittels des Einsatzes von Kunstdünger, Pestiziden und neuen Züchtungen von den 1940ern bis Ende der 1970er. Analog dazu heißt Livestock Revolution (»livestock«: Englisch für Nutztier) die in den 1980er Jahren einsetzende Technisierung und Effizienzsteigerung bei der Produktion tierischer Nahrungsmittel. Während allerdings inzwischen bekannt ist, dass die Segnungen der Green Revolution auch mit diversen Flüchen wie DDT-Katastrophen und der Quasi-Monopolisierung des Saatguts erkauft waren, weckt der Begriff der Livestock Revolution noch deutlich weniger (und weniger negative) Assoziationen.

Zu den Ländern, in denen sich diese »Revolution« vollzieht, zählt Indien, das auch deshalb besonders interessant ist, weil es für seine lange vegetarische Tradition bekannt ist. 20 bis 30 Prozent der Inder leben vegetarisch.[12] Weit verbreitet ist immer noch die Ablehnung von Rindfleisch, dafür wird stärker auf Büffelfleisch zurückgegriffen. Außerdem boomt die Produktion von Eiern und von Hühnchenfleisch mit einer Steigerungsrate von jährlich 8 Prozent.[13] Bisweilen wird Huhn als gute Möglichkeit angepriesen, mit dem der »einfache Mann« Speiseplan und Einnahmequellen ergänzen könne. Allerdings stellt sich bei einem näheren Blick auf die Produktion des Hühnchenfleisches heraus, dass die Produkteure und ersten Nutznießer des gestiegenen Hühnchenfleischkonsums mitnichten Kleinbauern sind, die sich ein paar Hühner halten;[14] sondern man trifft in der indischen Hühnchenproduktion auf exakt dieselben Global Player mit Intensivtierhaltung, die man schon aus europäischem Rahmen kennt.

Weil die Hühnerzüchtung und -produktion weltweit auf eine Handvoll Firmen konzentriert ist, sollen hier kurz zwei von ihnen benannt werden. Erinnern wir uns, dass die Hühnerzucht in Legehennen und Masthähnchen (eigentlich: Masthühner beiderlei Geschlechts) unterteilt ist. Zu den weltweit größten Produzenten von Masthähnchen gehört die PHW-Gruppe (nach Paul-Heinz Wesjohann), die unter anderem, aber längst nicht nur die Firma Wiesenhof kontrolliert. Dem Bruder Erich

[8] Laut Informationen des Deutschen Tierschutzbundes werden bislang noch über ein Drittel aller Kühe in Anbindehaltung gehalten. www.tierschutzbund.de/milchkuehe.html. Auch wenn Anbindehaltung ein klarer Fall von nicht artgerechter Haltung ist, gilt doch leider nicht der Umkehrschluss, dass Boxenställe dem Bewegungsdrang des Tiers gerecht werden.
[9] Weltagrarbericht der Zukunftsstiftung Landwirtschaft e.V. www.weltagrarbericht.de/themen-des-weltagrarberichtes/fleisch.html und Christopher Delgado, »Rising Consumption of Meat and Milk in Developing Countries Has Created a New Food Revolution«, *Journal of Nutrition* Vol. 133, S. 3907–3910, November 2003.
[10] *Elite. Magazin für Milcherzeuger*, 22. Juni 2011. www.elite-magazin.de/news/Milch-sprudelt-weltweit-ausser-in-der-EU-498741.html und *Agrarmärkte*, Jahresheft 2007, Teilauszug »Eier und Schlachtgeflügel« aus der Schriftenreihe der Bayerischen Landesanstalt für Landwirtschaft www.lfl.bayern.de/publikationen/daten/schriftenreihe/p_29525.pdf.
[11] »Livestock Production and the global environment: Consume less or produce better?«, Henning Steinfeld und Pierre Gerber in *PNAS*, 8. Oktober 2010.
[12] Siehe die diversen in der englischen Wikipedia angegebenen Studien http://en.wikipedia.org/wiki/Vegetarianism_by_country#India.
[13] Laut Ministry of Food Processing Industries, Bericht 2007–2008. Siehe auch Economic Research Service/ USDA India's Poultry Sector: Development and Prospects/ WRS-04-03. Laut dem Informationsdienst Maier+Vidorno GmbH (mv-group.com) 2008 hat der Verzehr von Geflügelfleisch einen Anteil von 50 Prozent am jährlich mit 11 Prozent wachsenden Fleischkonsum.
[14] Insbesondere die »einfache Frau« übrigens gerät dabei oft ins Hintertreffen, siehe *Info Resources Focus* 1/2007: »The Livestock Revolution: An Opportunity for Poor Farmers?«
[15] Firmenrechtlich: PHW-Gruppe Lohmann & Co. AG und EW Group GmbH

Wesjohann wiederum gehört die EW Group unter anderem mit den Firmen Lohmann (Weltmarktführer für Legehennen) und Aviagen (Genetik in der Geflügelzucht).[15] Beide Unternehmen agieren weltweit und arbeiten dabei, grob gesagt, mit dem Prinzip der Lizenzvergabe und der vertikalen Arbeitsteilung. In vielen, nicht allen Fällen verbleiben die Großelterntiere und deren wertvolles Genmaterial in der Hand der Firma selbst, die dann Bruteier an Fremdfirmen liefert;[16] diese Firmen lassen die nächste Generation ausbrüten, geben sie eventuell weiter zu Aufzucht und Mast; für die Schlachtung gehen die Tiere manchmal wieder an die erste Firma zurück. Es handelt sich um ein flexibles, überall einsetzbares System, mit dessen Hilfe viele Risiken und ein Großteil des Preisdrucks an andere Firmen weitergegeben werden können. Die Gewinnmargen für die anderen beteiligten Firmen sind äußerst knapp kalkuliert.[17]

Eine solche Fremdfirma, die mit beiden Wesjohann-Unternehmensgruppen (also sowohl in der Eier- als auch der Hühnchenproduktion) kooperiert, ist Suguna Poultry, die 1984 von zwei indischen Unternehmern gegründet wurde. Die Website leuchtet in wunderschönen warmen Farben, die Slogans stehen dem nicht nach. »We dream for a healthier, happier India«, heißt es, und man verfolge »a vision to energise rural India«. Das passt gleichermaßen gut zur erklärten Firmenphilosophie der EW-Group (»think globally, act locally«) wie zur Überzeugung von Paul-Heinz Wesjohann: »Ich bleibe dabei: Die moderne Geflügelzucht ist eine große soziale Tat«.[18]

Von der einen Unternehmensgruppe bezieht Suguna Poultry die Masthühner, von der anderen die Legehennen. So wurde Suguna Poultry die »unangefochtene Nummer eins im indischen Geflügelgeschäft«; vor zwölf Jahren machte die Firma 29 Millionen Euro Umsatz, heute sind es 570 Millionen.[19] Ein Netz von 15 000 Bauern arbeitet für die Firma, und es werden mehr angeworben. Zu den Hähnchenställen gesellen sich Zuchtanlagen, Brütereien, Laboratorien und Futtermühlen. Derzeit produziert Suguna Poultry wöchentlich 7 500 000 Masthähnchen vom Typ Ross 308[20] – ein Huhn, dessen »Bedienungsanleitung« 100 Seiten umfasst;[21] als Legehenne wird Lohmann LSLLITE eingesetzt, »ein Huhn mit spezieller Genetik für den indischen Markt«.[22]

Bei diesen Hightech-Hühnern ist alles genauestens aufeinander abgestimmt: Wie sie gehalten werden, welches Futter sie benötigen, wie sie (gerade in wärmeren und feuchteren Gefilden) motiviert werden können, genug Wasser aufzunehmen, denn: »Ein Huhn, das nicht trinkt, nimmt auch kein Futter auf.«[23] Nimmt es aber weniger Futter auf als in den Unternehmenslaboren berechnet und in der Anleitung angegeben, produziert es weniger als erhofft und kostet eventuell sogar mehr, als es liefert.[24] Das Huhn entpuppt sich also als eine Art Danäer-Geschenk wie jene Puppe, die Michael Endes Figur »Momo« geschenkt bekommt; erst nach und nach versteht Momo, dass diese Puppe auch nach bestimmten Kleidern, Spielzeug und einem Gefährten verlangt. Im Falle der Hühner (die allerdings von vornherein bezahlt

werden müssen) kommen also Futter, Käfig, auch spezielle Impfungen hinzu und sorgen dafür, dass ein Bauer, der direkt oder über Suguna Poultry einen »exklusiven Distributorenvertrag«[25] mit den niedersächsischen Unternehmen abgeschlossen hat, nicht ohne das restliche Paket auskommen wird.

So entstehen – nicht nur beim Huhn, sondern auch bei anderen modernen Hochleistungstieren – überall neue Absatzmärkte für weitere europäische Firmen. Futtermittel und Impfstoffe wurden schon erwähnt. Haltungssysteme (darunter auch die in der EU verbotene herkömmliche Hühner-Käfighaltung) liefert weltweit die in Vechta angesiedelte Firma Big Dutchman, die ein Patent zur automatischen Fütterung von Legehennen besitzt. Und auch die Milchkühe, deren Sperma wie oben beschrieben weltweit versandt wird, funktionieren in der Ferne wie Momos Puppe. Die Firma Siemens installiert dann die Technik der indischen Großmolkerei Vadushara Dairy; eine schwedische Firma beteiligt sich an der ersten Milchfarm in Kambodscha; eine spanische Firma liefert weltweit die Apparaturen für die Klauenpflege von Kühen. Damit die später gewonnenen Produkte überhaupt erst transportiert werden können, müssen in den betreffenden Ländern Verpackungsmöglichkeiten, Transportsysteme und Kühlketten aufgebaut werden. Also investieren deutsche und andere Firmen in Lkws und Kühlsysteme; überall sind im Rahmen der Green Revolution Know-how und Geld aus Europa und Nordamerika gefragt.

Doch was heißt eigentlich, dass etwas »gefragt« sei? Wer bittet hier wen um Kooperation, und ist es nicht vielmehr oft so, dass Geld und Technologien in andere Märkte »eindringen«, sie »erobern« oder gar erst generieren? Wiederum ist Indiens Beispiel aufschlussreich, weil es daran erinnert, dass mit dem Produkt totes, tiefgefrorenes Huhn allein nicht viel anzufangen wäre. Traditionell wurden Hühner in Indien lebend auf dem Markt gekauft und in der Nachbarschaft geschlachtet, was aus hygienischen Gründen auch gar nicht anders möglich war. Heute muss ein geschlachtetes Tier frisch gehalten und zu potenziellen Endabnehmern transportiert werden.

---

[16] Heutige Hühnerhybriden sind so gezüchtet, dass sich die gewünschten Eigenschaften in der nächsten Generation verlieren. Die Firmen besitzen sozusagen ein »eingebautes biologisches Patent«, Franciso Marí/Rudolf Buntzel, *Das globale Huhn. Hühnerbrust und Chicken Wings - Wer isst den Rest?*, Frankfurt am Main (Brandes & Apsel) 2007.

[17] Und zwar zwischen 0,134 und 0,25 Euro pro Tier laut Franciso Marí/Rudolf Buntzel, a. a. O.

[18] *Welt am Sonntag*, 22. März 2009.

[19] Lohmann Poultry News 3/2010.

[20] www.sugunapoultry.com/farmers/parent_stock/breed.asp

[21] Franciso Marí/Rudolf Buntzel, a. a. O.

[22] Lohmann Poultry News 3/2010.

[23] Lohmann Poultry News 3/2010.

[24] Besonders unbeeinflussbare Faktoren wie Klima, Dürre und dadurch bedingte Futterknappheiten können zur Gefahr werden, *Info Resources Focus* 1/2007: »The Livestock Revolution: An Opportunity for Poor Farmers?«

[25] Lohmann Poultry News 3/2010.

Schließlich braucht es auch neue Arten der Verwertung, sprich Restaurants, Gewohnheiten und Rezepte. Nicht zufällig bietet Suguna Poultry auch Fertiggerichte an.

Nur das ärmste Fünftel der Weltbevölkerung, dem täglich ein Dollar oder weniger für Nahrung zur Verfügung steht, wird auch dieses Angebot wohl nicht erreichen. So überlegt die zur EW Group gehörende Firma Aviagen: »Die Vermarktung von Hähnchenfleisch an diese Menschen ist aus offensichtlichen Gründen schwierig. Die einzige Gelegenheit, diesem Fünftel Chicken nahe zu bringen, ist durch den Verkauf von Hähnchenfleisch an Organisationen, die Nahrungsmittelhilfe vergeben.«[26] Es ist hier leider nicht der Platz, Milchpulverlieferungen in die »Dritte Welt« und ähnliche Phänomene zu diskutieren. Nur so viel sei gesagt: Zumindest auf dem Milchmarkt hat die Firma Danone endlich einen direkten Weg zu den Portemonnaies der Ärmsten gefunden! An Niedrigverdiener in Indonesien hat die Firma erstmals 2004 Jogurt in 70-Gramm-Fläschchen für umgerechnet 10 Cent verkauft und 2009 in Senegal speziell für die unterste Einkommensgruppe den Trinkjogurt Dolima (Wolof für »Gib mir mehr«) kreiert.[27]

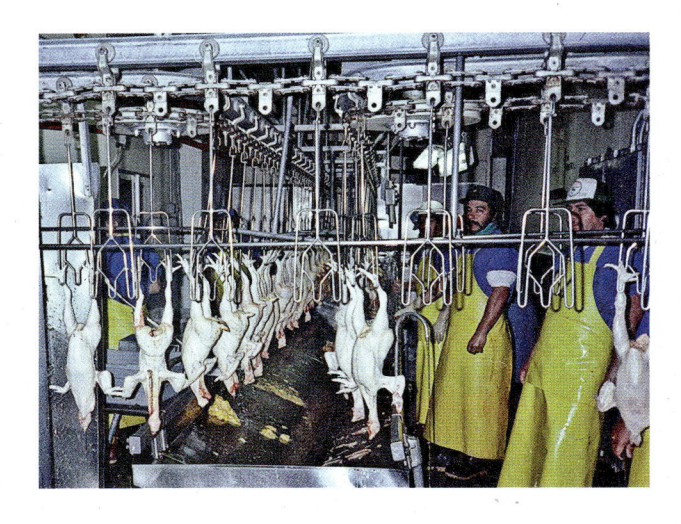

IV. Teil Unterwerfung

Zugegeben: Aus hinreichender Distanz betrachtet ist alles trivial, was über solche Mechanismen der Weltwirtschaft gesagt werden kann. Selbstverständlich suchen europäische Investoren internationale Absatzmärkte. Selbstverständlich generieren sie diese Märkte selbst mit und stehen ihnen europäische Regierungen dabei helfend zur Seite. Doch dies ist eben nicht dasselbe »Selbstverständlich«, mit dem man zunächst unbefangen nicken wird, wenn man hört, dass steigender Wohlstand weltweit auch mehr Bedarf an Fleisch, Eiern und Milch generiert. Kein Senegalese muss Danone-Jogurt trinken; kein indischer Städter braucht ausgerechnet Sugunas Home Bites' Spaghetti Bolognese vom Huhn. Japans Bewohner – die sich zum Bedauern der europäischen Milchindustrie weigern, ihren Trinkmilchkonsum weiter zu steigern – kämen notfalls auch ohne die Pizzerien und Schnellrestaurants aus, die europäischen Produzenten immerhin weitere Absätze für Käse und Schmelzkäse garantieren.[28] Solcher Bedarf erwächst nicht gleichsam organisch aus dem Wohlstand, sondern er wird aus einer Kombination von »harten« Mitteln von Kapital und Politik sowie »weicheren« kulturellen Prozessen generiert: von Investitionen, Technologietransfer, Exportsubventionen, Freihandelsabkommen; von Ernährungsberatung, Internet, Reisen und Bildern vom westlichen Lebensstil.

Nun lässt sich auch aus umwelt- und entwicklungspolitischen Perspektiven vieles gegen die Livestock Revolution einwenden, doch in diesem Text sollen einmal nicht die Folgen für den Menschen, sondern die für das Tier im Vordergrund stehen. Ein Fehlschluss muss dabei vermieden werden: Auch die traditionelle Tierhaltung war und ist für Tiere keine Erquickung. Weder leben die Kühe auf Indiens Straßen »glücklich«, noch ist es das Huhn, das auf einem afrikanischen Fahrradgepäckträger transportiert wird. Allerdings kommt der Frankenstein-Industrie – und dem dahinter stehenden Verbund aus ökonomischen Interessen und wissenschaftlichen Kompetenzen – das zweifelhafte Verdienst zu, das Grauen sowohl quantitativ wie qualitativ um ein Vielfaches gesteigert zu haben. Quantitativ, weil ohne die moderne Effizienzsteigerung ein solch hohes Niveau des Konsums von Fleisch, Milch und Eiern gar nicht zu erreichen wäre; und qualitativ, da wie oben beschrieben wirklich jede einzelne Lebensphase der involvierten Tiere zu einer Qual eigener Art umgewandelt wurde.

Nicht erst die Schlachtung, nicht erst der Transport sind qualvoll (die Dauer beider wird übrigens in den industriellen Prozessen zumeist wesentlich verlängert). Sondern auch die Reproduktion, der (meist vorenthaltene) Umgang mit dem Nachwuchs, ja sogar die Nahrungsaufnahme (die zwar dem wirtschaftlichen Ergebnis, nicht aber den subjektiven Bedürfnissen der Tiere entspricht); das Stehen, Liegen, die Bewegung – falls überhaupt möglich. Haben frühere Philosophen das Tier noch durch die unspektakuläre Freude charakterisiert gesehen, der Bedürfniserfüllung zu frönen und im eigenen Körper »zu Hause« zu sein, hat die Intensivtierhaltung den Tieren das meiste dieses schlichten So-Seins und Wohlgefühls nicht erst mit den Haltungsformen, sondern oft bereits mit der Züchtung genommen.

Vermutlich kann man es dem Kulturwesen Mensch nicht verdenken, dass es versucht ist, die widerspenstigen Elemente der Körperhaftigkeit auch anderer Spezies einem gewissen Schöpfungseifer zu unterwerfen. Das allein müsste nicht gleich katastrophal sein. Im Falle der weltweit operierenden Frankenstein-Industrie allerdings lassen sich die vielen Qualen und Grausamkeiten, die restlose Ausbeutung des Tiers für jeden ethisch nicht weiter qualifizierten Konsum und schließlich auch die Entfremdung des Menschen von anderen Spezies nicht schönreden. Hier hat der Mensch seine Intelligenz, seine Erfindungsgabe und besonders seine Fähigkeit, die Prinzipien des Lebens zu erforschen und zu variieren, denkbar schlecht genutzt.

---

26 Aus einer Firmenveröffentlichung, zitiert nach Franciso Marí/Rudolf Buntzel, a. a. O., S. 86.

27 »2009 machte [Danone] 42 Prozent seines Umsatzes in Indien, Indonesien oder afrikanischen Ländern. Vor zehn Jahren waren es noch 6 Prozent.« *Financial Times Deutschland* 2. Juli 2010.

28 www.meine-milch.de/artikel/deutscher-milchmarkt-import-und-exportstrukturen; Bundesministerium für Ernährung, Landwirtschaft und Verbraucherschutz: »Chancen und Herausforderungen für den deutschen Milchmarkt«, 2008.

© *Le Monde diplomatique*, Berlin

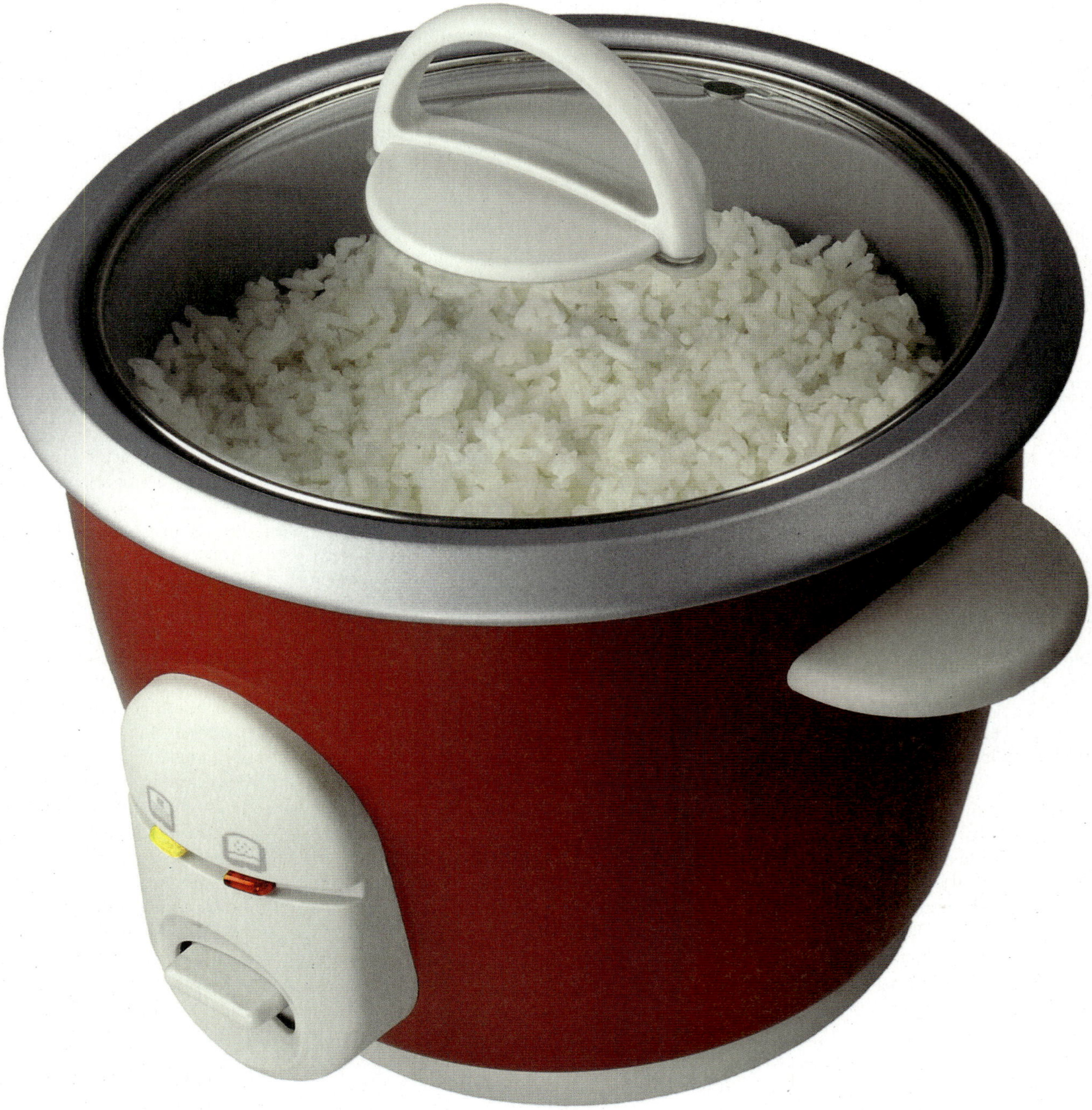

Das Gift im Reis

In China werden Nahrungsmittel immer teurer und schlechter.
Agrarmultis wie Monsanto wittern ihre große Chance.

Von Shi Ming Der Autor ist freier Journalist und lebt in Köln.

Aus Anlass des Skandals um gepanschtes Milchpulver stellte der Schriftsteller Zhou Qing 2008 die wichtige Frage: »Wovon soll sich unser Volk ernähren?« Die Sicherheit der Nahrungsmittel sei in China gefährdet, und zwar systematisch, so die These des im deutschen Exil lebenden Autors. Eine gewissenlose Nahrungsmittelindustrie, profitgierige Zwischenhändler, ein korrupter Staatsapparat und multinationale Konzerne trügen gemeinsam die Verantwortung dafür, dass sich in China niemand mehr sicher fühlen kann mit dem, was er zwischen die Zähne bekommt: Mit Melamin gepanschtes Milchpulver, chemisch verseuchter Reis oder hormonell belastetes Schweinefleisch. Doch inzwischen müssten Zhous Fragen ein wenig anders gestellt werden.

Im Juni und Juli 2011 stiegen die Verbraucherpreise in China weiter, und zwar um 6,5 Prozent gegenüber dem Vorjahresniveau. Den Löwenanteil machten Nahrungsmittelpreise aus: So verteuerte sich Schweinefleisch um über 20 Prozent im Monat, Getreide um 12,4 Prozent – und das in der günstigsten Saison nach der Sommerernte. (Im Februar lag die Teuerungsrate bei 15,1 Prozent.) Die Stimmung im Land verschlechterte sich so dramatisch, dass sogar der dem Optimismus verpflichtete Thinktank der Akademie der Sozialwissenschaften Chinas (Cass) in Peking schon im Mai warnte: »Die Inflation unterhöhlt die Mittelschicht.« Nicht einmal offizielle Statistiker versuchen mehr, die Teuerung als »nur gefühlt« abzutun.

Jeder Versuch in diese Richtung löste nur noch weitere Panikkäufe aus. Knoblauch, Ingwer, grüne Bohnen, Soja, schier alles, was auf dem Acker wächst, wird mittlerweile zum Objekt von Spekulationen. Kurzfristige Entwarnungen der Behörden bleiben aus, seit Premier Wen Jiabao nicht mehr von einer Inflationsrate von 4 Prozent als absoluter Obergrenze spricht, sondern nur noch davon, dass die Stabilität der Verbraucherpreise vorrangigste Aufgabe seiner Regierung sei. Im Klartext: Eine Garantie, dass zumindest die Preise für Lebensmittel auf einem erschwinglichen Niveau für die Masse der Städter bleiben, gibt es nicht.

Dabei ist die Ausgangssituation auf den ersten Blick gar nicht so düster. China besitzt insgesamt eine Anbaufläche von 1,6 Milliarden Mu (über 100 Millionen Hektar)[1], um die Grundversorgung mit Getreide abzusichern.[2] Doch schon heute wird mehr als ein Drittel des Getreideertrags als Viehfutter verwendet, denn der Fleischverzehr in den Städten ist seit den 1990er Jahren aufgrund des wachsenden Wohlstands sprunghaft gestiegen.

Experten versprechen sich zwar von verbesserter Technik und Düngung, dass die Produktion das Plansoll von 395 Kilogramm Getreide pro Kopf im Jahr 2020 erfüllen wird. Doch das geht nur, wenn es keine Missernten gibt und der Fleischverzehr nicht mehr so rasant zunimmt wie bisher. Wegen des Klimawandels aber ist es unwahrscheinlich, dass folgenschwere Naturkatastrophen – wie die Jahrhundertdürre in Ost- und Zentralchina 2011 – seltener werden. Zudem sollen laut nationaler Planung 40 Prozent der Getreideproduktion bis 2020 zu Futtermittel verarbeitet werden. Eine Verknappung ist also absehbar.

Der gegenwärtige Höhenflug der Nahrungsmittelpreise hat aber noch andere Gründe: Die Landflucht nimmt zu, Schätzungen zufolge liegen inzwischen 2 Millionen Hektar Anbaufläche brach. Sollte sich dieser Trend beschleunigen, könnte China bald von Getreideimporten abhängig werden. Bei Soja für Viehfutter ist dies schon heute der Fall. Chinas fruchtbarste Anbauflächen befinden sich im Osten und im Süden. Und genau dort schreitet auch die Verstädterung schnell voran. Der Bedarf an Bauland wächst. Bodenspekulanten bedrängen die Behörden, um an bebaubare Flächen heranzukommen. Und die Behörden lassen sich nicht lange bitten, denn viele Provinzen beziehen bis zu 90 Prozent ihrer Einnahmen aus Einkünften, die sie über Immobilien erzielen. Beamte und Geschäftsleute setzen gemeinsam die Bauern unter Druck, damit diese gegen eine geringe Entschädigung ihr Ackerland aufgeben.

Auch die Zentralregierung hat dabei die Hand im Spiel. Ende 2008 erließ sie ein Gesetz, das der Umwidmung von Ackerland zu Bauland Tür und Tor öffnet. Anders als in der chinesischen Verfassung festgeschrieben, lässt sie zu, dass Provinz- und Regionalregierungen mit dem Erlös aus Landverkäufen die Löcher in ihren Haushalten stopfen. Und die werden immer größer: Mitte August räumte die Provinz Hainan nahe Hongkong ein, 98 Prozent ihres Budgets mit Krediten zu bestreiten. Das Finanzministerium in Peking ließ dazu verlauten, den Provinzen stünden genügend Sachwerte zu Verfügung. Wie eben Grund und Boden.

Kein Wunder, dass man hinter vorgehaltener Hand über Wen Jiabao lacht, der schwört, die Anbaufläche für Getreide werde auf keinen Fall unter die Marke von 1,6 Milliarden Mu fallen. Aber selbst wenn sich dieses Ziel zumindest nach außen noch aufrechterhalten ließe, könnten langfristig nur noch 45 Prozent dieser Fläche ausreichend bewässert werden.

[1] Jahrbuch der chinesischen Behörde für Statistik 2009. 1500 Mu entspricht einem Quadratkilometer.
[2] Der Getreideverbrauch in China lag 2010 bei 389 Kilo pro Kopf und Jahr.

BILD: RUDY UMANS

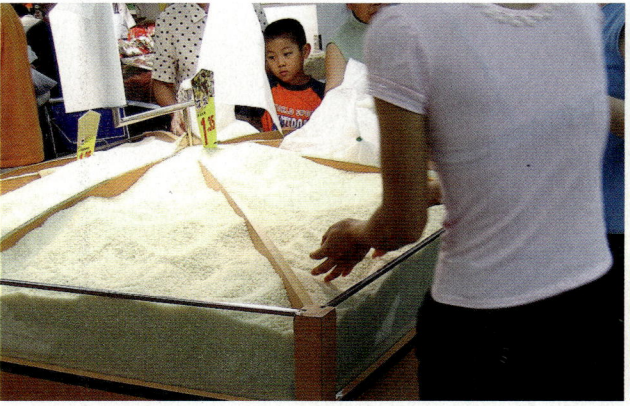

Carrefour-Supermarkt in Beijing (Peking).
BILDER: JORGE TUNG

Die entstandenen Versorgungslücken versucht man durch intensiven Anbau wettzumachen: Mehr Dünger, Pestizide und Landmaschinen kommen zum Einsatz – mit enormen Kosten für die Bauern. Und die profitieren am wenigsten von den steigenden Endverbraucherpreisen der Lebensmittel. In der Provinz Shandong, der nordchinesischen Kornkammer, ermittelten Statistiker, dass die Bauern etwa 30 Prozent vom Endpreis bekommen – wovon dann noch ihre Einstandskosten abgezogen werden müssen. Cass in Peking schätzt: 80 Prozent der Gewinne durch die Verteuerung streichen verarbeitende Industrie und Großhandel ein.

Nennenswerte Hilfen vom Staat können sich die Bauern nicht mehr erhoffen. Zwar hat die Zentralregierung 2006 die Landwirtschaftssteuer gestrichen, die ohnehin nur 2 Prozent des Einkommens der Bauern ausmachte. Seitdem stagnieren aber auch die staatlich subventionierten Erzeugerpreise für Getreide. Während die Produktionskosten für die Bauern seit drei Jahren in Folge steigen, 2010 sogar über 30 Prozent, blieb der Zuschuss unter 10 Prozent des niedrigsten Marktpreises. Rechnet man die Teuerung der Lebenshaltungskosten hinzu, die in den letzten beiden Jahren 4 bis 5 Prozent betrug, wundert es nicht, dass Chinas Bauern wenig Begeisterung für den Getreideanbau aufbringen. Dass sich die Landflucht verschärft, ist nur eine logische Folge.

Zudem rächt sich nun der jahrelange massive Einsatz industrieller Hilfsmittel. Laut Professor Zhang Fusuo, Leiter des Instituts für Umwelt- und Agrarwissenschaften an der China Agricultural University in Peking, ist es auch dem Einsatz von Kunstdünger zu verdanken, dass sich die chinesischen Getreideernten in den dreißig Jahren der so genannten Reformpolitik um 40 Prozent steigern ließen. Dabei gelange allerdings fünfmal so viel Stickstoff in die Luft wie in Europa, obwohl China insgesamt nur halb so viel Stickstoffdünger einsetzt.[3] Die dadurch verursachte Gesundheitsgefährdung alarmiert die Verbraucher in den Städten. Außerdem machen die hohen Pestizidrückstände in chinesischen Agrarprodukten die Exportchancen zunichte.

Erst als 2008 Japan wegen zu hoher Rückstände des Insektengifts Acephat in chinesischem Reis große Bestellungen stornierte und Schadenersatz forderte – was für Chinas Reisbauern Milliardenverluste bedeutete –, begann in China die Diskussion darüber, wie toxisch der Reis sein dürfe, den die Chinesen selbst tagein, tagaus essen. Japan stuft Reis mit Rückständen von 0,02 bis 0,06 Milligramm Acephat pro Kilogramm[4] als »ungenießbar« bis »gefährlich« ein. In China dagegen gilt er auch mit 0,1 Milligramm Acephat noch als »Güteklasse A«.

Die zahlungskräftige Mittelschicht meidet seither nach Möglichkeit die Agrarprodukte aus dem eigenen Land und greift stattdessen zu den sehr teuren Importprodukten aus den USA, Singapur und Frankreich. Wer sich das nicht leisten kann, kauft Reis bei ausländischen Einzelhändlern wie der französischen Supermarktkette Carrefour, die für Qualitätssicherung sorgen, aber den mageren Gewinn chinesischer Getreidebauern weiter drücken.

Der schlechte Ruf der chinesischen Agrarprodukte ebnet internationalen Lebensmittelkonzernen den Weg in das bevölkerungsreichste Land der Erde. Marktführer sind die Louis Dreyfus Group aus Frankreich, Cargill Inc., Archer Daniels Midland Co. und Bunge Ltd. aus den USA sowie Wilmar International aus Singapur mit ihrer chinesischen Tochter Yihai Kerry. In einigen Schlüsselbereichen haben sie bereits Monopolstellungen erlangt.

Am 16. August 2011 warnte Zhang Hanlin, Experte für Agraraußenhandel an der Pekinger Universität für Internationalen Handel: Diese Giganten besitzen bereits 66 Prozent der Aktien der Speiseöl-Unternehmen – damit beherrschen sie den Markt.[5] Mit ihrer Marktpräsenz, schimpft Chinas marxistische Linke auf ihrer Website »Utopia«, können die »ausländischen Blutsauger« bestimmen, wer wo wann was zu welchem Preis anbaut.

Im Jahr 2009 konnte Chinas Behörde für Nahrungsmittelproduktion noch – wenn auch etwas kleinlaut – bestreiten, dass es eine »Vorherrschaft« internationaler Konzerne »über die Ölflaschen in chinesischen Küchen« gebe: Ganz so schlimm sei es nicht. 2011 aber berichten selbst liberale Medien wie das Magazin 21. *Jahrhundert* in Reportagen aus verschiedenen Provinzen über die Resignation der Bauern: Der Anbau von Ölfrüchten wie Soja, Raps und Erdnüssen lohnt sich nicht mehr. Chinas Importe von Speiseöl haben zwischen 2000 und 2010 um

---

3 http://guancha.gmw.cn/2011-05/24/content_2 000 281.htm.

4 Acephat ist ein Nervengift aus der Gruppe der Phosphorsäureester, das als Insektizid gegen Blattschädlinge eingesetzt wird. In Europa liegt der Grenzwert in Gemüse bei 0,02 Milligramm pro Kilogramm.

5 Guo Qingbao; »Studie über die Verteilung der ausländischen Investitionsbeteiligung an der Speiseölproduktion Chinas«, *China Oils and Fats*, Nr. 33, Peking 2008.

353 Prozent zugenommen, das ist ein jährlicher Zuwachs von 35 Prozent. Der zweifache Effekt ist bekannt: Das Leben in Chinas Städten wird teurer. Chinas Bauern haben nichts davon. Nicht bekannt sind genaue Zahlen, wie viel Ackerfläche inzwischen brachliegt.

Seit 2010 warnen Chinas Ökonomen, darunter auch die Experten der Cass in Peking, dass das internationale Kapital dabei sei, sich auch in den immer größeren Markt für Fleischerzeugnisse zu drängen. Auch hier leistet der schlechte Ruf der chinesischen Produzenten der internationalen Nahrungsmittelindustrie die beste Schützenhilfe: Schon lange versucht die chinesische Regierung erfolglos, die Anwendung des »lean meat powder« (Clenbuterol) in der dezentralen Viehzucht zu verhindern. Kleinzüchter in den ländlichen Regionen mischen dem Viehfutter gerne Clenbuterol bei, weil sich damit die Mastdauer verkürzt, der Anteil an Magerfleisch erhöht und Futtergetreide eingespart wird. In der Folge kommt es seit Jahren immer weder zu schweren Lebensmittelvergiftungen beim Verzehr, manchmal sogar mit tödlichem Ausgang.

Wenn nur die Bauern den Schaden gehabt hätten, so die Kritik der Linken, dann hätten sich Chinas neoliberale Wirtschaftslenker weiterhin in Schweigen gehüllt. Seit jedoch die einheimische Nahrungsmittelindustrie zunehmend in Mitleidenschaft gerät, da sie hohe Importpreise akzeptieren muss, ändert sich etwas. 80 Prozent der Soja, so beklagen Branchenvertreter, stammten nicht nur aus dem Ausland, sie würden auch durch chinesische Filialen ausländischer Firmen importiert.

Internationale Unternehmen, wie etwa der US-Agrarriese Bunge, kassieren zudem hohe Lizenzgebühren für die Nutzung ihrer Technologie, die den Ölertrag bei der Verarbeitung erhöht. So holt man sich auch noch die Inflation selbst ins Haus, giften die Neomarxisten, und zwar ganz ohne internationale Spekulation.

Dass der US-Konzern Monsanto, der weltweit größte Hersteller von Saatgut und spezialisiert auf genmanipulierte Feldfrüchte, laut Angaben chinesischer Fachverbände heute schon über die Hälfte des auf dem chinesischen Markt verfügbaren Saatguts kontrolliere, wertet die marxistische Linke gar als eine Form der »biologischen Kriegsführung« gegen die Chinesen. Der »Verräter Landwirtschaftsministerium« habe gegen Ende 2009 Monsanto Sonderlizenzen für den »großflächigen Anbau von drei Sorten Gengetreide, zweimal Mais und einmal Reis«, erteilt, »obwohl sogar die Amis selber immer lauter Zweifel an genmanipuliertem Saatgut anmelden, unter anderem wegen äußerst bedenklicher Beeinträchtigung von Spermien«.

So scharf wollen amtliche Propagandisten zwar nicht schießen. Aber auch sie schlagen Alarm. Die Tendenz, dass westliche Giganten »uns an die Gurgel gehen«, nehme zu, warnt etwa Li Changjiu. Er war jahrelang bei der staatlichen Nachrichtenagentur Xinhua Chefreporter für Ernährungsfragen und Vizevorsitzender der Studiengruppe für internationale Beziehungen.

Die Multis stoßen zunehmend in zentrale Bereiche des alltäglichen Bedarfs vor und bauen ihre Monopolstellungen aus. Laut Li werden die westlichen Konzerne beim Speiseöl keineswegs haltmachen. Warum, fragt er, kontrollieren sie schon jetzt 80 Prozent aller Supermärkte in den Städten? Weil der, der am Ende der Lieferkette sitzt, das letzte Wort über Preise und Nachschub habe.

Der Schönheitsfehler solcher Verschwörungstheorien ist, dass die internationalen Konzerne mit den staatlichen chinesischen Riesen – wie etwa der Cofco[6] – eng verzahnt sind. Wenn sie wuchern, wuchert mit ihnen der chinesische Staat. Wenn sie Bauern und Züchter schröpfen, ist auch der chinesische Staat zumindest Mitwisser, wenn nicht Komplize.

Der jüngste Beweis: Als im Frühjahr 2011 die Spekulation mit Agrarprodukten wie Ingwer, Knoblauch oder Raps Spitzenwerte erreichte und es zu Hamsterkäufen kam, gab Chinas oberste Institution zur Wirtschaftslenkung, die Staatskommission für Planung und Reform, strikte Anweisung an alle staatseigenen Unternehmen, keine Ernten bei den Bauern aufzukaufen, um nicht von staatlicher Seite die Panik zu schüren. Kritische Journalisten in Südchina fanden aber heraus, dass multinationale Konzerne wie Bunge gerade in Provinzen wie Zhejiang unterwegs waren und alles kauften, was sie kriegen konnten. Bunge besitzt dutzende gemeinsamer Tochterunternehmen mit Chinas Branchenprimus Cofco – und dem wurde zu genau diesem Zeitpunkt ausdrücklich verboten, sich mit Agrarprodukten einzudecken.

6 Der Mischkonzern ist vor allem in der Nahrungsmittelbranche und Gastronomie aktiv. Auf der Liste der größten Staatsunternehmen steht er auf Platz 21.

© *Le Monde diplomatique,* Berlin

Erstmals erschienen in *le Monde diplomatique* vom Oktober 2011.

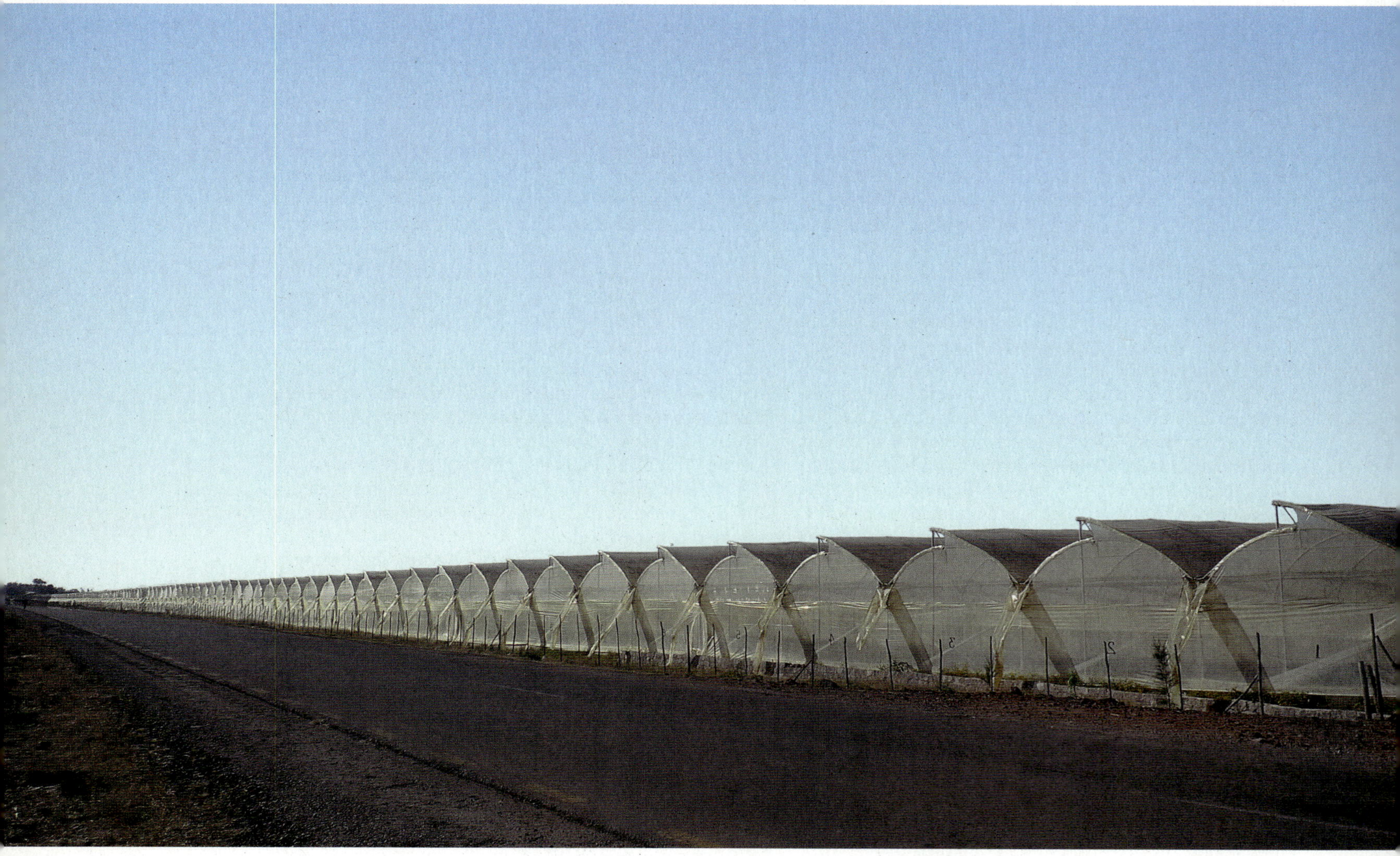

Wie Gold, nur besser

Internationale Anleger kaufen in afrikanischen Staaten Agrarland – eine neue Form der kolonialen Ausbeutung.

Von Joan Baxter

Mit der Gründung einer privaten Finanzgesellschaft im Jahr 1876 wollte sich Belgiens König Leopold II. die Kontrolle über die heutige Demokratische Republik Kongo sichern. Um seine imperialen und materiellen Absichten zu verbergen, tarnte er das Unternehmen als wissenschaftlich-philantropische Gesellschaft. Mit diesem Trick gelang es Leopold auf der Berliner Konferenz von 1884/85, die Abgesandten der USA und 13 europäischer Staaten von der Ehrenhaftigkeit seiner Pläne zu überzeugen. Die Konferenz fasste den Beschluss, dem belgischen König die Souveränität über den Freistaat am Kongo zu übertragen. So begann die koloniale Zerstückelung des afrikanischen Kontinents.

Eine Zeitreise von 125 Jahren: Am 18. November 2009 hält Tony Blair im neoimperialen Ambiente des Londoner Queen Elizabeth II. Conference Centre eine Rede vor dem so genannten Sierra Leone Investment Forum. Zu den Organisatoren der Veranstaltung gehörte die von Blair gegründete African Governance Initiative (AGI), die darauf aus ist, Sierra Leone an potenzielle Investoren zu verkaufen. Der ehemalige britische Premierminister verweist die Interessenten auf die »Millionen Hektar landwirtschaftlich nutzbarer Flächen«, die in Sierra Leone zu haben sind.[1] In seinem Eifer scheint Blair ganz entgangen zu sein, dass auf diesen Flächen ein paar Millionen Landeskinder leben, die auf die Erträge dieses Landes angewiesen sind.

Der alte König Leopold hätte sich auf diesem Investment-Forum bestimmt wie zu Hause gefühlt und wissend mit dem Kopf genickt, als Blair seine Zuhörer aufforderte, Land und Strände in Sierra Leone zu kaufen und damit stattliche Gewinne zu machen.[2] Auch der hehre Anspruch, »einen praktikablen Ansatz im Sinne von Entwicklung und Armutsbekämpfung« zu verfolgen, hätte dem belgischen König ein nostalgisches Déjà-vu-Gefühl vermittelt: Sein damaliger Plan, sich einen großen Teil von Afrika einzuverleiben – natürlich im Namen von Entwicklung und Fortschritt –, hat offenbar alerte und erfolgreiche Nachahmer gefunden.

Die neuerliche Zerstückelung Afrikas hat begonnen. Nur sind die Akteure heute nicht die Könige und Königinnen kolonialer Reiche, sondern die Majestäten der Finanzmärkte, Großkonzerne und reichen Staaten. Sie richten ihre begehrlichen Blicke auf das Kapital, das sich noch im Besitz der Afrikaner befindet: den landwirtschaftlich nutzbaren Boden. Internationale Banken und Investmentfonds, Industrieländer, Agrarkonzerne und reiche Einzelunternehmer wollen auf Riesenflächen gigantische industrielle Großfarmen aufziehen, die Nahrungsmittel und Agrosprit produzieren sollen – für den Export und den Profit, versteht sich.

»Ausländische Direktinvestitionen in die Landwirtschaft« lautet die harmlose Vokabel für das neue *land grabbing* auf dem afrikanischen Kontinent. Die Institutionen, die diese Landnahme propagieren, sprechen von einem Geschäft, bei dem es nur Gewinner gibt. Zu denen gehören unter anderem die International Finance Corporation (IFC) der Weltbank, der Internationale Fonds für landwirtschaftliche Entwicklung (Ifad) und sogar die Welternährungsorganisation FAO, obwohl deren damaliger Generaldirektor Jacques Diouf sich anfangs dazu hinreißen ließ, das *land grabbing* als eine Form von »Neokolonialismus« zu bezeichnen.

Diesen Gedanken hat sich wenig später ein anderer zu eigen gemacht: Muammar al-Gaddafi. Auf dem so genannten Welternährungsgipfel Mitte November 2009 in Rom rief der libysche »Revolutionsführer« die Welt zum Kampf gegen »den neuen Feudalismus« auf. Er vergaß dabei, dass er selbst zu den neuen Feudalherren gehört: Im Nachbarstaat Mali, wo die Wüstenbildung rasant voranschreitet, hat sich Libyen 100 000 Hektar wertvollen Ackerboden am Nigerufer unter den Nagel gerissen.

Auch Peking ist mit von der Partie. Angeblich 2,8 Millionen Hektar groß ist die Fläche, die China in der Demokratischen Republik Kongo gepachtet hat, um die größte Ölpalmenplantage der Welt aufzuziehen.[3] Und Philippe Heilberg, der dem New Yorker Investmentfonds Jarch Capital vorsteht, hat in Südsudan mit dem Sohn des Warlords Paulino Matip einen Pachtvertrag über 400 000 Hektar Land abgeschlossen.[4] Susan Payne, einst Managerin bei der US-Investmentbank Goldman Sachs und heute an der Spitze des Finanzunternehmens Emergent Asset Management, betreibt unter anderem einen African Land Fund, der bereits in 14 afrikanischen Staaten in Land investiert hat – laut Werbeprospekt handelt es sich durchweg um »sozial verantwortliche Investitionen«.

In Äthiopien organisierten fünfzig große saudische Unternehmen ein Forum über Investitionschancen bei landwirtschaftlichen Exportprodukten, auf dem die Möglichkeiten des Grunderwerbs in Ostafrika vorgestellt wurden. Der Inder Sai Ramakrishna Karuturi, der mit seiner Expansionsstrategie den Agrogiganten Cargill abhängen will, besitzt nach eigenen Aussagen die größte *land bank* der Welt. Ein Großteil dieses Bodens liegt in

---

Die studierte Anthropologin Joan Baxter schreibt vor allem über Afrika, wo sie mehr als zwanzig Jahre gelebt und gearbeitet hat. Sie ist Autorin des Buches *Dust from our Eyes. An unblinkered look at Africa*, Hamilton/Ontario (Wolsak and Wynn), 2. Auflage 2010.

[1] »Sierra Leone open for business«, *Awoko*, Freetown (Sierra Leone), 23. November 2009.
[2] Siehe tonyblairoffice.org/2009/11/tony-blair-praises-sierra-leon.html.
[3] Siehe Olivier de Schutter (UN-Sonderbeauftragter für Recht auf Ernährung), »Large-scale land acquisitions and leases: A set of core principles and measures to address the human rights challenge«, www2.ohchr.org/english/issues/food/docs/BriefingNotelandgrab.pdf.
[4] Siehe Javier Blas und William Wallis, »U.S. Investor Buys Sudanese Warlord's Land«, *Financial Times* vom 9. Januar 2009.

Rosenzucht des indischen Unternehmers Sai Ramakrishna Karuturi in Äthiopien.
BILD: ALEXIS MARANT | PLANÈTE À VENDRE

Äthiopien,[5] dem Land also, dessen Regierung die Welt um Nahrungsmittelhilfe für 6,2 Millionen Menschen anfleht, nachdem eine Dürrekatastrophe die Ernten vernichtet hat. Die äthiopische Regierung hat bereits 600 000 Hektar verpachtet und sucht Investoren für weitere 3 Millionen Hektar, auf denen riesige – und sehr wasserintensive – Plantagen für Exportprodukte entstehen sollen.[6] In der Republik Kongo mit ihrem wertvollen und bedrohten Regenwald bekamen südafrikanische Großfarmer vom Präsidenten 10 Millionen Hektar zur agrarischen Nutzung angeboten. Und die Liste solcher Projekte in Afrika wird ständig länger.

Die lange und traurige Vorgeschichte des heutigen *land grabbing* begann mit der Ausbeutung von Millionen Afrikanern, die als Sklaven in die Neue Welt verschleppt

tet hat. Diese Agenturen für Investitionsförderung sind genau genommen nur dazu da, den Investoren lästige Steuern zu ersparen und sie vor Gesetzen zu bewahren, die den Schutz der Arbeiter, der Menschenrechte, der Umwelt und letztlich der afrikanischen Souveränität gewährleisten könnten.

Häufig behaupten die Investoren, das von ihnen erworbene Land sei »ungenutzt« oder »untergenutzt« oder liege einfach nur brach. Dieses Argument, das auch afrikanische Regierungen gern heranziehen, verkennt aber die Bedeutung des ausgeklügelten Systems der Bodennutzung, bei dem die Brache dazu dient, die Bodenqualität zu verbessern und ganze Landschaften oder etwa bestimmte Wasserläufe zu schützen. Gleichfalls übersehen wird dabei der unglaubliche Reichtum an Nahrungsmitteln, Ge-

Der afrikanische Kontinent ist dem ausländischen Kapital auf Gedeih und Verderb

wurden, um dort als Plantagenarbeiter den Reichtum der amerikanischen Großgrundbesitzer zu mehren. Dann kam die Epoche der kolonialen Ausplünderung, in der sich die Europäer die Bodenschätze und Diamanten sowie das Holz Afrikas aneigneten, gefolgt von jahrzehntelanger neokolonialer Ausbeutung, die mit den ersten Ölfunden begann. Inzwischen wurde die Ausplünderung mit neuen Methoden betrieben: mit politischer Einmischung, etwa um nationalistische Führer und Widerstandsbewegungen zu bekämpfen oder auszuschalten, oder mit monetaristischen Strategien wie den berühmten Strukturanpassungsprogrammen des Internationalen Währungsfonds und der Weltbank. Und natürlich mittels eines liberalisierten Welthandels, der die afrikanischen Märkte für die Dumpingwaren der westlichen Industriestaaten »geöffnet« hat.

Nach alledem ist der afrikanische Kontinent verschuldet, abhängig und dem ausländischen Kapital auf Gedeih und Verderb ausgeliefert – und damit reif für die Übernahme durch »Katastrophenkapitalisten«. Als solche bezeichnet Naomi Klein die Unternehmer, die die ökonomischen, politischen, gesellschaftlichen und ökologischen Katastrophen unseres Planeten zu verantworten haben und auch hinterher noch zwischen den Trümmern ihre Geschäfte betreiben.[7]

Bei ihrem Wettlauf um die Gunst der Katastrophenkapitalisten rennen sich die afrikanischen Staatsführer fast über den Haufen. Sie alle locken die landgierigen Unternehmen mit allerlei Zugeständnissen und Anreizen. Sie sind so naiv zu glauben, dass sich mit gigantischen, für den Export produzierenden Agrarkonzernen auch die Ernährungs- und Beschäftigungsprobleme in ihren Ländern lösen ließen – und scheinen zu vergessen, welche Bedeutung die kleinbäuerliche Subsistenzlandwirtschaft bei ihnen hat.

Der wichtigste Pate dieser afrikanischen Politiker ist die International Finance Corporation der Weltbank, die auf dem ganzen Kontinent »One Stop Shops« eingerich-

würzen, Ölen, Aromastoffen und medizinischen Substanzen, den diese angeblich ungenutzten Wald- und Buschflächen für die einheimische Bevölkerung darstellen.

Das International Food Policy Research Institute (Ifpri) schätzt, dass in den letzten beiden Jahren mindestens 20 Millionen Hektar afrikanischen Bodens in mehr als dreißig Ländern entweder verkauft oder für einen Zeitraum von 30 bis 100 Jahren verpachtet wurden.[8] Viele dieser Geschäfte werden hinter verschlossenen Türen ausgehandelt, oft mit dem Segen traditioneller Herrscher und Häuptlinge. Die sollten sich eigentlich als Hüter des Bodens verstehen, lassen sich aber häufig durch ein kleines Geschenk oder einen schlecht bezahlten Verwaltungsjob auf der Plantage des Investors zur Unterschrift bewegen.

Die erworbenen Flächen wollen die Käufer – zumal die aus den ölreichen Golfstaaten und China – als Offshore-Farmland nutzen, um damit ihre eigene Lebensmittelversorgung sicherzustellen, und sei es auf Kosten der Afrikaner. Auch sollen auf etlichen Flächen künftig Pflanzen für Agrosprit wachsen: Nahrungsmittelpflanzen wie Zuckerrohr, Ölpalmen, Maniok und Mais oder andere Pflanzen wie Purgiernuss (Jatropha). Dabei ist gerade in diesen Ländern die eigene Nahrungsmittelversorgung stark gefährdet, weil ihre Wasservorräte schwinden und die Bodenerträge sinken – und zwar als Folge des Klimawandels, für den Afrika bekanntlich nicht verantwortlich ist.

Der Klimawandel wirkt für das *land grabbing* einerseits als Beschleunigungsfaktor, weil er Ängste vor Lebensmittelknappheit erzeugt und damit die Profiterwartungen verbessert. Umgekehrt kann aber auch der Landhunger des Agrobusiness den Klimawandel beschleunigen. Denn die dadurch verdrängte traditionell kleinbäuerliche Landwirtschaft zeichnet sich in der Regel durch eine hohe Biodiversität aus, die den Boden vor den Auswirkungen des Klimawandels schützt.[9]

Ausgerechnet diese traditionellen Anbaumethoden sind von den Großprojekten des Agrobusiness besonders

---

5 Asha Rai, »The constant gardener«, *The Times of India,* Mumbai, 26. September 2009.
6 »Ethiopia is giving away 2,7 million hectares«, *Daily Nation,* Addis-Abeba, 15. September 2009.
7 Naomi Klein, *Die Schock-Strategie. Der Aufstieg des Katastrophen-Kapitalismus,* Frankfurt am Main (Fischer) 2007.
8 Joachim von Braun und Ruth Suseela Meinzen-Dick, »›Land grabbing‹ by foreign investors in developing countries: Risks and opportunities«, International Food Policy Research Institute, Washington, DC, April 2009. Die internationale NGO Grain (www.grain.org) dokumentiert das *land grabbing* auf einer eigenen Website: farmlandgrab.org.
9 Miguel A. Altieri, »Agroecology, small farms, and food sovereignity«, *Monthly Review,* New York, Juli/August 2009.

bedroht: Diese Monokulturen erfordern gigantische Mengen an Pestiziden und Kunstdünger, die mit Hilfe fossiler Brennstoffe hergestellt werden, sowie den energieintensiven Einsatz von Maschinen.

Zusätzlich angeheizt werden die Landkäufe durch die globale Nahrungsmittelkrise. Deren Ursache liegt nicht etwa in einem allgemeinen Nahrungsmittelmangel, sondern im Mangel an erschwinglichen Nahrungsmitteln für die rund eine Milliarde Menschen, die weltweit Hunger leiden. Als 2008 die Weltmarktpreise für Lebensmittel plötzlich in die Höhe schossen, ging dies zum Teil auf die wilde Spekulation zurück, die die Europäische Union und die USA mit ihren neuen Agrospritvorgaben ausgelöst hatten. Der Run auf erneuerbare Treibstoffe – die nach Ansicht vieler Experten den Klimawandel kaum

afrikanische Präsidenten und Regierungen die entsprechenden Verträge unterzeichnen, ohne sie vor ihre Parlamente zu bringen, und dass sie sich dabei auch noch gegenseitig Konkurrenz machen, statt sich zusammenzutun. Denn nur gemeinsam könnten sie regionale Kriterien erarbeiten und die Investoren beispielsweise verpflichten, auch die örtliche Infrastruktur zu verbessern und mindestens die Hälfte aller produzierten Nahrungsmittel auf den einheimischen Markt zu bringen.

Für die Investoren erweist sich die große Schwäche der afrikanischen Regierungssysteme als überaus nützlich. Gemeint ist die Tatsache, dass viele afrikanische Herrscher sich gegenüber ihrem eigenen Volk nicht verantworten müssen. Philippe Heilberg, der Chef von Jarch Capital, lässt es an Deutlichkeit nicht fehlen:

ausgeliefert – und damit reif für die Übernahme durch »Katastrophenkapitalisten«

eindämmen werden – verstärkt paradoxerweise also auch den Run auf die afrikanischen Böden.

Auch die globale Finanzkrise treibt das *land grabbing* weiter an. Ausgelöst haben diese Krise dieselben risikoliebenden Banken und Investmentunternehmen, die für ihr Kapital nun nach sicheren Anlagemöglichkeiten suchen. *Land bank* (Bodenbank) ist die neue Bezeichnung für Ackerland, das die Manager der Hedgefonds, der Private-Equity-Branche und der großen Pensionsfonds propagieren. Nach Ansicht des Finanzexperten Chris Mayer ist Landerwerb eine Wertanlage »wie Gold, nur besser«.[10]

Diese von Investmentbankern, Konzernen und Milliardären betriebene Form der Landwirtschaft – beziehungsweise das, was unter diesen Umständen von der Landwirtschaft noch übrig bleibt – ist ungefähr das Gegenteil der Anbaumethoden, wie sie in Afrika 80 Prozent der Bauern betreiben. Eine umfangreiche Studie, die von der Weltbank initiiert wurde, belegt eindeutig, wie nachhaltig und ökologisch vernünftig diese Art des bäuerlichen Wirtschaftens ist.[11]

Das sieht der Chef der Abteilung Agribusiness bei der IFC anders. Für Oscar Chemerinski gibt es in der Frage nach dem »richtigen Modell für Afrika« eben »unterschiedliche Denkansätze«. Er beruft sich auf eine Weltbank-Studie, aus der hervorgehe, dass agrarische Großunternehmen und kleinbäuerliche Landwirtschaft in einer »starken symbiotischen Beziehung« koexistieren können. Wie mag das wohl in den Ohren des Kleinbauern im Norden Ghanas klingen, der eines Tages seinen Acker nicht mehr betreten konnte, weil die Firma Biofuel Africa 23 700 Hektar Land in der Gegend erworben hat, um dort die Agrospritpflanze Jatropha anzubauen?

Olivier de Schutter dagegen, der UN-Sonderbeauftragte für das Recht auf Ernährung, hält solche Investitionen in landwirtschaftliche Exportprodukte für eine Katastrophe. De Schutter spricht sich entschieden gegen alle Investitionen aus, die die Nahrungsmittelsicherheit der betroffenen Länder gefährden. Er weist darauf hin, dass

»Wenn Nahrung knapp wird«, soll er einmal gesagt haben, »dann braucht der Investor einen schwachen Staat, der ihm keine Regeln aufzwingt.«[12]

Seit einiger Zeit versuchen Gruppen der afrikanischen Zivilgesellschaft, sich möglichst hörbar einzumischen. Viele haben sich im Netzwerk Copagen (Coalition for the Protection of African Genetic Heritage) zusammengeschlossen, einem Bündnis afrikanischer Gruppen, in dem Wissenschaftler und Bauernverbände sich gemeinsam dafür einsetzen, dass die afrikanischen Bauern weiterhin ihr eigenes Saatgut verwenden und die Ernährungssouveränität ihrer Länder aufrechterhalten können.

Im Oktober 2009 haben 27 zivilgesellschaftliche Organisationen aus ganz Afrika einen offenen Brief unterzeichnet. Darin fordern sie die afrikanischen Führungen auf, ihre Unterstützung für die Landkäufe sowie für andere Formen der industriellen Landwirtschaft einzustellen, und erklären, dass auch die »Alliance for a Green Revolution« eine Gefahr für die afrikanischen Kleinbauern darstelle. Bislang gibt es freilich keinerlei Anzeichen dafür, dass die politischen Führer Afrikas sich derartige Aufrufe zu Herzen nehmen.

Auf dem »Welternährungsgipfel« im November 2009 präsentierte die FAO ein Papier mit dem Titel: »Foreign Direct Investment – win-win or land grab?« Darin heißt es, dass die FAO, die Unctad (UN-Organisation für Handels- und Entwicklungsfragen), der Internationale Fonds für landwirtschaftliche Entwicklung (Ifad) und die Weltbank gemeinsam einen »freiwilligen Verhaltenskodex« ausarbeiten. Die im Januar 2010 präsentierten »Grundsätze für verantwortungsvolles Agrarinvestment« (RAI) sollen »verantwortungsvolle Agrarinvestitionen fördern, die allen Beteiligten zugutekommen«.

Solche freiwilligen Standards und Richtlinien, die womöglich ein sozial verantwortliches Verhalten von Kapitaleignern fördern könnten, sind allerdings das Letzte,

Fortsetzung auf Seite 49

10 *Daily Wealth*, Vancouver, 4. Oktober 2009.
11 International Assessment of Agricultural Knowledge, Science and Technology for Development (IAASTD), *Global Report. Agriculture at a Crossroads*, www.agassessment.org.
12 Siehe Horand Knaup und Juliane von Mittelstädt, »Die große Jagd nach Land«, in: *Der Spiegel*, 27. Juli 2009.

Down with free market Policies

Schöne neue Worte

Appelle von Weltbank und UNO stoppen den Landraub in Afrika nicht.

Von Benoît Lallau Der Autor ist Dozent für Wirtschaftswissenschaften an der Universität Lille I.

Drei Jahre nach der Ernährungskrise von 2008 herrschte wieder Hunger am Horn von Afrika. Zu den Ursachen dieser Geißel gehört unter anderem der großflächige Ankauf von Ackerland, um Nahrungs- oder Energiepflanzen anzubauen. 2009 sollen auf diese Weise 45 Millionen Hektar den Besitzer gewechselt haben, etwa zehnmal so viel wie der Durchschnitt in den vorangegangenen Jahren.[1] Da Unternehmen wie Staaten ungern ihre Daten preisgeben, lässt sich allerdings schwer sagen, wie viele von den Investitionsvorhaben bisher nur angedacht, bereits entschieden oder schon in die Wege geleitet worden sind. Selbst die Weltbank erklärt, sie habe größte Schwierigkeiten, an verlässliche Informationen zu gelangen, sodass sie sich für ihren Bericht vom September 2010[2] auf die alarmierenden Zahlen der Nichtregierungsorganisation (NGO) Grain[3] stützen musste.

Grundsätzlich decken sich großflächige Landkäufe mit den Ansichten, die die Weltbank noch unmittelbar nach der Krise von 2008 vertreten hatte[4]: dass nämlich Kapitalzuflüsse von außen und insbesondere private Investitionen die Entwicklung eines Landes mit schwacher Sparquote förderten und zum Kampf gegen die Armut beitrügen. Eine tragende Rolle bei der Förderung solcher Geschäfte spielt demzufolge auch die International Finance Corporation (IFC) der Weltbank.

Die Befunde über die Entwicklung auf dem Bodenmarkt haben die Weltbank allerdings in Verlegenheit gebracht. Ihr jüngster Bericht bestätigt, was NGOs schon lange kritisieren: Zum Beispiel ist es ein Irrglaube, der großflächige Ankauf von Boden würde für eine rationellere und damit produktivere Ausbeutung bisher unzureichend genutzter Ackerflächen sorgen. Auch ist die Annahme falsch, dass man nur moderne Agrartechniken wie Kunstdünger, Maschinen und Bewässerungsanlagen einsetzen sowie Monokulturen und durch Zucht oder besser noch mithilfe von Gentechnik gewonnene ertragreiche Sorten anpflanzen müsse. Dabei ist bekannt, dass Agrarökosysteme, die häufig nur dank nachhaltiger Anbau- und Weidepraktiken fruchtbar bleiben, durch eine undifferenzierte Anwendung solcher Techniken aus dem Gleichgewicht gebracht werden.

Die NGOs verweisen zudem auf die negativen sozialen Auswirkungen solcher Maßnahmen, für die sich der Begriff *land grabbing* eingebürgert hat. Ein solcher Landraub kann auf drei unterschiedliche Arten stattfinden: Entweder behaupten die vom Staat unterstützten Investoren, die Flächen würden von der Bevölkerung nicht optimal genutzt oder seien für die Landwirtschaft nutzlos geworden (außer für die Wunderpflanze Jatropha, die angeblich die Wüste wieder zum Blühen bringt und vor allem deshalb interessant ist, weil sie ein besonders effektives, technisch nutzbares Pflanzenöl produziert); oder sie profitieren von unklaren Besitzverhältnissen und eignen sich mit Unterstützung der örtlichen Behörden Ländereien an, die vorher qua ungeschriebenem Gewohnheitsrecht bebaut wurden; oder sie bemühen die alte Formel von den notwendigen Erfordernissen der Entwicklung, bei deren Durchsetzung der Einsatz von Zwang legitim sei. Auch wenn dies kurzfristig negative soziale Folgen nach sich ziehe, müsse die »archaische« kleinbäuerliche Landwirtschaft durch eine moderne Agrikultur ersetzt werden. Erfahrungsgemäß führt das aber nur dazu, dass den Kleinbauern der Zugang zu Anbauflächen und Wasser erschwert wird. Statt ihre Entwicklung zu fördern, wird den Menschen nach und nach ihre Existenzgrundlage entzogen. Die Folgen sind Marginalisierung und Ernährungsunsicherheit.

Auch wenn es den Erwartungen neoliberaler Wirtschaftstheoretiker und den Versprechen der Investoren widerspricht: Solche Missstände können nicht als bloße »Übergangskosten« auf dem Weg in eine bessere Zukunft abgetan werden. Selbst bei der Weltbank gibt man mittlerweile zu, dass das Agrarinvestment nur von eingeschränktem wirtschaftlichem Nutzen ist.[5] Werden kleinbäuerliche Familienbetriebe, die auf menschliche Arbeitskraft angewiesen sind, durch die effiziente Bewirtschaftung großer Flächen mit wenig Personal ersetzt, führt dies zum Beispiel eher zur Vernichtung von Arbeitsplätzen. Moderne Landwirtschaftsenklaven, deren kompletter produktiver Input erst importiert werden muss, sind zudem keine Stütze für den lokalen Markt. Und sie tragen auch nicht zur Nahrungsmittelunabhängigkeit bei, da meist nur für den Export produziert wird.

Äthiopien, wo gerade der Hunger wütet, ist beispielsweise eines der begehrtesten Ziele ausländischer Agrarinvestoren: Seit 2008 hat die äthiopische Regierung 350 000 Hektar Land zum Verkauf frei gegeben, 2012 sollen weitere 250 000 Hektar veräußert werden.

Es bleibt die Frage, wie sich die Ideologie des freien Markts mit dem Kampf gegen die Armut überhaupt vereinbaren lässt, bei dem es doch vor allem um die Unterstützung kleinbäuerlicher Familienbetriebe geht. Nach Ansicht der internationalen Organisationen lässt sich

1 Vgl. Joan Baxter, »Wie Gold, nur besser.«, in diesem Heft.
2 Weltbank, »Rising Global Interest in Farmland. Can it Yield Sustainable and Equitable Benefits?«, Washington, September 2010.
3 www.grain.org und www.farmlandgrab.org.
4 Weltbank, »World Development Report: Agriculture for Development«, Washington, September 2008.
5 Weltbank, »Rising Global Interest in Farmland«, siehe Anm. 2.

Protest während des World Economic Forum für Afrika, das in Mai 2010, in Daressalam, Tansania, stattfand.
BILD: AFTON HALLORAN

dieses Dilemma aber lösen: durch »verantwortungsvolle« Investitionen. Deshalb haben die Weltbank, die Welternährungsorganisation (FAO), die Konferenz der Vereinten Nationen für Handel und Entwicklung (Unctad) und der Internationale Fonds für landwirtschaftliche Entwicklung (Ifad) im Januar 2010 sieben Grundsätze für verantwortungsvolles Agrarinvestment verabschiedet (Principles for Responsible Agro-Investment).

Die Weltbank empfiehlt

1. LAND- UND RESSOURCENRECHTE: Bestehende Rechte auf Grundbesitz und Zugang zu natürlichen Ressourcen werden anerkannt und respektiert.

2. ERNÄHRUNGSSICHERHEIT: Investitionen gefährden nicht die Ernährungssicherheit, sondern stärken sie.

3. RAHMENBEDINGUNGEN FÜR TRANSPARENZ UND GOOD GOVERNANCE: Die Verfahren zur Land- und Ressourcenvergabe und die damit verbundenen Investitionen sind transparent, werden überwacht, und die Rechenschaftspflicht aller Beteiligten ist gewährleistet.

4. ANHÖRUNG UND TEILHABE: Die unmittelbar Betroffenen werden gehört, und die Vereinbarungen aus solchen Anhörungen werden schriftlich festgehalten und umgesetzt.

5. WIRTSCHAFTLICHE TRAGFÄHIGKEIT UND VERANTWORTUNGSVOLLES INVESTITIONSVERHALTEN: Die Projekte sind in jeder Hinsicht tragfähig, respektieren die Rechtsstaatlichkeit, folgen den »Best Practices« der Branche und führen zu nachhaltigen, geteilten Gewinnen.

6. SOZIALE NACHHALTIGKEIT: Die Investitionen erzielen erstrebenswerte soziale Wirkungen und Umverteilungseffekte, sie erhöhen nicht die soziale Verletzbarkeit.

7. ÖKOLOGISCHE NACHHALTIGKEIT: Die Umweltauswirkungen werden quantifiziert und Maßnahmen zur Förderung nachhaltiger Ressourcenverwendung umgesetzt, die negative Auswirkungen verringern und abschwächen.

Quelle: Weltbank, Welternährungsorganisation (FAO), Konferenz der Vereinten Nationen für Handel und Entwicklung (Unctad), Internationaler Fonds für landwirtschaftliche Entwicklung (Ifad), Januar 2010, siehe: www.responsibleagroinvestment.org/rai/node/232.

6 Siehe www.farmlandgrab.org.

7 »Sichere und eindeutige Besitzrechte gestatten es den Märkten, Land an produktivere Nutzer und für produktivere Nutzungsarten zu übertragen.« World Development Report 2008, siehe Anm. 4.

8 Vgl. etwa Olivier De Schutter, »Access to Land and Right to Food«, Bericht vor der 65. Sitzung der Vollversammlung der Vereinten Nationen, New York, am 21. August 2010; www.srfood.org/images/stories/pdf/officialreports/20101021_access-to-land-report_en.pdf.

Doch schaut man genauer hin, folgen diese Leitlinien nach wie vor den wirtschaftsliberalen Grundsätzen. Die Missstände werden als die Folge mangelnder Transparenz, Regierungsversagens (»Staaten mit schwacher Gesetzgebung« oder »unzureichend vorbereitet«), von zu wenig Mitsprache seitens der Betroffenen (insbesondere der enteigneten Landbevölkerung, deren Proteste häufig unterdrückt werden) und fehlender Verträglichkeitsstudien dargestellt. Ansonsten beschränkt man sich auf Empfehlungen, deren Durchsetzung auf Freiwilligkeit basiert. Es wird über die Einführung von Gütezeichen und »Codes of Conduct« diskutiert, doch keinesfalls sollen die Regeln für in- oder ausländische Investitionen geändert oder rechtlich verpflichtende Grundsatztexte formuliert werden. Statt auf das Instrument der öffentlichen Klage setzt man auf die Selbstregulierungskräfte des Marktes.

Nach Meinung der 130 NGOs, die schon im April 2010 ein Manifest gegen die Grundsätze für verantwortungsvolles Agrarinvestment unterzeichnet haben[6], tragen solche Appelle an das Verantwortungsbewusstsein nur dazu bei, die tatsächlichen Verhältnisse zu verschleiern. Wenn man die teilweise enge Verflechtung von Firmen- und Regierungsinteressen bedenkt, ist die Kritik nur allzu berechtigt. Nicht allein die Unternehmen sollten verantwortungsvoll investieren, auch Staaten, die entweder private Projekte unterstützen oder selbst über unabhängige Fonds investieren, sind gefordert. Die Wirkungskraft von »Best Practice«-Appellen mag man daher mit Recht bezweifeln, wenn es um Fragen der nationalen Ernährungs- und Energiesicherheit geht.

Bereits der erste Grundsatz des Katalogs für verantwortungsvolles Agrarinvestment, der die Anerkennung und Achtung bestehender Rechte fordert, ist doppeldeutig: Er zielt scheinbar darauf ab, die Interessen der ländlichen Gemeinden besser zu schützen, aber er kann auch ihre Verletzbarkeit erhöhen. Denn zum einen ist ein anerkanntes Recht auf Grundbesitz für arme Bauern häufig ein Danaergeschenk: Oft wird es als Garantie für einen Kredit eingesetzt oder muss im schlimmsten Falle verkauft werden, sodass es letztlich zur Bodenkonzentration beiträgt. Zum anderen werden durch dieses Recht bestehende Machtverhältnisse zementiert, und jede Landreform wird ausgeschlossen, die auf eine Neuverteilung des Bodens zugunsten armer Familien zielt. Die mangelnde Produktivität solcher Familienbetriebe rechtfertigt nach dem neoliberalen Grundsatz der optimalen Kapitalakkumulation den Verkauf ihrer Parzelle an einen kapitalkräftigeren Investor.[7]

Dass es einen Zusammenhang zwischen Bodenkonzentration und Armut gibt, steht außer Frage. Olivier De Schutter, der Sonderberichterstatter der Vereinten Nationen für das Recht auf Nahrung, hat schon mehrfach darauf hingewiesen.[8] Selbst die Weltbank betont paradoxerweise die positive Rolle der Kleinbauernbetriebe: Der intensive Einsatz von Arbeitskräften verringere die Arbeitslosigkeit und damit die Abwanderung; weniger Eingriffe in die Ökosysteme verursachten weniger Verschmutzung und Übernutzung; außerdem seien die Kleinbauern vor Ort gut vernetzt, sowohl was den Absatz (Lebensmittelmärkte, Weiterverarbeitung) als auch was die Versorgung betrifft. Wenn die Weltbank darauf drängt, dass Agrarinvestitionen ökonomisch nachhaltig und tragfähig sein müssen (5. Grundsatz), zeigt das nur, dass viele Großinvestitionen kurzfristige Interessen verfolgen und entweder reine Spekulationsgeschäfte sind oder auf politische Arrangements zurückgehen.

Aufgrund dieser Erfahrungen müssten also vor allem die kleinen und mittleren Betriebe mit Krediten, der Anbindung an lokale Märkte und der Ausbildung im ökologischen Anbau unterstützt werden, anstatt dass man sie mit importierter Biotechnologie ausstattet. Sie müssen vor den Weltmärkten mit ihrer zerstörerischen Konkurrenz genauso geschützt werden wie vor den Investoren und deren kurzfristigen Geschäften, die der Umwelt und dem sozialen Frieden Schaden zufügen.

Die Empfehlungen der Weltbank lauten jedoch anders: Nach wie vor besteht sie darauf, die Bedingungen für eine »Win-win-Situation« zwischen Kleinbauern und Agroindustrie zu verbessern – die doch nichts gemeinsam haben. Nach Meinung der Weltbank müssten Kleinbauern und Agrarkonzerne nur die richtigen Verträge miteinander abschließen. Die Familienbetriebe könnten sich damit in die internationalen Produktionsketten eingliedern, ihre Einkünfte verstetigen und Zugang zu modernen Produktionsmitteln erhalten. Die Agroindustrie könnte ihre Lieferanten diversifizieren und ihre Personalkosten senken, da ein Bauer gewöhnlich seine Arbeitsstunden nicht mit der Stechuhr misst. Doch geht man hier wieder einmal von der Annahme eines Vertrages zwischen Gleichrangigen aus anstatt von den tatsächlichen Machtverhältnissen, in denen jeder versucht, so viel Gewinn wie möglich herauszuschlagen, was schnell zu einer Unterbezahlung der landwirtschaftlichen Arbeit führt.

»Verantwortungsvolles Agrarinvestment« bleibt also ein Widerspruch in sich. Großinvestoren fühlen sich in der Regel nicht der Nachhaltigkeit verpflichtet. Sie nehmen wenig Rücksicht auf die Entwicklung ländlicher Gesellschaften und interessieren sich nicht für die Vielfalt von Anbaumethoden. Diese Landnahme erinnert an ein altes, die Weltwirtschaft beherrschendes Credo: Der freie Markt, die Technologien (in diesem Fall Biotechnologien) und die privaten (selbstverständlich verantwortungsbewussten) Investoren werden gemeinsam die Menschheit vor der drohenden Nahrungsmittelknappheit retten. Doch genau wie die Deregulierung in der Finanzwelt – wie »verantwortungsbewusst« sie auch sein mag – unweigerlich zu großen Schwankungen geführt hat, wird auch das agroindustrielle Großflächenmodell zu weiteren Krisen führen – für die allerdings immer andere als Verursacher herhalten müssen: von der Klimakatastrophe über das Bevölkerungswachstum in den armen Ländern bis zu irgendeinem verantwortungslosen Potentaten.

Aus dem Französischen von Sabine Jainski

Erstmals erschienen in *Le Monde diplomatique* vom September 2011.

Fortsetzung von Seite 45

was Afrika braucht. So sieht es jedenfalls der Unternehmensrechtler Joel Bakan, der darauf verweist, dass Kapitalgesellschaften dazu da sind, »die Interessen ihrer Unternehmen und ihrer Aktionäre vorrangig zu behandeln«. Das Gesetz untersagt ihnen, »sich gesellschaftlich verantwortlich zu verhalten, jedenfalls im strikten Sinne«.[13]

Afrika braucht etwas ganz anderes, und zwar dringend, nämlich eine breit angelegte Förderung der bäuerlichen Landwirtschaft: durch Mikrokredite für die örtlichen verarbeitenden Firmen; durch den Bau von Straßen, um den Produkten den Marktzugang zu erleichtern; durch die Ausbildung in bäuerlichen Anbaumethoden, um die Biodiversität zu bewahren; durch einen Stopp der Einfuhr von Dumpingprodukten, die den lokalen Produzenten das Wasser abgraben, und durch verbesserte Vorratshaltung und Weiterverarbeitung, die den Absatz der bäuerlichen Erzeugnisse auf den lokalen Märkten erleichtern könnten. Solche Investitionen kämen den afrikanischen Bauern und der Vermarktung ihrer eigenen Produkte zugute, so sähen Investitionen aus, die bei den einzelnen Bauern ansetzen und eine nachhaltige Entwicklung bewirken würden.

Neue Denkansätze sind vonnöten, die das globale Finanzsystem ebenso infrage stellen wie den dummen Glauben, ausgerechnet das System, das uns die Klima-, die Nahrungsmittel- und die Finanzkrise beschert hat, könne den Weg aus diesen Krisen weisen. Der kanadische Schriftsteller Ronald Wright beschreibt es so: »Der große Irrtum des Monetarismus besteht in der Annahme, dass die Welt unbegrenzt und endloses Wachstum möglich sei. Außer Acht gelassen werden dabei die Kosten für Mensch und Umwelt sowie die Grenzen, die irgendwann erreicht sind. Deregulierungen sind genau das, was sie zu sein beanspruchen: eine Aufforderung, sich möglichst schnell und möglichst umfassend selbst zu bedienen.«[14]

Genau das passiert derzeit auf dem afrikanischen Kontinent, wenn sich ausländische Investoren das Land, die Wasservorräte und die überlebensnotwendige Biodiversität der afrikanischen Fauna und Flora unter den Nagel reißen. Als Folgen des hemmungslosen *land grabbing* drohen Umweltkatastrophen, politisch und sozial chaotische Verhältnisse sowie Hunger.

Anders als jeder aufrechte Weltbürger findet der Investor Philippe Heilberg diese Konsequenzen durchaus hinnehmbar und sogar gewinnträchtig. Er hat enge Verbindungen zu den US-Geheimdiensten und zu den Machtzentren in Washington. Anfang 2009 machte er gegenüber der *Financial Times* die Voraussage, dass mehrere afrikanische Staaten in den nächsten Jahren zerfallen werden. Dennoch geht er davon aus, dass die rechtlichen und politischen Risiken, die er auf dem Kontinent eingehe, »reichlich belohnt« werden.[15] Würde Leopold II. von Belgien noch leben, wäre er bei solchen Geschäften gewiss wieder dabei.

Aus dem Englischen von Niels Kadritzke

[13] Joel Bakan, *The Corporation: The Pathological Pursuit of Profit and Power*, Toronto (Penguin) 2004.
[14] Ronald Wright, *What is America? A short history of the new world order*, Toronto (Alfred A. Knopf) 2008.
[15] Siehe *Financial Times*, 9. Januar 2009. Nachzulesen unter: twf.org/News/Y2009/0109-Land.html.

Erstmals erschienen in *Le Monde diplomatique* vom Januar 2010.

1990

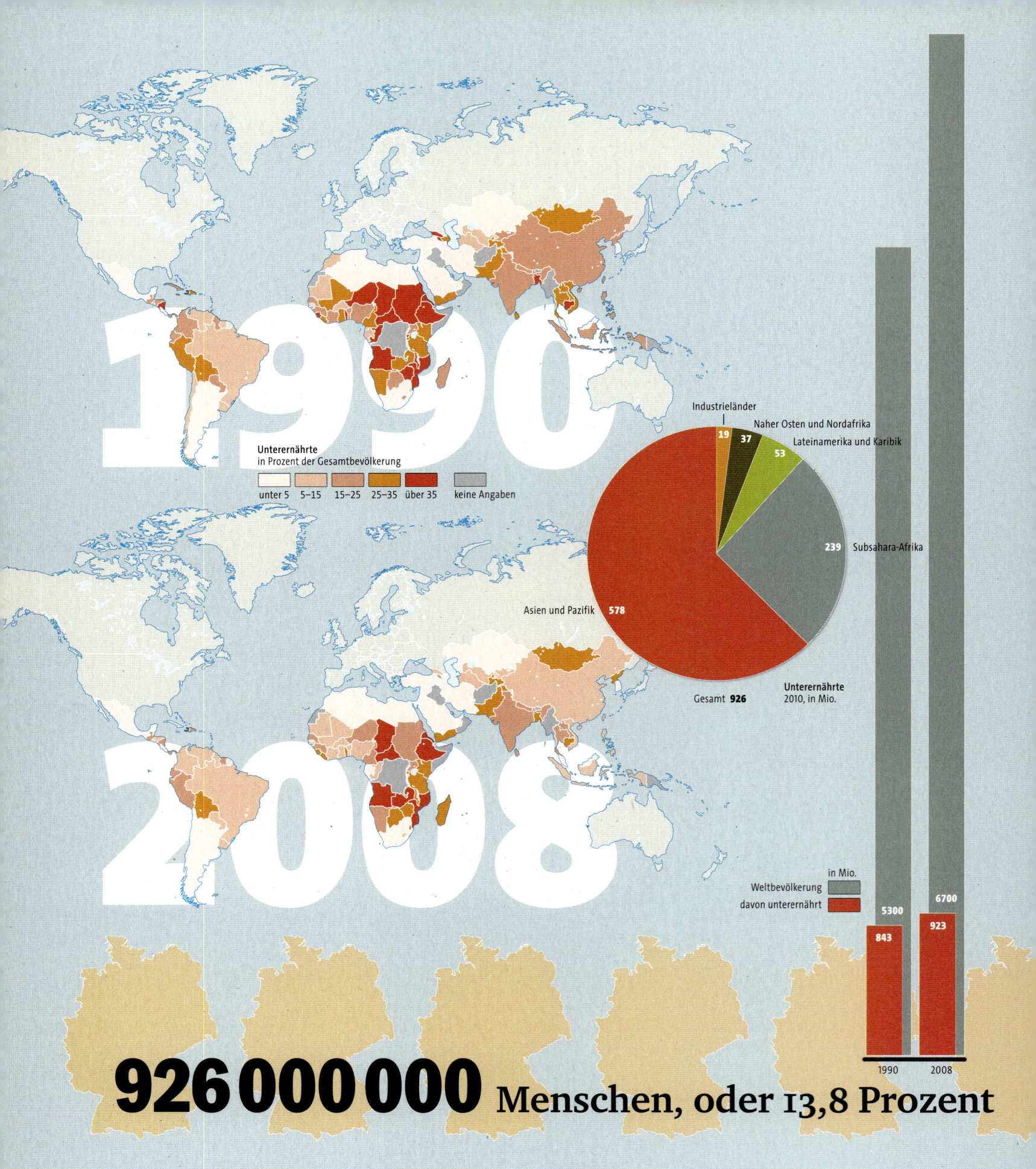

2008

Unterernährte
in Prozent der Gesamtbevölkerung

unter 5 | 5–15 | 15–25 | 25–35 | über 35 | keine Angaben

Industrieländer 19
Naher Osten und Nordafrika 37
Lateinamerika und Karibik 53
Subsahara-Afrika 239
Asien und Pazifik 578
Gesamt 926

Unterernährte 2010, in Mio.

in Mio.
Weltbevölkerung
davon unterernährt

	1990	2008
Weltbevölkerung	5300	6700
davon unterernährt	843	923

926 000 000 Menschen, oder 13,8 Prozent

in Prozent
Weltbevölkerung
davon unterernährt

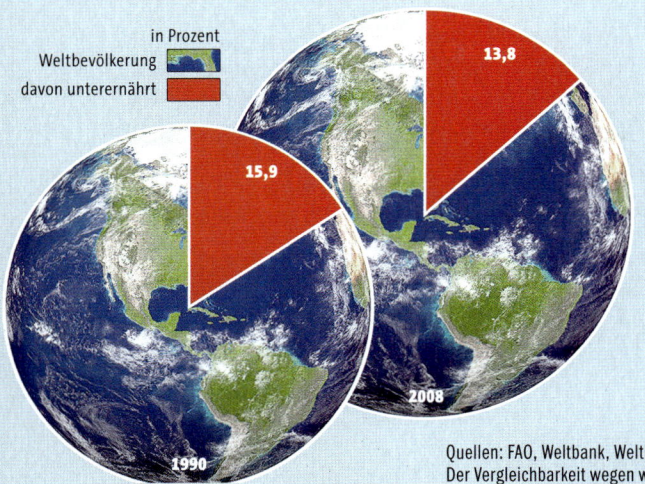

15,9
1990

13,8
2008

Erfolgreich oder nicht?

Die Bekämpfung des Hungers ist erfolgreich. Oder auch nicht. 2008 hungerten 13,8 Prozent der Weltbevölkerung. 18 Jahre vorher, 1990, waren es noch 15,9 Prozent. Eine Erfolgsquote von zwei Prozentpunkten also? In manchen Ländern, überwiegend in Asien *(siehe auch die Grafik auf der nächsten Seite)* hat sich die Situation unverkennbar verbessert. Im Weltmaßstab aber ist der anteilsmäßige Erfolg eher Ausdruck des rasanten Wachstums der Weltbevölkerung. Gemessen in absoluten Zahlen ist die Entwicklung negativ: Ein Anstieg von fast 10 Prozent auf über 920 Millionen hungernde Menschen. Das ist eine unvorstellbar große Zahl, mehr als 11 Mal die Bevölkerung Deutschlands in 2011.

Quellen: FAO, Weltbank, Welthungerhilfe. Die Darstellung der Unterernährung nach Regionen basiert auf Daten von 2010. Der Vergleichbarkeit wegen würde für die übrigen Grafiken 2008 als Endjahr ausgewählt. Neuere Datensätze sind in der Online-Datenbank der FAO noch unvollständig.

Hunger

Auf dem Papier hat die Bekämpfung des Hungers in der Welt einen hohen Stellenwert. Erste Zielsetzung der Millennium-Entwicklungsziele, die von den 189 Mitgliedstaaten der Vereinten Nationen im September 2000 verabschiedet wurden, ist »die Bekämpfung von extremer Armut und Hunger«. Absatz 1c präzisiert die Aufgabe der Hungerbekämpfung: »Zwischen 1990 und 2015 den Anteil der Menschen halbieren, die Hunger leiden.«

Dieses Ziel wird 2015 nicht erreicht sein.

Statistisch gesehen ist Hunger das Unterschreiten eines Energiebedarfwertes. Die Welternährungsorganisation FAO definiert es so: Chronische Unterernährung ist der Zustand eines Menschen, dessen Nahrungsaufnahme dauerhaft das Limit des minimal notwendigen Energiebedarfs für einen gesunden Körper und ein aktives Leben nicht erreicht. Als Durchschnittswert werden für einen erwachsenen Menschen 1800 kcal (Kilokalorien) pro Tag angesetzt. Der tatsächliche Energiebedarf variiert aber erheblich und ist unter anderem abhängig von Alter, Geschlecht, Körpergröße, Aktivität und physiologischen Gegebenheiten wie Krankheit oder Schwangerschaft.

Hunger ist häufig nicht auf den ersten Blick sichtbar. Zwar sind die meisten betroffenen Menschen dünn, aber nicht unbedingt abgemagert. Die Folgen chronischer Unterernährung sind dennoch dramatisch. Unterernährte Menschen werden apathisch. Die Konzentrationsfähigkeit lässt nach. Der Körper wird anfällig für Infektionskrankheiten. Und wegen des geschwächten Immunsystems ist das Sterberisiko – auch bei leichten Erkrankungen – groß.

Wie viele Menschen an den Folgen von Unterernährung sterben, ist unbekannt. Nach einer Schätzung des Bundesentwicklungsministeriums sind es weltweit 25 000 bis 30 000 Menschen pro Tag. Die Kindersterblichkeit als Folge von Unterernährung (von Mutter und Kind) schätzt das Kinderhilfswerk der Vereinten Nationen, Unicef, auf 3 Millionen Kinder pro Jahr, ungefähr ein Drittel aller Todesfälle.

1 Roggenmischbrot = 2100 kCal

Grenzwert für Unterernährung = 1800 kCal
(nach Definition der FAO)

Weltagrarproduktion pro Kopf/Tag:
2635 kCal (1990); 2796 kCal (2008)

Verfügbare Nahrungsmittel in Deutschland
pro Kopf/Tag: 3547 kCal (2008)

der Weltbevölkerung hungerten im Jahr 2010.

»Landgrabbing«

Der großflächige Ankauf von Ackerland in den Entwicklungsländern, um Nahrungs- oder Energiepflanzen anzubauen, wird oft als eine Form des Neokolonialismus kritisiert: der neue Wettlauf um Afrika. Es sind undurchsichtige Geschäfte. Beteiligte Firmen und Regierungen sind alles andere als auskunftsfreudig. Verlässliche Daten über den Umfang der Verkäufe sind also rar. Unstrittig aber ist die stark steigende Tendenz der letzten Jahre. *Siehe auch S. 42–45 »Wie Gold, nur besser«.*

BILD: ALEXIS MARANT | PLANÈTE À VENDRE

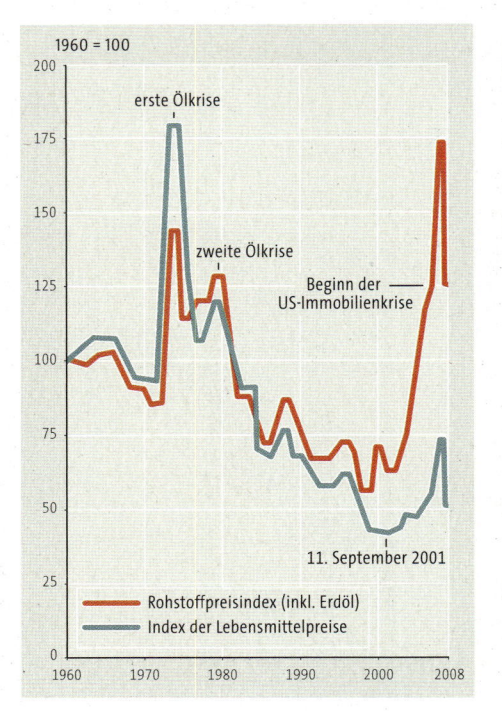

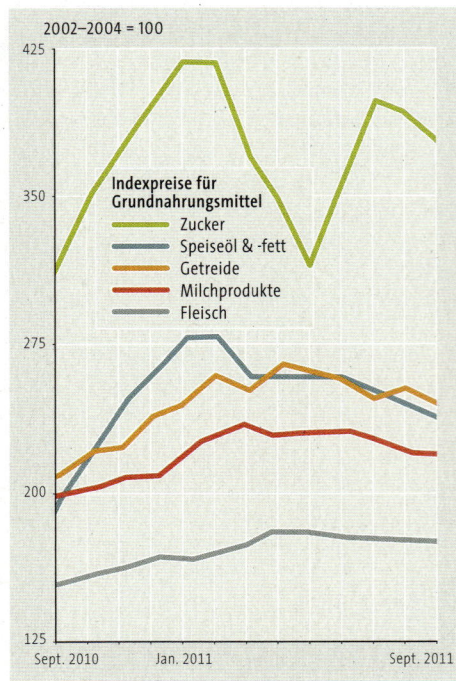

• Entwicklungs- oder Schwellenländer, die landwirtschaftliche Nutzflächen an andere Staaten oder ausländische Investoren verpachtet oder verkauft haben

Unterernährte
2007–2011, in Prozent der Gesamtbevölkerung

über 30 | 20–30 | 10–20 | 5–10

Quellen: WFP; UNDP; FAO; OCHA; Weltbank; IFPRI; farmlandgrab.org

Steigende Lebensmittelpreise

In Ländern mit niedrigen Einkommen werden 45 Prozent des Haushaltseinkommens für Nahrungsmittel ausgegeben, unter den Ärmsten sogar bis zu 80 Prozent. In den reichen Industriestaaten sind es dagegen nur 12 Prozent.

Steigende Preise für Grundnahrungsmittel sind also zunächst ein Problem für die Armen dieser Welt. Ein gravierendes Problem. Nachdem in den letzten drei Jahrzehnten des vergangenen Jahrhunderts die Preise für agrarische Rohstoffe kontinuierlich gesunken waren, hat sich der Trend seit Anfang des neuen Jahrhunderts gewendet. Der Preis für Grundnahrungsmittel auf den Weltmärkten hat sich, nach Abzug der Inflation, in den letzten zehn Jahren mindestens verdoppelt.

Für Investoren im reichen Teil der Welt dagegen bietet der Handel mit rohstoffbezogenen Wertpapieren Aussicht auf eine hervorragende Rendite. *Siehe auch S. 8–13 »Sie spielen mit dem Essen der anderen«.*

1960 = 100
- erste Ölkrise
- zweite Ölkrise
- Beginn der US-Immobilienkrise
- 11. September 2001
- Rohstoffpreisindex (inkl. Erdöl)
- Index der Lebensmittelpreise

2002–2004 = 100
Indexpreise für Grundnahrungsmittel
- Zucker
- Speiseöl & -fett
- Getreide
- Milchprodukte
- Fleisch

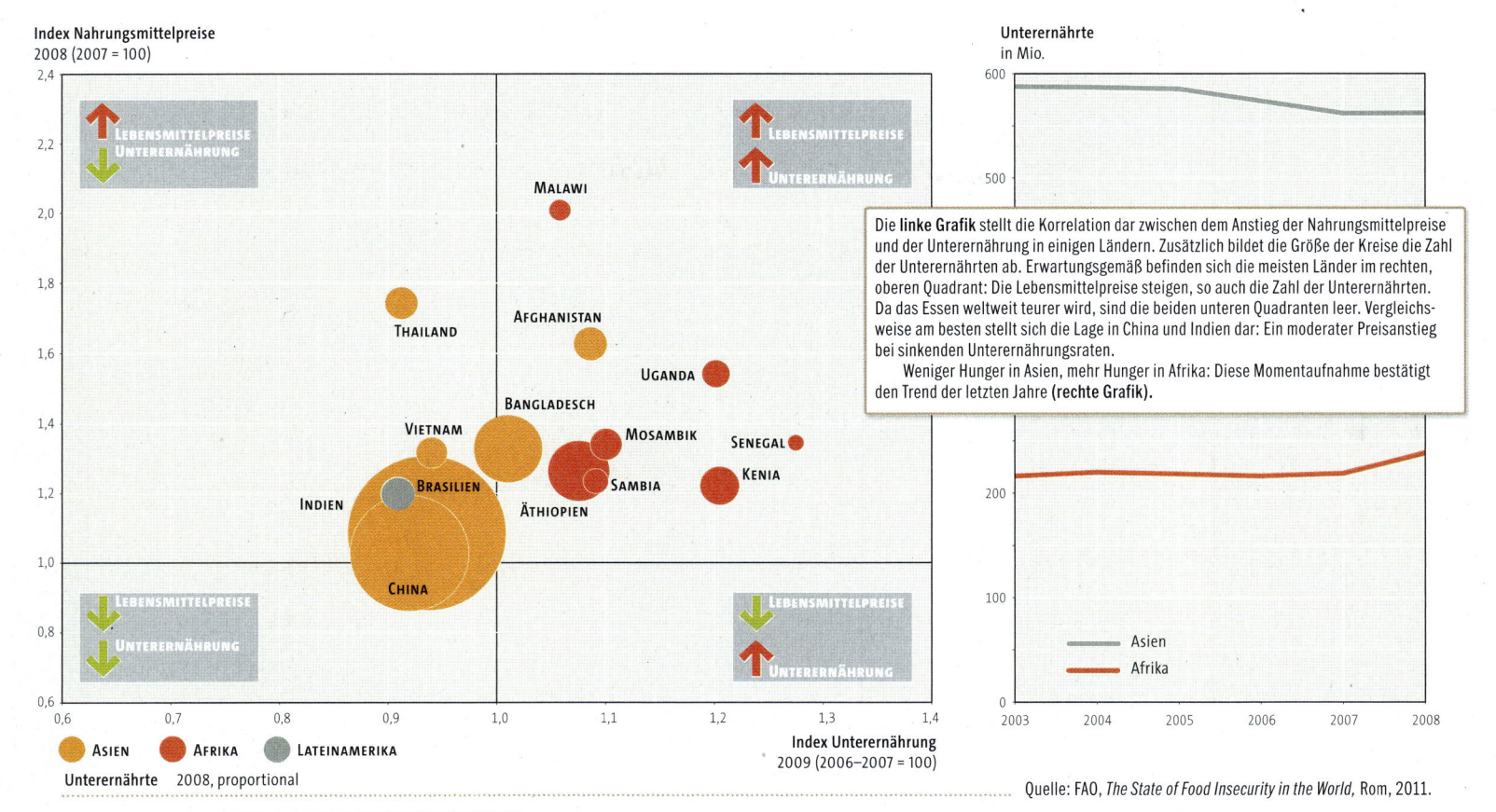

Index Nahrungsmittelpreise
2008 (2007 = 100)

- Lebensmittelpreise ↑ / Unterernährung ↓
- Lebensmittelpreise ↑ / Unterernährung ↑
- Lebensmittelpreise ↓ / Unterernährung ↓
- Lebensmittelpreise ↓ / Unterernährung ↑

Länder (Blasen): Malawi, Thailand, Afghanistan, Uganda, Vietnam, Bangladesch, Mosambik, Senegal, Indien, Brasilien, Sambia, Kenia, Äthiopien, China

Index Unterernährung 2009 (2006–2007 = 100)

● Asien ● Afrika ● Lateinamerika

Unterernährte 2008, proportional

Unterernährte in Mio. (2003–2008)
- Asien
- Afrika

Die **linke Grafik** stellt die Korrelation dar zwischen dem Anstieg der Nahrungsmittelpreise und der Unterernährung in einigen Ländern. Zusätzlich bildet die Größe der Kreise die Zahl der Unterernährten ab. Erwartungsgemäß befinden sich die meisten Länder im rechten, oberen Quadrant: Die Lebensmittelpreise steigen, so auch die Zahl der Unterernährten. Da das Essen weltweit teurer wird, sind die beiden unteren Quadranten leer. Vergleichsweise am besten stellt sich die Lage in China und Indien dar: Ein moderater Preisanstieg bei sinkenden Unterernährungsraten.

Weniger Hunger in Asien, mehr Hunger in Afrika: Diese Momentaufnahme bestätigt den Trend der letzten Jahre (**rechte Grafik**).

Quelle: FAO, *The State of Food Insecurity in the World*, Rom, 2011.

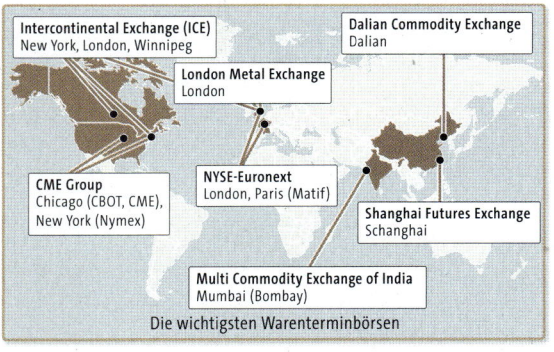

Die wichtigsten Warenterminbörsen
- Intercontinental Exchange (ICE) – New York, London, Winnipeg
- London Metal Exchange – London
- Dalian Commodity Exchange – Dalian
- CME Group – Chicago (CBOT, CME), New York (Nymex)
- NYSE-Euronext – London, Paris (Matif)
- Shanghai Futures Exchange – Schanghai
- Multi Commodity Exchange of India – Mumbai (Bombay)

Spekulation mit Rohstoffen

1991 bot die Investmentbank Goldman Sachs erstmals ein Anlageinstrument auf Basis eines Rohstoffpreis-Index an: der *Goldman Sachs Commodity Index (GSCI)*. Er war ein durchschlagender Erfolg. Weltweit haben Anleger mittlerweile über 700 Milliarden Dollar in den *S&P GSCI* (der Index wurde 2007 von der Finanz- und Ratingagentur Standard & Poor's übernommen) und ähnlichen Derivaten investiert. Siehe auch S. 8–13 »Sie spielen mit dem Essen der anderen«.

Quellen: Harald Schumann, *Die Hungermacher*. Foodwatch, 2011; Hans H. Bass, *Finanzmärkte als Hungerverursacher?* Welthungerhilfe, 2011.

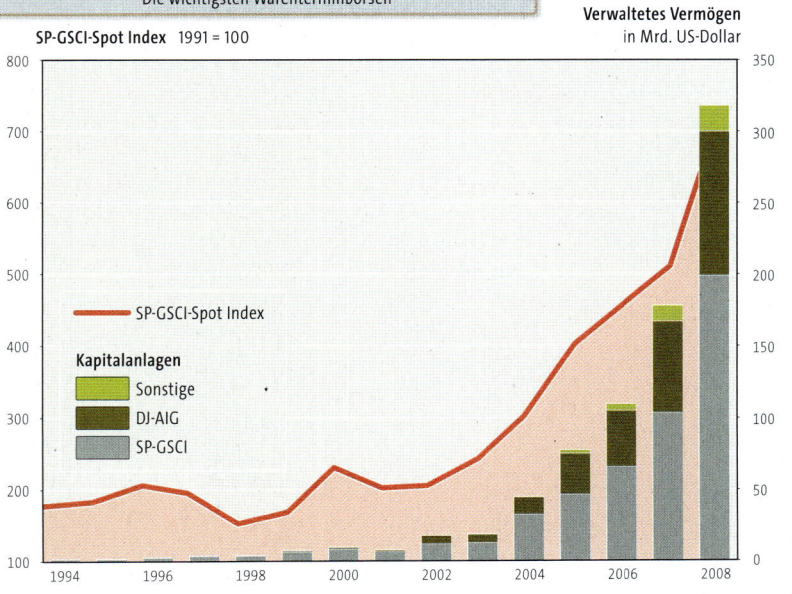

SP-GSCI-Spot Index 1991 = 100 / **Verwaltetes Vermögen** in Mrd. US-Dollar

- SP-GSCI-Spot Index
- Kapitalanlagen: Sonstige, DJ-AIG, SP-GSCI

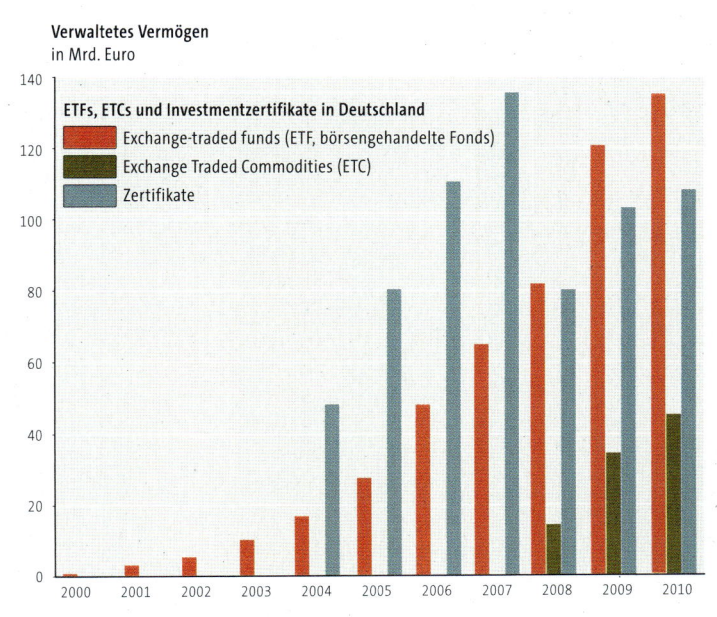

Verwaltetes Vermögen in Mrd. Euro

ETFs, ETCs und Investmentzertifikate in Deutschland
- Exchange-traded funds (ETF, börsengehandelte Fonds)
- Exchange Traded Commodities (ETC)
- Zertifikate

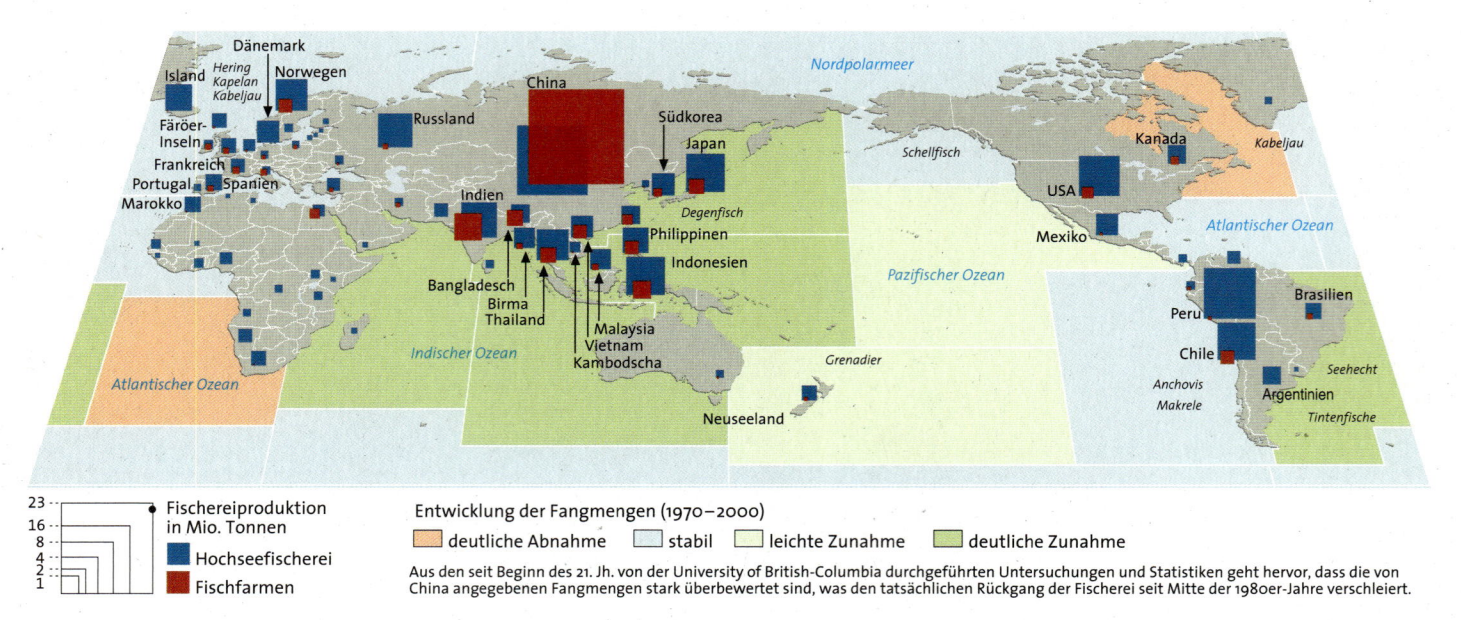

Fisch

1950 wurden – wie Anfang des 20. Jahrhunderts – weltweit ungefähr 20 Mt (1 Megatonne = 1 Milliarde Kilogramm) Fisch gefangen. Im Jahr 2000 war der Ertrag auf die fünffache Menge angestiegen. Der Tendenz ist weiter steigend.

Der Ertrag der industriellen Fischerei wird nur zum kleineren Teil direkt von Menschen konsumiert. Fischöl und Fischmehl werden zu Tierfutter verarbeitet, das in der industriellen Hühner- und Schweinezucht eingesetzt wird.

Überfischung kann dramatische Folgen haben. Aus dem Nordwestatlantik ist der Kabeljau verschwunden. Auf einen steilen Anstieg der Fangmenge in den 1960er Jahren folgte ein ebenso plötzlicher Absturz. Die dezimierte Population hat sich bis heute nicht erholt.

Quelle: *Atlas der Globalisierung*, 2006.

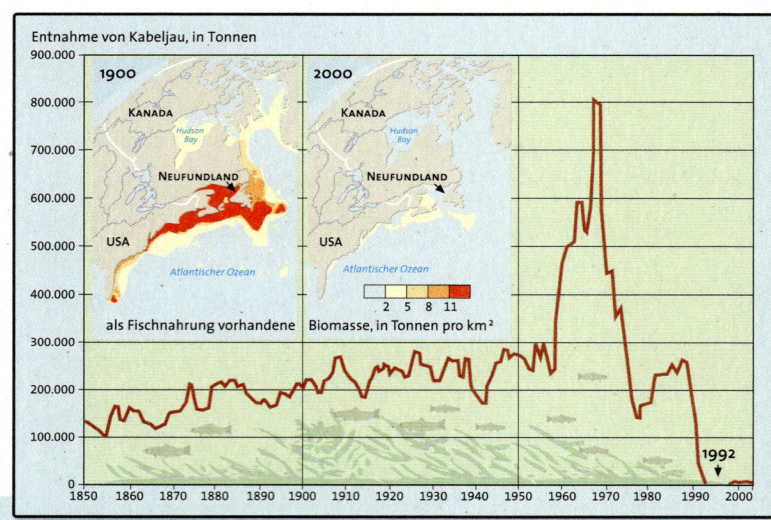

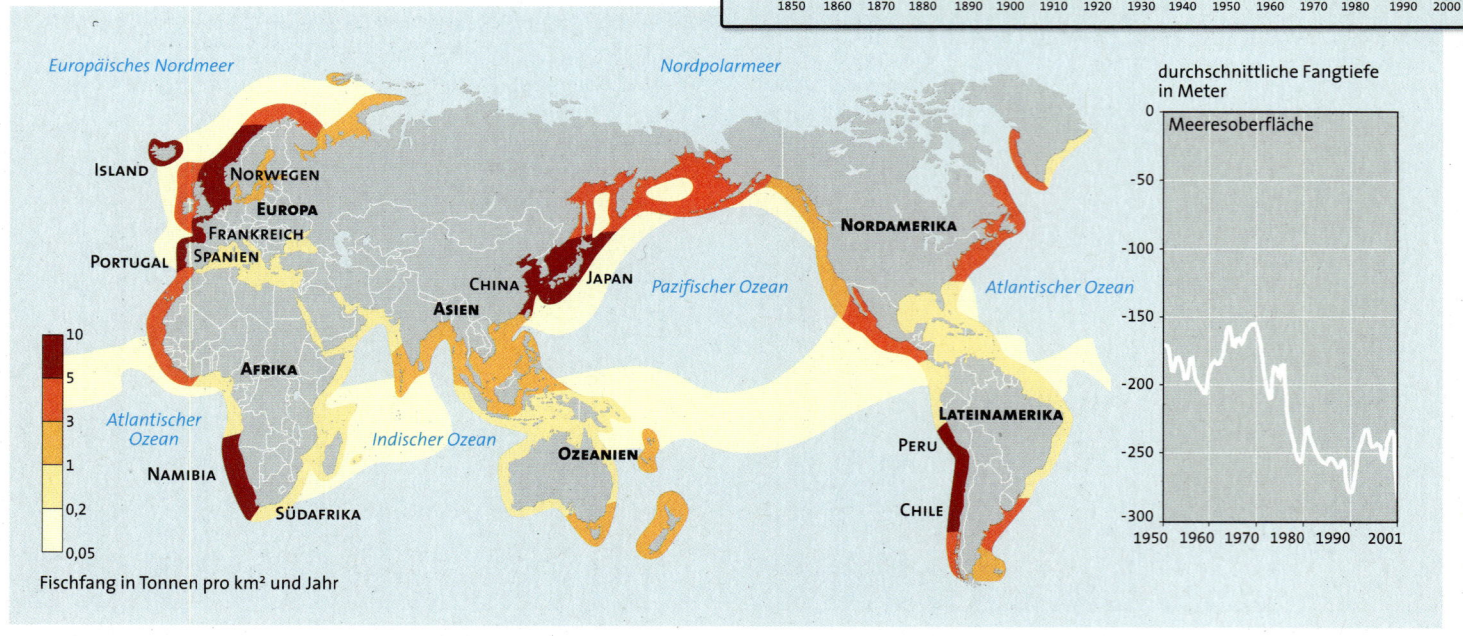

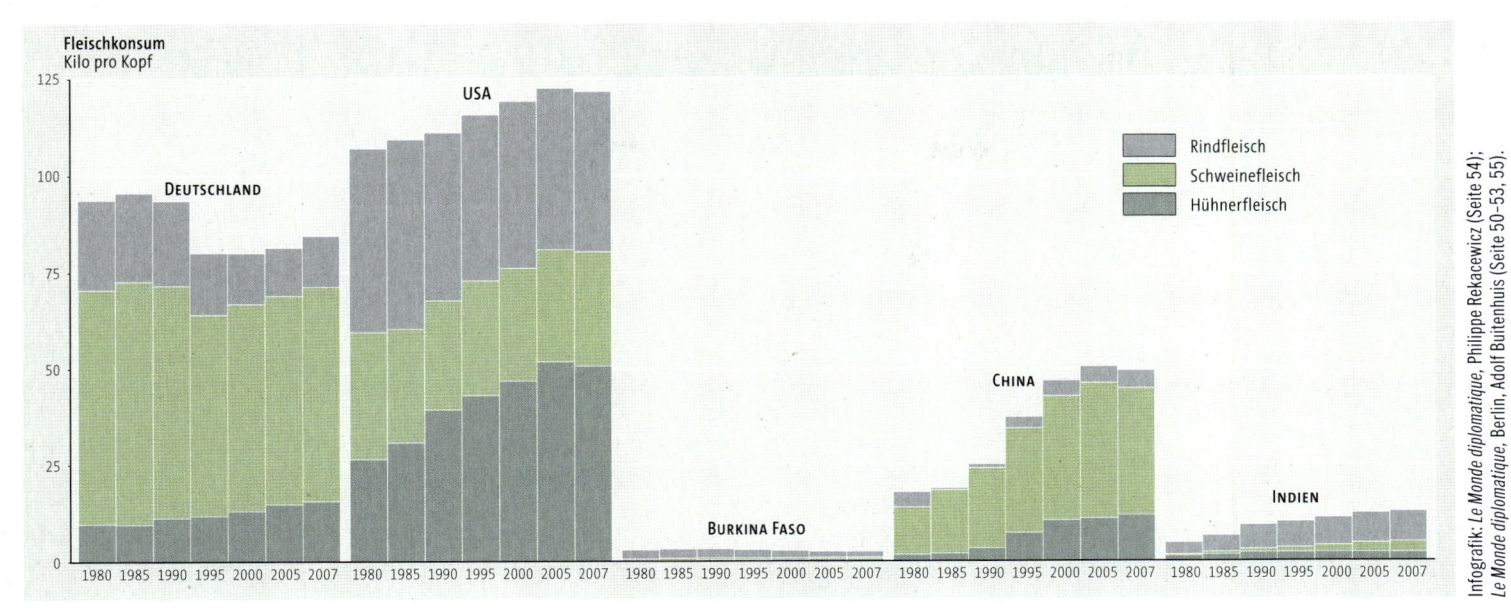

Fleischkonsum Kilo pro Kopf

- Rindfleisch
- Schweinefleisch
- Hühnerfleisch

Infografik: *Le Monde diplomatique*, Philippe Rekacewicz (Seite 54); *Le Monde diplomatique*, Berlin, Adolf Buitenhuis (Seite 50–53, 55).

Quellen: FAO, Online-Datenbank; FAO, *Livestock's Long Shadow*, Rom, 2006.

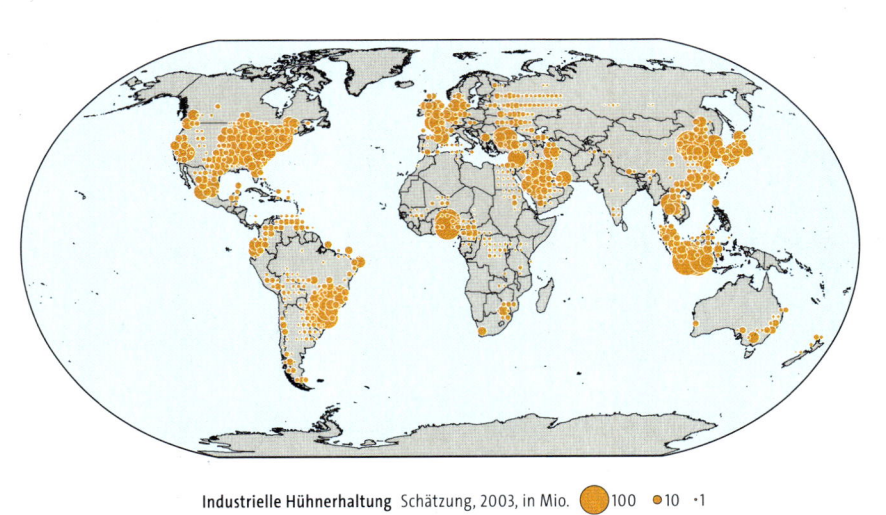

Fleisch

Jeder Deutscher aß 2007 im Durchschnitt doppelt so viel Schweinefleisch wie der Durchschnittschinese. Vor 25 Jahren verzehrte der Deutsche die gleiche Menge, der chinesische Konsum aber hat sich in dem Vierteljahrhundert fast verdreifacht. Das ist zwar immer noch nur die Hälfte des deutschen Pro-Kopf-Konsums, Chinas Gesamtbevölkerung aber verzehrt mittlerweile fast 50 Prozent der weltweiten Produktion. Zusammengenommen (vom Kaninchen bis zur Kuh) betrug die globale Fleischproduktion im Jahr 2007 275 Millionen Tonnen. Manche Prognosen sagen eine Verdoppelung auf über 500 Millionen Tonnen bis 2050 voraus.

Das ist problematisch. Weltweit verursacht die Massentierhaltung fast ein Fünftel der Treibhausgasemissionen. Große Mengen Trinkwasser werden verbraucht. Und der Anbau von Futtermitteln beansprucht einen beträchtlichen Teil der knappen Ressource Ackerland.

Fleischkonsum kcal, pro Kopf/Tag

- Industrieländer
- Schwellenländer
- Lateinamerika und Karibik
- Ostasien
- Naher Osten und Nordafrika
- Südasien
- Subsahara-Afrika

Industrielle Hühnerhaltung Schätzung, 2003, in Mio. ● 100 ● 10 · 1

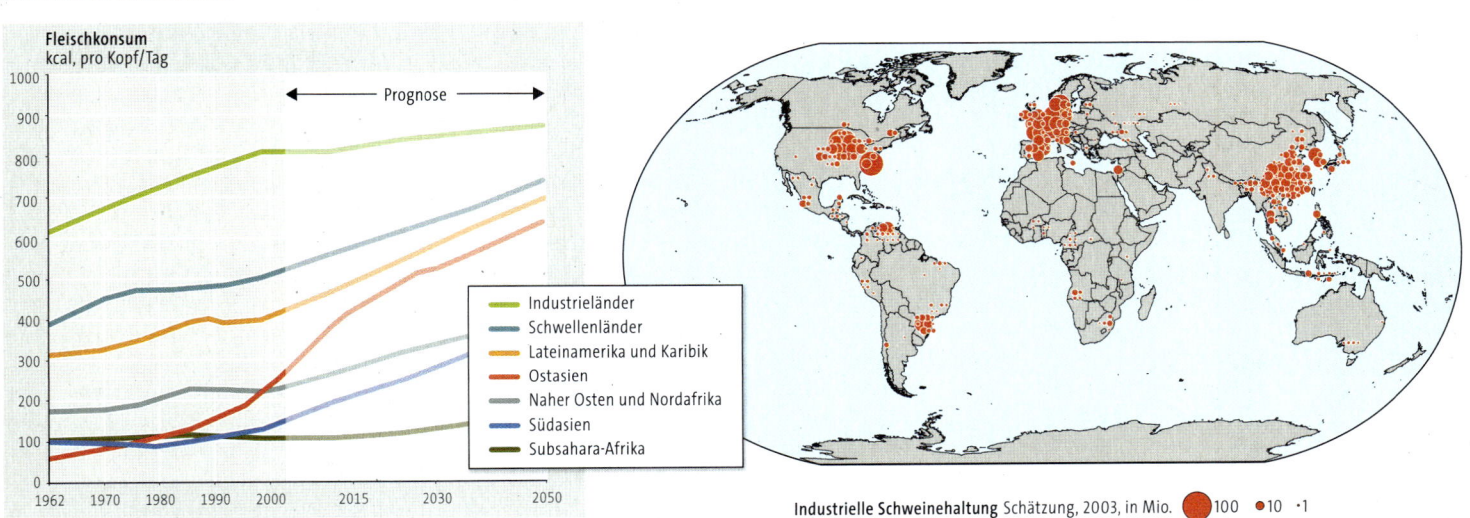

Industrielle Schweinehaltung Schätzung, 2003, in Mio. ● 100 ● 10 · 1

Le Monde diplomatique • Edition • N° 10

Das Malibya-Projekt

Ohne Rücksicht auf die örtliche Bevölkerung lässt Libyen in Mali Getreide anbauen.

Von Amandine Adamczewski und Jean-Yves Jamin

Amandine Adamczewski ist Geografie-Doktorandin. Jean-Yves Jamin ist Wasserexperte am Centre de coopération internationale en recherche agronomique pour le développement (CIRAD) in Montpellier.

Um seine Landwirtschaft zu modernisieren, sieht sich Mali mangels eigener Finanzmittel gezwungen, ausländische Investoren anzuwerben. Libyen war 2008 eines der ersten Länder, die ihre Dienste anboten. Daraus entstand die hundertprozentig libysche Entwicklungsgesellschaft Malibya, die vom malischen Investitionsgesetz profitiert. Die Regierung in Bamako stellte das Land – 100 000 Hektar in der bewässerten Agrarzone »Office du Niger«[1] – und die damalige Führung in Tripolis das Kapital. Finanziert wurde das Projekt bislang vom Libya Africa Investment Portfolio (LAP), einem Investmentfonds, der bis vor kurzem von einem Staatssekretär Gaddafis verwaltet wurde.

Die erste Tranche von 38 Millionen Euro steckte man in einen 40 Kilometer langen Bewässerungskanal, Straßen und die Erschließung von 25 000 Hektar Land. Das Wasser des gerade fertiggestellten Kanals wird auf der Höhe des Markala-Staudamms vom Niger abgeleitet, dort, wo die Bauern des »Office du Niger« ihre Felder bestellen.

Malis Regierung freute sich über das neue Landwirtschaftsprojekt, das die Entwicklung des Landes fördern sollte. Und für Libyen bot das Vorhaben, neben der verbesserten Ernährungssicherheit, auch die Möglichkeit, seine Beziehungen zu den Ländern südlich der Sahara auszubauen.

Die von vielen Seiten zitierten Principles for Responsible Agro-Investment, RAI (Grundsätze für verantwortungsvolles Agrarinvestment), die im Januar 2010 von der Weltbank, der Welternährungsorganisation (FAO) und anderen internationalen Organisationen aufgestellt wurden, haben die Malibya-Vertragspartner ganz offensichtlich nicht zur Kenntnis genommen. Der malische Staat hatte sich eigentlich dazu verpflichtet, Land zur Verfügung zu stellen, das von niemandem beansprucht wird. Man ignorierte einfach, dass das Gebiet bereits bewirtschaftet wurde. Die Kleinbauern hatten somit keinerlei Rechte und konnten vertrieben werden; wenn sie Glück hatten, bekamen sie noch eine Entschädigung.

Libyen ging es vor allem darum, den eigenen Bedarf an Getreide zu decken – ohne Rücksicht darauf, dass es damit die Ernährungssicherheit seines Vertragspartners bedroht. Und dabei ist noch nicht eingerechnet, dass die Felder mit Nigerwasser bewässert werden, das – zumindest in der Trockenzeit – im Office du Niger und anderen Anbaugebieten fehlen wird. Die zweite Leitlinie (»keine Gefährdung der Ernährungssicherheit«) wurde also auch nicht beachtet.

Bisher wurde keine der im Rahmen des Projekts durchgeführten Studien veröffentlicht, und an den vorgeschriebenen Prozessablauf hat man sich schon gar nicht gehalten: Umwelt- und Sozialverträglichkeitsstudien (Environmental and Social Impact Assessment, Esia) wurden erst Ende 2009 erstellt, zu diesem Zeitpunkt hatten die Bauarbeiten längst begonnen. Die Libyer fingen mit der Arbeit an, ohne die eigentlich vorgesehene Umweltgenehmigung abzuwarten, die die Zustimmung Bamakos erst offiziell gemacht hätte. So wurde auch die dritte Leitlinie – Transparenz und Good Governance – missachtet.

Außerdem hätte nach malischem Recht die betroffene Bevölkerung in die Entscheidungsprozesse einbezogen werden müssen (wie es auch im vierten Punkt der RAI-Prinzipien gefordert wird). Doch nichts dergleichen geschah. Stattdessen fielen Topografen, Landvermesser und die mit den Bauarbeiten beauftragte chinesische Firma vor Ort ein, ohne dass die Anwohner im mindesten über das geplante Vorhaben unterrichtet worden wären. »Als die Chinesen anfingen, den Kanal auszuheben, bekamen wir Angst um unsere Kinder. Einige wurden von den Maschinen sogar zerquetscht. Keiner wusste, was vor sich ging – ich weiß nur, dass ich mein Feld verloren habe, das unsere Familie ernährt hat«, erzählt ein Bauer aus Boky Wéré.[2] Auch der vierte Grundsatz – Beteiligung der Bevölkerung – wurde also nicht eingehalten.

Die übrigen drei der von den internationalen Organisationen aufgestellten Prinzipien für «verantwortungsvolles Agrarinvestment« betreffen die wirtschaftliche Tragfähigkeit sowie die soziale und ökologische Nachhaltigkeit. Beim Malibya-Projekt liegen darüber keine Informationen vor. Die Anfänge des Vorhabens lassen jedoch befürchten, dass Nachhaltigkeit, Umweltverträglichkeit oder soziale Gerechtigkeit nicht gerade im Mittelpunkt stehen. So besitzt Malibya gemäß dem Investitionsabkommen einen privilegierten Zugang zum Wasser. Der malische Staat hat sich verpflichtet, Wasser zur Nutzung von 100 000 Hektar zu liefern, das entspricht etwa den 130 Kubikmetern pro Sekunde, die die libysche Seite fordert. Ein malischer Funktionär, der anonym bleiben möchte, meint dazu: »Die Libyer haben nach der Machbarkeitsstudie zwar die 130 Kubikmeter gefordert, aber es ist nicht gesagt, dass wir sie ihnen auch gewähren werden. Das hängt von den Projekten und dem Wasserbedarf im gesamten Gebiet ab.« Doch als der libysche Botschafter ihn wegen der Wasserfrage anrief, dachte er

---

1 Das »Office du Niger« ist eine 88 000 Hektar große, durch ein Kanalsystem bewässerte Region nordöstlich von Ségou. Es wurde 1932 von der französischen Kolonialmacht für den Anbau von Baumwollplantagen angelegt.
2 Die Befragten möchten anonym bleiben.

Gemüseanbau am Nigerufer.
BILD: ROGER HARRIS

vor allem daran, die guten Beziehungen zwischen den beiden Ländern nicht zu gefährden.

Der malische Staat hat bereits jetzt Schwierigkeiten, die eigenen Bauern mit Wasser zu versorgen. In der Trockenzeit stehen am Niger im Schnitt nur 50 Kubikmeter pro Sekunde für die Bewässerung zur Verfügung, und etwa alle zehn Jahre gibt es fast gar kein Wasser. Die verfügbare Durchflussmenge nach Abzug der übrigen Bewässerungsprojekte – sie dürfte bei etwa 40 Kubikmetern liegen – entspricht wohl kaum der im Abkommen zwischen Mali und Libyen festgelegten Zahl. Die Aufteilung dieser Ressource ist daher der Knackpunkt des Projekts. Denn Malibya tritt dabei in Konkurrenz zu den malischen Bauern und zu allen anderen Niger-Anrainern. »Das libysche Unternehmen hat sein Bauarbeitercamp genau da errichtet, wo sonst unsere Tiere geweidet haben, und sie richten große Schäden an. Wir sehen hier keine positiven Auswirkungen des Projekts. Wir können noch nicht einmal das Wasser nutzen, das sie im Camp heraufpumpen«, beschwert sich ein Viehzüchter aus Monimpébougou. Bis vor kurzem hat Libyen noch verhandelt, um nicht die im Abkommen vorgesehene Jahresgebühr von 100 Euro pro Hektar für die Bewässerung bezahlen zu müssen. Doch die Bauern in dem betroffenen Gebiet müssen noch weit mehr bezahlen: 200 Euro pro Hektar und Jahr, sonst droht ihnen die Vertreibung von ihrer Parzelle.

Der geplante Verlauf des Kanals machte viele Nachverhandlungen erforderlich. Libyen hatte gefordert, der malische Staat solle die Entschädigung der Bevölkerung übernehmen. Die erste Trasse wurde von Tripolis beschlossen, ohne dass Bamako überhaupt zu Rate gezogen wurde. Demnach sollten 16 Dörfer umgesiedelt und mit der gesamten Infrastruktur wie Schulen und Ambulanzen für 24 Millionen Euro neu aufgebaut werden. Auf Anfrage der Malier wurde der Plan überarbeitet, sodass die Kosten nur noch 178 000 Euro betrugen. Doch erst nachdem Gemeinden, Vereine und und Beamte zwei Jahre lang protestiert hatten, bekam ein Teil der Bauern tatsächlich eine Entschädigung ausgezahlt. Die gesamte Entschädigungssumme lag bei 10 000 Euro, das sind weniger als 6 Prozent der ursprünglich vorgesehenen Gelder.

Die Bauarbeiten hatten noch andere negative Folgen. So wurde der Abtrag des Kanals einfach auf den anliegenden Feldern aufgetürmt, die dadurch unbrauchbar wurden. »Es liegen noch viele Lehmhaufen auf den Feldern von Boky Wéré. Der Bürgermeister hat gefordert, dass sie abtransportiert werden, aber das hat nicht geklappt. Unsere Beziehungen zu Malibya sind kompliziert«, erklärte ein Verwalter des Office du Niger.

Die Umwelt- und Sozialverträglichkeitsstudie für die Erschließung der ersten 25 000 Hektar begann erst 2009, dabei hätte sie spätestens drei Monate nach der Zuweisung der Ländereien beginnen müssen. Acht Dörfer und dreißig Weiler sollen umgesiedelt werden. Die Bewohner fordern Entschädigungen und neue Jobs. Die Esia-Studie empfiehlt Wiederaufforstungsgebiete, Brunnenbohrungen, Schulen und Ambulanzen. Auch wenn die Investoren die für solche »zusätzlichen Arbeiten« notwendigen 2 Millionen Euro zahlen müssten, hat man die Berechnung und Auszahlung der Entschädigungen dem malischen Staat übertragen (und die Erfahrung zeigt, dass die tatsächlich ausgezahlten Abfindungen keineswegs dem entstandenen Schaden entsprechen).

Derzeit werden im Rahmen des Malibya-Projekts nur landwirtschaftliche Versuche durchgeführt, die 2010 aufgrund von Geldmangel nur 7 Hektar betrafen. Seit der Flutung des Kanals (an dem bislang keine Wasserentnahmestellen installiert sind) wurden auch noch keine Felder erschlossen. Malibya ist wohl schon vor dem Ende der Ära Gaddafi die Puste ausgegangen.

Aus dem Französischen von Sabine Jainski

Erstmals erschienen in *Le Monde diplomatique* vom September 2011.

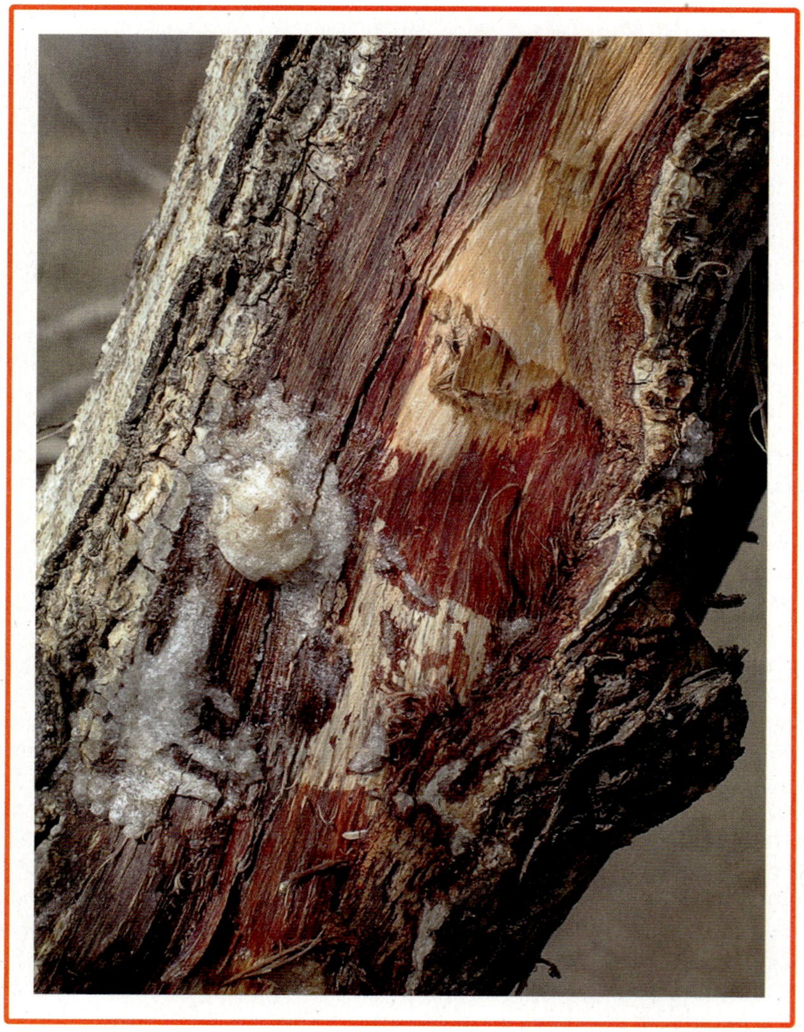

Alles für Coca-Cola

Für den Limonadenkonzern vergessen die USA sogar ihr Embargo gegen den »Schurkenstaat« Sudan.

Von Guillaume Pitron Journalist.

New York, im Herzen Manhattans: An der Ecke Hanover Square und Pearl Street steht das India House, einst ein Bank- und Handelshaus, heute ein exklusiver Club für Geschäftsleute. Die Räume im ersten Stock, in denen früher Importwaren aus Indien gehandelt wurden, hat man zu einem eleganten Restaurant umgewandelt. Es herrscht gedämpftes Licht, die Gespräche plätschern leise dahin. Doch der Geist der Kolonialwarenhändler spukt immer noch durch das Haus, erst recht in dem aus Edelholz gefertigten Kuriositätenkabinett. Die dreißig Schubladen des Schränkchens sind mit all den Rohstoffen vollgestopft, die für die US-Wirtschaft unabdingbar sind. Im elften, den Harzen gewidmeten Fach liegt ein Häufchen Körner mit der Aufschrift »Gummiarabikum«.

Ein paar hundert Meter entfernt befindet sich ein Supermarkt. Ohne sich dessen bewusst zu sein, legen die Kunden dort ständig mehr oder weniger winzige Mengen von dem Akazienharz – einem natürlichen, mit Glykoprotein gemischten Mehrfachzucker – in ihre Einkaufskörbe.

Gummiarabikum ist ein Emulgator – also ein Stoff, mit dessen Hilfe sich zwei nicht miteinander mischbare Flüssigkeiten zu einem Gemisch vermengen und stabilisieren lassen. Ohne die auch unter der Abkürzung E 414 bekannte Substanz »würde sich der schwarze Farbstoff der Coca-Cola an der Flaschenwand absetzen«, erklärt Frédéric Alland, Leiter der Firma Alland & Robert, die Harze importiert und verarbeitet. »Wir könnten keine kohlensäurehaltigen Getränke mehr trinken«, keine Süßigkeiten oder Pillen mehr zu uns nehmen, deren Überzug das Harz zusammenhält, keine Joghurts, die der Emulgator cremig macht, keinen Wein, dessen Gerbstoffe er abmildert, und keine Zeitungen drucken, deren Druckerschwärze ebenfalls mit Gummiarabikum fixiert wird. »Die meisten Menschen auf der Welt verbrauchen täglich Gummiarabikum«, sagt der sudanesische Professor Hassan Addel Nour. Ganze Branchen wie Pharmazie und Kosmetik, Hersteller von Nahrungsmitteln und aromatischen Getränken, die Textil-, Druck- und Hochtechnologieindustrie sind von diesem himmlischen Manna abhängig. Der Bibel und dem Koran zufolge ernährte es das in der Wüste Sinai umherirrende Volk Israel, und die Ägypter benutzten es schon vor 4500 Jahren, um die Bandagen ihrer Mumien zusammenzukleben.

Die Quelle dieses Rindensafts ist der »Gummiarabikum-Gürtel« aus Verek- und Seyal-Akazien, der sich zwischen Sahara und tropischem Regenwald von Senegal bis nach Somalia erstreckt. Inzwischen haben sich zwar auch Tschad und Nigeria als internationale Großproduzenten hervorgetan, doch der wichtigste Hersteller ist nach wie vor der Sudan. Er liefert die Hälfte der weltweit produzierten Menge, noch dazu die beste Qualität namens Haschab, und stellt damit eine unersetzliche Rohstoffquelle für den Westen dar. Selbst als Washington in Jahr 1997 ein striktes Handelsembargo gegen den Sudan verhängte, ging der Handel mit dem Stoff zwischen den Ufern des Roten Meers und den Küsten der USA ohne Wissen der amerikanischen Verbraucher weiter.

»Je mehr Handelssanktionen uns die USA auferlegen, desto mehr Gummiarabikum exportieren wir dorthin«, meint der sudanesische Geschäftsmann Isam Siddig. Der Grund ist einfach: Das Naturharz ist unverzichtbar für die Herstellung von Limonaden und Coca-Cola, dem Symbol des amerikanischen Kapitalismus schlechthin. »Wir haben moralische Grundsätze, aber nehmt uns bitte nicht unsere Coca-Cola weg!«, fasst ein amerikanischer Sudan-Experte das Dilemma zusammen.

Die *Washington Post* bezeichnete die Achillesferse der amerikanischen Sudanpolitik als »Soda Pop Diplomacy« (Limonadendiplomatie).

Das ehemals von Ägypten und Großbritannien beherrschte Land ist sich dieser Stärke bewusst und träumt schon davon, sich mit Tschad und Nigeria zu einer »Opec« für Gummiarabikum zusammenzuschließen. Nachdem Washington die Massaker in der westlichen Region Darfur verurteilt hatte, drohte 2007 der damalige sudanesische Botschafter in Washington, John Ukec Lueth, vor einem Auditorium versteinerter Journalisten, den Gummihahn zuzudrehen. Ein Limonadenkrieg könnte für die Getränkeindustrie fatale Folgen haben.

10 000 Kilometer von New York entfernt treffen sich die schwarzafrikanische und die arabische Welt in der Sechs-Millionen-Metropole Khartum, deren Ausläufer an den Schleifen des Blauen und Weißen Nils liegen. Die Straßen der sudanesischen Hauptstadt sind in diesem März von zahllosen alten Rikschas und funkelnden Geländewagen der Marke Hummer verstopft. Unter einer unbarmherzig brennenden Sonne trotzt ein Meer von Gebäuden, Kränen und Minaretten den Sandstürmen und Hitzewellen. Im Schatten ihrer Läden ertragen die Gewürz- und Sesamhändler stoisch die Kapriolen der Trockenzeit. In dieser Jahreszeit wird auch das Gummiarabikum geerntet, das viertwichtigste Agrarprodukt und der ganze Stolz des Landes. »Einen Sudan ohne Gummiarabikum kann man sich gar nicht vorstellen!«,

Zusatzstoff E414 in Rohform: als Harz eines Akazienbaumes.
BILD: CATERINA WOLFANGEL | IUCN

ruft ein Händler, halb in seiner weißen Dschalabija verborgen. »Es ist das Gold des Sudans«, fügt sein Freund Momen Salih hinzu: »Für uns ist es viel wichtiger als das Öl!«

Wer die sechs Millionen Bauern besuchen will, die in den unendlichen, von Akazienbäumen übersäten Weiten von Kurdufan und Darfur arbeiten, muss 800 Kilometer weiter nach Westen fahren, auf einer schnurgeraden Piste, die die Savanne in zwei identische Hälften teilt. Am Wegesrand sieht man einzelne Hütten und einsame Reiter. Vollbeladene bunte Lastwagen neben verirrten Kamelen. Die Erde färbt sich rot. Am Wüstenhorizont erscheinen die Silhouetten von Baobab-Bäumen. Die Asphaltstraße endet in der Ortschaft An-Nahud, der sudanesischen Hauptstadt des Gummiarabikums.

Schritt und Tritt dem Konterfei von General Omar al-Baschir begegnet. An strategisch wichtigen Gebäuden und Brücken sind Polizisten und Soldaten postiert. Wer als ausländischer Journalist ein Foto macht, muss mit seiner Verhaftung rechnen.

Im Ölgeschäft teilen sich heute malaysische und indische Konzerne mit der China National Petroleum Corporation die tägliche Fördermenge von 500 000 Barrel. Seit dem Rückzug der kanadischen Talisman Energy im Jahr 2002 ist hier kein westliches Ölunternehmen mehr zu finden. In den Restaurants der Hauptstadt sitzen Chinesen und Libyer, aber nur wenige Amerikaner oder Europäer. Und im Hotel Coral werden keinerlei Scheck- oder Kreditkarten mehr angenommen: »Wir akzeptieren hier nur Bargeld. Wir unterliegen einem US-Embargo.«

»Wenn diese Schurken ein Produkt kontrollieren, das wir unbedingt brauchen, dann

»Die Akazie ist unser Leben!«, sagt Ajab Aldoor. Der Vater von fünf Kindern, ein dünner Mann mit unterwürfigem Blick, führt seit vierzig Jahren mit seiner Machete die immergleichen Bewegungen aus, die seit Urzeiten vom Vater an den Sohn weitergegeben werden. Am späten Nachmittag ist die beste Zeit, um die Akazienrinde anzuschneiden. Zwei Wochen später treten die Harztropfen aus und bilden kleine gummiartige Kugeln, die je nach Akazienart verschieden aussehen.

Wie Millionen anderer Bauern weiß auch Aldoor nichts vom späteren Verwendungszweck des Baumsafts. Das Gummiarabikum wird für eine Handvoll sudanesischer Pfund an den örtlichen Händler verkauft, dann gereinigt, getrocknet und zerkleinert und anschließend in Jutesäcken in die Stadt al-Ubayyid geschickt und dort versteigert. Von hier geht es 2000 Kilometer weiter bis nach Port Sudan am Roten Meer, wo das Harz in Container gepackt und zur Weiterverarbeitung in die Fabriken der westlichen Welt verschifft wird. Endprodukt und wiederum Exportgut ist ein feines weißes Pulver.

Die Gummiarabikum-Händler blicken optimistisch in die Zukunft: Durch das Wachstum der Schwellenländer hat sich die weltweite Nachfrage seit 1985 verdoppelt, jährlich steigt sie um 3 Prozent. »Der wichtigste Wachstumsbereich sind Limonaden, Vitamingetränke und Nahrungsergänzungsmittel«, sagt Paul Flowerman, Chef und Inhaber des Importunternehmens PL Thomas. »Alles spricht für eine Rückkehr des Naturgummis«, meint Thomas Yves Couteaudier, der eine Marktforschungsstudie für die Weltbank erstellt hat. »Vor allem weil der Westen auf Bio setzt«, ergänzt der Händler Salih und erinnert daran, dass der Akaziensaft seinem Land pro Jahr 40 Millionen Dollar einbringt. »Außerdem produzieren wir das beste Gummiarabikum der Welt!«

Man vergisst fast, dass der Sudan international geächtet ist und auf allen schwarzen Listen der Weltdiplomatie steht. Die Paranoia des Militärregimes ist auch in den Straßen von Khartum zu spüren, in denen man auf

Die Gründe für das Handelsembargo sind in Washington zu suchen. Im Dezember 2010 lagen die Verkehrsadern zwischen den Glockentürmen der Universität Georgetown und dem Kongress wie erstarrt unter den Schneebergen, und die Fluten des Potomac waren von einer dünnen, frostig schimmernden Eiskruste bedeckt. Doch die Stimmung unter den Lobbyisten, Diplomaten, Journalisten und Politikern, die über das bevorstehende Referendum zur Unabhängigkeit des Südsudans diskutierten, erreichte den Siedepunkt. Ein friedlicher Ablauf der Volksabstimmung konnte das Ende des langen diplomatischen Winters zwischen dem Sudan und den Vereinigten Staaten bedeuten.

In seinem fensterlosen Büro im Kapitol verfolgte Ted Dagne die Geschehnisse. Er ist auf die Region um das Horn von Afrika spezialisiert, arbeitet seit zwanzig Jahren beim Forschungsdienst des US-Kongresses und gilt als einer der führenden Köpfe der amerikanischen Sudanpolitik. Mit dem Staatsstreich al-Baschirs 1989 hatten sich die Beziehungen zwischen den beiden Ländern verschlechtert, doch »erst ab 1992 begann sich die US-Regierung wirklich für den Sudan zu interessieren«, sagt Dagne. Denn da galt der Sudan als Unterstützer eines radikalen Islamismus, schlug die nubische Rebellion blutig nieder und beherbergte Terroristen wie Carlos und Ussama Bin Laden.

Ted Dagne erzählt, er habe damals mit acht hohen Beamten und Politikern, die angesichts der Machenschaften Khartums ebenso beunruhigt waren wie er, das inoffizielle Netzwerk The Council (Der Rat) gegründet. Seit Beginn der 1990er Jahre trug diese Gruppe zu der zunehmend härteren Haltung der USA gegenüber dem Sudan bei.

Dagnes Wünsche erfüllten sich im Jahr 1993, als die Clinton-Regierung aufgrund der Beteiligung von fünf Sudanesen am ersten Anschlag auf das New Yorker World Trade Center den Sudan in die Liste der Terrorunterstützerstaaten aufnahm. Zugleich gewannen die Unabhängigkeitsbestrebungen der Rebellen im Süden durch Dagnes Vermittlung die Aufmerksamkeit wichtiger Abgeordneter, die sich schließlich auch in finanzieller und logistischer Unterstützung materialisierte.

Im Jahr 1997 machten sich die Falken Susan Rice und John Prendergast, die eine Vizeaußenministerin für afrikanische Angelegenheiten, der andere Ostafrikaspezialist im Nationalen Sicherheitsrat, für eine direkte Konfrontation mit dem Sudan stark. Mit der Begründung, es gebe »eine ungewöhnliche und außerordentliche Bedrohung der inneren Sicherheit und der Außenpolitik der USA«, unterzeichnete Präsident Bill Clinton am 3. November 1997 die Executive Order 13 067, die weitreichende Handelssanktionen vorsah.

Im Verlauf des folgenden Jahrzehnts verschlechterten sich die Beziehungen zwischen den beiden Staaten. We-

Gummiarabikum vom Embargo ausgenommen würde. Man beschloss, die US-Industriellen vorzuschicken. Und der sudanesische Botschafter versorgte sie mit Informationen für ihre Überredungstaktik: Arbeitsplätze müssten abgebaut werden, und vor allem bestehe die Gefahr, dass die US-Nahrungsmittelindustrie bald auf Gedeih und Verderb den im Sudan äußerst aktiven französischen Gummihändler ausgeliefert sein werde.

Die US-Importeure, die hauptsächlich im Bundesstaat New Jersey ansässig sind, wandten sich zunächst an ihren Kongressabgeordneten, den Demokraten Robert Menendez, der seinerseits das Weiße Haus, den Sicherheitsrat von Präsident Clinton und das Außenministerium kontaktierte. Madeleine Albright erinnert sich, dass sie einen Anruf von Menendez erhielt und ihn fragte: »Wie

wird der Markt einen Weg finden, dieses Produkt in unsere Regale zu bringen«

gen der 300 000 Toten und zwei Millionen Flüchtlinge in Darfur erließ Clintons Amtsnachfolger George W. Bush weitere Sanktionen, die Barack Obama verlängerte. Die sudanesischen Guthaben auf US-Konten wurden eingefroren, verboten wurden der Im- und Export sämtlicher Güter oder Dienstleistungen und finanzielle Transaktionen. Als Schurkenstaat und Verbündeter des absoluten Bösen existierte der Sudan fortan am Rande der westlichen Ökonomie.

Doch schon kurz nach Clintons Erlass bemerkte die Pharmafirma American Home Products – heute Wyeth, inzwischen Tochter von Pfizer –, »dass Menschen sterben würden, wenn man kein Gummiarabikum mehr bekäme«, erinnert sich die Lobbyistin Janet McElligott. Ein ähnliches Problem stellte sich bei den kohlensäurehaltigen Getränken, deren »beste Emulsion aus sudanesischem Gummi der Qualität Haschab entsteht. Das ist ein Schlüsselelement in der Herstellung«, sagt Dennis Seisun, Chef des Marktforschungsinstituts IMR International. Die ehemalige Außenministerin Madeleine Albright hatte anlässlich des kostbaren Akaziensafts erklärt: »Das ist das Problem mit den Sanktionen: Man weiß nicht genau, wer eigentlich wen bestraft.«[1]

Da es keine Ersatzprodukte in vergleichbarer Qualität gab, musste die Versorgung mit dem lebenswichtigen sudanesischen Gummiarabikum unbedingt sichergestellt werden. Ende 1997 gelangte E 414 nur noch über den in Morristown, New Jersey, ansässigen Importeur Paul Flowerman in die USA. Seine Geschäfte waren vom Embargo ernsthaft bedroht. Jane McElligott, in Washington damals Beraterin des sudanesischen Botschafters Mahdi Ibrahim Mohamed, berichtet, dass sich Flowerman mehrmals zum Abendessen in der Privatresidenz des Diplomaten am Rock Creek Park einfand – stets in Begleitung diverser Kunden wie American Home Products oder Cola-Cola.

Als guter Stratege spekulierte Mohamed darauf, dass auch andere Ausnahmen möglich wären, wenn das

können Sie eine Ausnahmeregelung für den Sudan verlangen, wenn Sie sich andererseits so vehement gegen jede Ausnahmeregelung bei unseren Kuba-Sanktionen einsetzen?« Worauf Menendez – der aus einer kubanischen Einwandererfamilie stammt – antwortete: »Wegen der Arbeitsplätze.«

Trotz der offensichtlichen Inkonsequenz verwarf die Clinton-Regierung Albrights Vorbehalte und fasste einen Entschluss: In den Sudanese Sanctions Regulations vom Juli 1998 heißt es, das Embargo beziehe sich auf alles – außer Gummiarabikum. Um die Ausnahmeregelung gleich in Gesetzesmarmor zu meißeln, schmuggelte sie Menendez zwei Jahre später in ein umfassendes Regelwerk zum internationalen Handel.

Ob es reiner Zufall war, dass auf den Wahlkampfkonten des demokratischen Abgeordneten im selben Jahr Zuwendungen von Chris Berliner, dem Vizepräsidenten der Gummihandelsgesellschaft Import Service Corporation, und von Vertretern der Getränkeindustrie, insbesondere der Coca-Cola-Company, auftauchten? Laut Steven Glazer von der Wochenzeitung *Urban Time News,* der Menendez' Konten untersucht hat, bekam dieser zwischen 1997 und 2002 insgesamt 55 669 Dollar Spenden von der Getränke-, Nahrungsmittel- und Pharmaindustrie.

Robert Menendez rechtfertige sein Vorgehen im September 2000 in einem offenen Brief an die *Washington Post:* »Niemand sollte mit Schurken eine Geschäftsbeziehung eingehen. Aber wenn diese Schurken ein Produkt kontrollieren, das wir unbedingt brauchen, dann wird der Markt einen Weg finden, dieses Produkt in unsere Regale zu bringen.« Zu den besagten Schurken zählte damals übrigens auch Ussama Bin Laden. Bereits vier Jahre zuvor hieß es in einem Memorandum des US-Außenministeriums, das sich auf CIA-Quellen stützte, der saudische Terrorist habe sich »ein Quasimonopol auf den Großteil der Gummarabikum-Exporte« aus dem Sudan gesichert.[2] »Es ist immer noch möglich, dass wir jedes Mal, wenn wir ein amerikanisches Erfrischungsgetränk

1 Madeleine Albright, *Memo to the President Elect. How We Can Restore America's Reputation and Leadership,* New York (Harper) 2008. Deutsche Ausgabe: *Amerika, du kannst es besser. Was ein guter Präsident tun und was er lassen sollte,* München (Droemer Knaur) 2008.
2 »Usama Bin Laden: Islamic Extremist Financier«, State Department, Washington, 14. August 1996, siehe http://usembassy-israel.org.il/publish/press/state/archive/august/sd4_8-15.htm.

kaufen, Bin Ladens Kassen füllen«, schimpfte der republikanische Senator Frank Wolf am 7. September 2000 vor dem Kongress – ein Jahr vor dem Anschlag auf das World Trade Center.

Um den Verbindungen zwischen dem Naturharz und dem seinerzeit von Ussama Bin Laden geführten mysteriösen Terrornetzwerk al-Qaida auf die Spur zu kommen, ließ sich die US-Regierung zunächst vom Importeur Paul Flowerman die Namen der Aktionäre und Verantwortlichen in den sudanesischen Gummiarabikum-Fabriken geben. Diese Informationen gingen nach Aussagen des Unternehmers direkt an Madeleine Albright und ihre Nachfolger. Das Außenministerium dementierte, aber die Exporte brachen nicht ab. Was wiegen dagegen der Abzug der Botschafter, der US-Luftangriff auf die Pharmafabrik Asch-Schifa im August 1998, die Genozidvorwürfe wegen Darfur und alle sonstigen gegenseitigen Anschuldigungen?

»Amerika und Sudan mögen sich nicht, aber sie brauchen einander«, meint ein Händler. Trotz der Einfuhrbeschränkungen ist das Geschäft mit Gummiarabikum offenbar gefeit gegen die Unberechenbarkeiten der Geopolitik und legt eine erstaunliche, ja geradezu herausfordernde Stetigkeit an den Tag. So vertreibt die Coca-Cola-Company seit 2002 ihre Limonaden im Sudan über die Firma DAL Food Industries und beruft sich dabei auf ein Gesetz aus dem Jahr 2000, das den Handel mit landwirtschaftlichen Produkten in dem Land ausnahmsweise gestattet. Das doppelte Spiel der USA führt immer wieder zu innenpolitischen Verstimmungen. Auf der einen Seite möchte die Gruppe der schwarzen Kongressabgeordneten Black Caucus schon seit langem die letzte Handelsverbindung zum Schurkenregime in Khartum kappen, wie etwa 2007 der dahingehende – vergebliche – Gesetzesvorschlag der demokratischen Abgeordneten Maxine Waters zeigt. Auf der anderen Seite bemüht sich die Gummiarabikum-Lobby, verkörpert durch den inzwischen zum Senator aufgestiegenen Robert Menendez, die Geschäftsbeziehungen zum Sudan zu stabilisieren, damit die US-Bürger an ihren Ernährungsgewohnheiten festhalten können.

Der Schlingerkurs der größten Weltmacht schadet vor allem ihrer Glaubwürdigkeit in der Sudanfrage. »Wenn Amerika beim Gummiarabikum die Sanktionen umgeht, untergräbt es damit seine moralische Autorität in der Diplomatie«, warnte die *Washington Post* am 10. September 2000. In Khartum, wo alle um die Ausnahmeregelung wissen, schwanken die Reaktionen zwischen Belustigung und Besitzerstolz auf ein derart unverzichtbares Produkt.

Bei allen Drohgebärden seiner Diplomaten weiß der Sudan jedoch auch, dass er von seinen amerikanischen Kunden viel zu abhängig ist, um sich wirtschaftliche Vergeltungsmaßnahmen erlauben zu können. Die für die Durchsetzung des Embargos zuständige US-Behörde (Office of Foreign Assets Control, Ofac) gab bekannt, dass inzwischen 25 Lizenzen erteilt wurden. Laut Ofac sind 2009 insgesamt 8800 Tonnen Gummiarabikum und 2010 sogar 10 450 Tonnen importiert worden. Paul Flowerman bestreitet diese Zahlen – er spricht von fünf Lizenzen über insgesamt 4000 Tonnen.

Die Stabilität des Gummihandels beruht auch darauf, dass die Gummihändler sich in Schweigen hüllen, sobald das Gespräch auf den Sudan kommt. Um weitere schlechte Presse in den USA zu vermeiden, wo die Bilder von George Clooney und Angelina Jolie in den Flüchtlingslagern von Darfur allgegenwärtig waren, arbeiten die Importeure inzwischen zusammen mit der US-Behörde für internationale Entwicklung (USAID) daran, ihre Bezugsquellen zu diversifizieren.

Aber die Limonadendiplomatie hat noch einen weiteren Aspekt: Die USA nutzen ihre guten Verbindungen in der Entwicklungshilfe, um die langfristigen Bedürfnisse ihrer Nahrungsmittelindustrie zu stillen. Derzeit exportieren auch Senegal, Tschad oder Nigeria schon so viel Gummiarabikum, dass der Sudan nur noch 50 Prozent der weltweit gehandelten Menge herstellt – vor zwanzig Jahren waren es noch 90 Prozent. »Die Industrie hat sich auch in Kenia und Uganda umgesehen«, erzählt Marktforscher Seisun. Wie wäre es mit Akazien in Frankreich? »Das wäre nicht rentabel«, sagt Importeur Alland, »es ist bei uns nicht warm genug, und die Plantagen bräuchten zu viel Platz.«

Und warum können die französischen Gummihändler den aufbereiteten Pflanzensaft dann mit der Bezeichnung »made in France« verkaufen? Ein Händler erklärt, er beziehe das Gummiarabikum aus vierzehn afrikanischen Ländern und verarbeite es anschließend weiter: »Wir nutzen dafür unsere eigenen Rezepturen. Das Produkt, das unsere Fabriken verlässt, hat nichts mehr mit dem Rohgummi zu tun.« Daher »verliere das Gummi seine Herkunft«, bevor es weiterexportiert werde – unter

Lebensmittelladen im Sudan.
BILD: DANUSA CAMPOS

anderem in die USA. Doch selbst wenn sich die Amerikaner bei Franzosen oder Italienern eindecken, so der sudanesische Händler Siddig, »bleibt es ja immer noch sudanesisches Gummiarabikum«.

»Das ganze Verfahren ist ziemlich verzerrt«, sagt Mansour Khalid, ehemaliger Verwaltungsratsvorsitzender der Gum Arabic Company. Unbestätigten Gerüchten zufolge wird Gummiarabikum nämlich auch über Südsudan, Eritrea und Äthiopien ausgeführt, die den US-Sanktionen nicht unterliegen, und anschließend in den Westen exportiert. Wenn man das Gummi hinzunimmt, das über die europäische Drehscheibe gehandelt wird, dann ergeben sich deutlich höhere Mengen (Schätzungen zufolge etwa 5000 Tonnen mehr), die durch die diskrete Vermittlung europäischer Produzenten an die Ostküste der USA gelangen.

Als der Südsudan im Januar 2011 für die Unabhängigkeit stimmte, machte sich unter den sudanesischen Diplomaten die Hoffnung breit, die friedliche Teilung des Landes könne auch die Aufhebung der US-Sanktionen nach sich ziehen – und damit einen Anstieg der Harzexporte. Die versprochene Streichung des Sudan von der Liste der Schurkenstaaten ist einer der vielen Trümpfe, die der US-Sondergesandte für den Sudan, Scott Gration, in der Hand hat, um den Sudan in die von den USA gewünschte Richtung zu drängen. Die amerikanischen Importeure beobachten ihrerseits die Situation in Darfur, wo eine Stabilisierung der Lage neuen Aufschwung für den Akazienanbau bringen und zur Sicherung der Versorgung mit E 414 beitragen könnte.

Jack Van Holst Pellekaan weiß um die Vorzüge der Akazienbäume, deren Anpflanzung auch ökologisch sinnvoll sei, da sie helfe, die zunehmend trockene Sahara wieder zu begrünen.[3] Van Holst Pellekaan ist als Berater der Weltbank verantwortlich für ein Aufforstungsprogramm im Südsudan; er sieht eine »Win-win-Situation« für die Gummihersteller und ihre Abnehmer im Westen. Mit einem kleinen Wortspiel an die Adresse seiner sudanesischen Kollegen bezeichnet Paul Flowerman den kostbaren Akaziensaft als »Bindemittel«, das die wirtschaftlichen Interessen der USA und des Sudans schon längst geschmeidig mache. Wenn er an die Zauberkörnchen in der elften Schublade des Kuriositätenkabinetts im India House denkt, bekommt auch Van Holst Pellekaans leuchtende Augen – er hält Gummiarabikum für »einen Rohstoff, der Frieden stiften kann«.

Aus dem Französischen von Sabine Jainski

[3] Siehe auch Mark Hertsgaard, »Sawadogos Leidenschaft für Bäume«, in diesem Heft.

Erstmals erschienen in *Le Monde diplomatique* vom April 2011.

Rotpunktverlag.

Nicholas Shaxson
Schatzinseln
Wie Steueroasen die Demokratie untergraben

Empört euch!
Steueroasen sind alles andere als exotische Nebenschauplätze der Weltwirtschaft. Offshore-Banking ist für jeden multinationalen Konzern übliche Praxis. Nicholas Shaxson liefert eine umfassende Darstellung der Steueroasen dieser Welt – mit besonderem Fokus auf den Finanzplatz Schweiz, »einer der weltgrößten Aufbewahrungsorte für schmutziges Geld«.

»Dieser beunruhigende Urknall von einem Buch ist eine Chronik der Gebrechlichkeit und Verdorbenheit des Kapitalismus.« THE GUARDIAN

416 Seiten, Klappenbroschur, 2011
ISBN 978-3-85869-460-7, Fr. 36.–/Euro 24,50

Marcel Hänggi
Ausgepowert
Das Ende des Ölzeitalters als Chance

Zurück in die Zukunft
Die Frage, von wo wir die Energie für unser Leben beziehen, hat wieder an Aktualität gewonnen. Erneuerbare Energien – so lautet das neue Zauberwort. Marcel Hänggi geht in eine andere Richtung: Er plädiert für einen Ausstieg aus dem Immermehr, für eine neue Gesellschaft, die weniger Energie verbraucht.

»Ein Buch, das man lesen sollte, wenn man im politischen Diskurs mitreden will. (…) Glaubhaft – und gut geschrieben.« NZZ

368 Seiten, Klappenbroschur, 2. Auflage 2011
ISBN 978-3-85869-446-1, Fr. 38.–/Euro 28,–

Al Imfeld
Elefanten in der Sahara
Agrar-Geschichten aus Afrika

Kreative Landwirtschaft
»Afrikas Landwirtschaftsgeschichte beginnt nicht mit der Fruchtbarkeit des Bodens, sondern mit der Frage des Menschen: Wie kann ich Wüste, Steppe, Savanne, Trockengebiete und wasserarme Gegenden dennoch nutzen?«

»Hier werden nicht nur Geschichten erzählt, hier geht es um Geschichtsschreibung.« DER KLEINE BUND

260 Seiten, Klappenbroschur, 2009
ISBN 978-3-85869-404-1, Fr. 32.–Euro 21,–

www.rotpunktverlag.ch

Birgit Weyhe — Heldentum

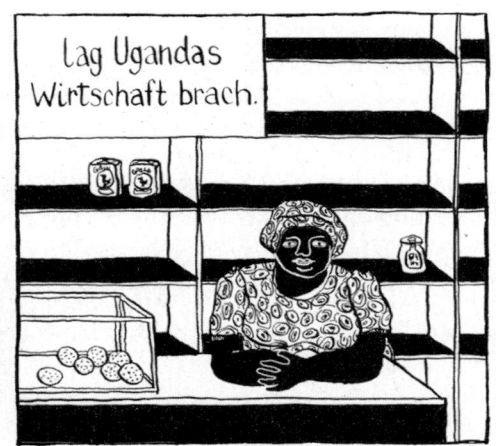

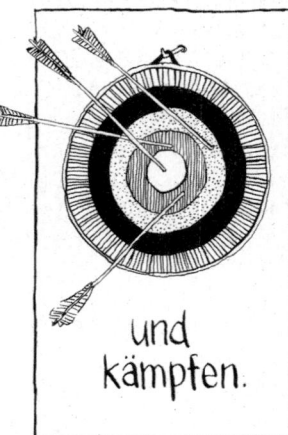

In den 70er Jahren lag Ugandas Wirtschaft brach. Cola gab es fast nie. Flaschen mit arabischem Etikett waren eine echte Rarität. Dabei schmeckten diese am besten. Alle Erwachsenen waren gegen Idi Amin – den blutigen Diktator. Da Robin Hood mein Vorbild war, wollte ich gerne helfen und kämpfen. Einmal hatte ich dazu Gelegenheit. Militärpolizei riegelte das Schwimmbad ab. Alle mussten das Wasser verlassen.

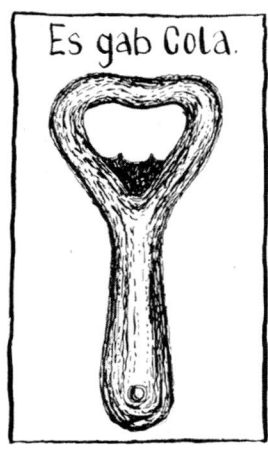

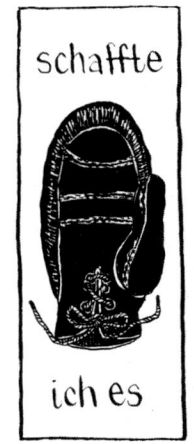

Und sich auf dem Rasen aufstellen.

Wir warteten sehr lange.

Als Amin endlich kam,

war er nur kurz im Wasser.

Leider hatte ich meine Waffe zuhause vergessen.

Danach durfte sich jedes Kind ein Gratisgetränk holen.

Klar, dass Robin und ich es ablehnen würden.

No!
No!!

Oder wir könnten es den Armen spenden.

Die Flaschen wurden gebracht.

Es gab Cola.

Mit nur ganz wenig Schubsen und drängeln

schaffte ich es

die einzige arabische Cola zu ergattern.

Wie erwartet, schmeckte sie

köstlich.

Robin Hood sah ich leider nie wieder.

LP
OF U.K.

UKNI 203 M
EC

MC DAIRIES (N.I) L^{TD}

BERRYHIL ROAD STRABANE
SPRAY DRIED
MILK POWDER
AT 26% MON.
WEIGHT 25 kg

inco
SPRAY
FULL CREAM MILK POWDER

BELGO-MILK

Netto: 25 Kg

B
M 351 B
CEE

4445

Freihandel macht hungrig

Die Agrarsubventionen der Europäischen Union und unfaire Freihandelsabkommen zerstören die Lebensgrundlage der Bauern in Entwicklungsländern.

Von Armin Paasch Referent für Welthandel und Ernährung beim katholischen Hilfswerk Misereor.

»Ein Sozialsystem wie in Europa haben wir nicht. Wenn die EU uns mit ihren Dumpingpreisen an die Wand drückt, ist das also wie ein Aufruf an unsere Milchbauern zum kollektiven Selbstmord«, schimpft Gariko Korotoumou, Milchbäuerin und Vorsitzende des Verbandes der Kleinstmolkereien in Burkina Faso. Es sind nackte Überlebensängste, die viele Nomaden der Peul umtreiben. Diese Ethnie macht in dem westafrikanischen Land zehn Prozent der Bevölkerung aus, und ihre Einkommen hängen zu einem großen Teil davon ab, dass sie Milch erzeugen und vermarkten können.

Die Sorgen der Bauernführerin gründen auf eigener Erfahrung: 2005 ermittelte eine Studie von Misereor, dass Milchpulver aus der Europäischen Union in Burkina Faso mithilfe von Exporterstattungen zu umgerechnet 30 Cent pro Liter angeboten wurde. Dieser Preis lag nicht nur 18 Cent unterhalb der durchschnittlichen Produktionskosten einer deutschen Molkerei. Auch die lokalen Erzeugungskosten in Burkina Faso wurden um sieben bis zehn Cent unterboten. Der logische Effekt war, dass burkinische Molkereien zur Herstellung von Jogurt fast ausschließlich auf das EU-Milchpulver zurückgriffen und die lokalen Erzeugnisse nie den Weg in die Regale des Einzelhandels schafften. Den Peul wurden dadurch jegliche Entwicklungschancen verbaut.

Billigimporte sind ein zentraler Grund, warum afrikanische Staaten sehr abhängig von Lebensmitteln aus dem Ausland sind. Wie gefährlich das ist, zeigte sich 2007 und 2008: Die Nahrungsmittelpreise auf dem Weltmarkt stiegen, und damit auch die Preise, die von den Verbrauchern in Burkina Faso gezahlt werden müssen. Schon zuvor lebten über 40 Prozent der Bevölkerung unter der Armutsgrenze. Nun verschärfte sich die Situation und trieb die Menschen im Februar 2008 zu Hungerprotesten auf die Straße.

Zugleich bot sich mit den verteuerten Importen für Bauern aber auch eine Chance, die Frau Korotoumou und ihre Organisation vorbildlich nutzten: Sie organisierten Fortbildungen zur Lagerung von Futtermitteln, bauten Kleinstmolkereien auf, erzeugten mehr Milch und fanden dafür erstmals nennenswerten Absatz auf dem heimischen Markt. Während sich der Preis für importiertes Milchpulver aus der EU zwischen 2004 und 2008 verdoppelte, konnte in demselben Zeitraum auch die lokal vermarktete Milchproduktion nahezu verdoppelt werden. Die Krisenreaktion der Bauern nutzte auf diese Weise ebenfalls den Konsumenten. Denn auch die Importabhängigkeit und die damit einhergehende Gefahr abrupter Preissteigerungen wurden verringert, indem die Bauern die heimische Produktion erhöhten.

Gariko Korotoumou fürchtet nun, dass die EU ihr abermals einen Strich durch die Rechnung macht. Die Europäer verlangen nämlich von der Westafrikanischen Wirtschaftsgemeinschaft (Ecowas), ein so genanntes Wirtschaftspartnerschaftsabkommen (EPA) zu unterzeichnen. Bisher haben in Westafrika lediglich Ghana und die Elfenbeinküste im Alleingang so genannten Interim-EPAs zugestimmt, die jedoch noch nicht ratifiziert sind. Ein EPA mit der gesamten Ecowas-Region ist bisher wegen der überzogenen Forderungen der EU, des starken zivilgesellschaftlichen Widerstands und der Uneinigkeit innerhalb von Ecowas gescheitert.

Sollte sich die EU dennoch durchsetzen, würden einige der ärmsten Länder der Erde gezwungen, 80 Prozent ihrer Zölle auf Einfuhren aus der EU zu streichen und die Zölle für die übrigen 20 Prozent Produkte auf dem jetzigen Niveau einzufrieren. Für Milchpulver beispielsweise dürfte Burkina Faso damit den aktuellen Zollsatz von nur fünf Prozent des Warenwertes im besten Fall beibehalten und wäre Importen aus der EU in Phasen niedriger Weltmarktpreise schutzlos ausgeliefert. Dass dieser Zollsatz nicht ausreicht, zeigte sich zuletzt 2009, als die EU vorübergehend Exportsubventionen wieder einführte und die Ausfuhren auch nach Burkina Faso abermals um mehr als ein Fünftel steigerte.

Dumping hier, Freihandel dort. So lautet offenbar bis heute die inoffizielle Devise der EU. Denn nach ihrem bisherigen Vorschlag zur Reform der europäischen Agrarpolitik will sich die EU-Kommission vorbehalten, auch weiterhin Exportsubventionen zu zahlen.

Ebenfalls unangetastet bleiben die über 50 Milliarden Euro Direktzahlungen, welche die europäischen Landwirte für die skandalös niedrigen Erzeugerpreise entschädigen sollen. Tatsächlich jedoch verschaffen sie vor allem der Lebensmittelindustrie Zugang zu günstigen Rohstoffen und verbilligen damit auch die Exporte der EU. Dass die Kommission die Zahlungen an striktere Ökostandards und Arbeitsplätze koppeln will, ist zwar zu begrüßen. Das Problem des Dumpings werden diese Vorschläge aber nicht lösen.

In den westafrikanischen Nachbarländern Burkinas Fasos entfalten die EPAs derweilen schon jetzt ihre fatale Wirkung. Zum Beispiel in Ghana: Jahrelange Billigimporte von minderwertigen Geflügelteilen aus den EU-

Werbung für Milchpulver aus der EU in der Hauptstadt von Guinea, Conakry.
BILD: FERDINAND REUS

Traditionelle Landwirtschaft in Bouwéré, einem Dorf in Mali.
BILDER: P. CASIER | CGIAR

Staaten und anderen Ländern haben inzwischen alle ghanaischen Schlachthäuser in den Ruin getrieben und auch viele Kleinbauern vom Markt verdrängt.

Zu stoppen wären die Importe nur durch Einfuhrquoten oder deutlich höhere Zölle. Letztere wären im Rahmen der Welthandelsorganisation durchaus erlaubt, nicht jedoch in dem Interim-EPA, dem Ghana Ende 2007 unter großem Druck der EU zugestimmt hat. Obgleich das Abkommen bisher nicht ratifiziert ist, hat die ghanaische Regierung die wiederholte Forderung des Geflügelverbands nach Zollanhebung bereits mit Verweis auf das künftige EPA abgelehnt. Ähnlich erging es den Schweinemästern in der Elfenbeinküste, denen die Regierung unter Verweis auf das EPA einen besseren Marktschutz gegenüber der EU verweigert.

Die Dumping- und Freihandelspolitik der EU ist nicht nur moralisch, sondern auch völkerrechtlich problematisch: So brachte der UN-Ausschuss für Wirtschaftliche, Soziale und Kulturelle Rechte im Mai 2011 gegenüber der Bundesrepublik Deutschland seine »tiefe Besorgnis« über die Auswirkungen der Landwirtschafts- und Handelspolitik der EU zum Ausdruck. Diese förderten den Export subventionierter landwirtschaftlicher Produkte in Entwicklungsländer und gefährdeten dort das Menschenrecht auf Nahrung.

Dass diese Politik nicht nur die Bauern schädigt, sondern mittelfristig auch ganze Volkswirtschaften, zeigte sich erneut Mitte 2011, als die Weltmarktpreise für einige Agrarrohstoffe neue Rekordwerte erreichten. Die Welternährungsorganisation FAO schätzt, dass Entwicklungsländer für Nahrungsmittelimporte in diesem Jahr insgesamt 486 Milliarden US-Dollar ausgeben müssen: ein Viertel mehr als im vergangenen Jahr.

Auf bilaterale Freihandelsabkommen drängt die EU nicht nur gegenüber den 78 AKP-Staaten (Afrika, Karibik, Pazifik). Bereits geeinigt hat sie sich in den letzten beiden Jahren mit Südkorea, Kolumbien, Peru und Mittelamerika, während die Verhandlungen mit Singapur, Indien und den Staaten Südamerikas (Mercosur) noch laufen. Die Bestimmungen vieler Abkommen gehen über die EPAs noch weit hinaus. Nicht nur für 80, sondern für über 90 Prozent der Produkte sollen etwa Südkorea und Indien die Zölle gegenüber der EU komplett abschaffen. Auch dort fürchten Geflügel- und Milchbauern um ihre Existenz, wenn sie mit teilweise subventionierten Exporten aus der EU konkurrieren müssen. Die meisten Freihandelsabkommen verlangen zudem nicht nur die Liberalisierung des Güterhandels, sondern erfassen nahezu alle wirtschaftlichen Beziehungen zur EU.

Wie forsch die Kommission die Marktöffnung in Entwicklungsländern vorantreiben will, machte sie in ihrer Strategie Handel, Wachstum und Weltgeschehen vom November 2010 deutlich: »Mein Ziel ist sicherzustellen, dass die europäische Wirtschaft einen fairen Deal erhält und unsere Rechte geachtet werden, sodass wir alle von den Vorteilen des Handels profitieren können«, erklärte Handelskommissar Karel De Gucht bei der Veröffentlichung. Zollabbau bleibt demnach ein wichtiges Anliegen. Um im Sinne ihrer Wachstumsstrategie »Europe 2020« ein »intelligentes Wachstum« zu erzielen, nimmt die Kommission aber ambitioniertere Ziele ins Visier.

So will die EU laut Strategie im Ausland »mit allen verfügbaren Mitteln auf eine stärkere Offenheit gegenüber unseren Dienstleistern drängen«. In den Bereichen öffentlicher Verkehr, Medizinprodukte, Arzneimittel und Ökotechnik will sie »weiterhin auf eine stärkere Öffnung der Beschaffungsmärkte im Ausland drängen und insbesondere gegen diskriminierende Praktiken vorgehen«. Zu den Prioritäten der Kommission gehört ferner die Sicherung eines »nachhaltigen und unverzerrten Angebots von Rohstoffen und Energie«, wozu sie Handelsregeln »bis zum Maximum« ausnutzen und weiterentwickeln will. Und im Bereich geistige Eigentumsrechte will die Kommission »die Wettbewerbsfähigkeit unserer Unternehmen und Rechteinhaber in der Wissenswirtschaft« sichern und verbessern und über Freihandelsabkommen im Ausland ein »identisches Schutzniveau« wie innerhalb der EU erreichen.

Weitreichende Implikationen hat dieser Forderungskatalog auch für die Landwirtschaft und die Ernährungssicherung. Bedroht ist in einigen Ländern zum Beispiel der Zugang von Bauerngemeinschaften zum überlebenswichtigen Saatgut. So schreibt ein im April 2011 mit der EU unterzeichnetes Freihandelsabkommen Kolumbien und Peru vor, das Sortenschutzabkommen der Union for the Protection of Organic Varieties (UPOV) in seiner schärfsten Version von 1991 umzusetzen. Nach diesem Vertrag müssten die beiden Andenländer Gesetze erlassen, welche den Austausch und Weiterverkauf kommerziellen Saatguts während der zwanzigjährigen Geltungsdauer eines Patents verbieten und auch die Wiederaussaat nur in Ausnahmefällen und gegen die Entrichtung von Lizenzgebühren erlauben.

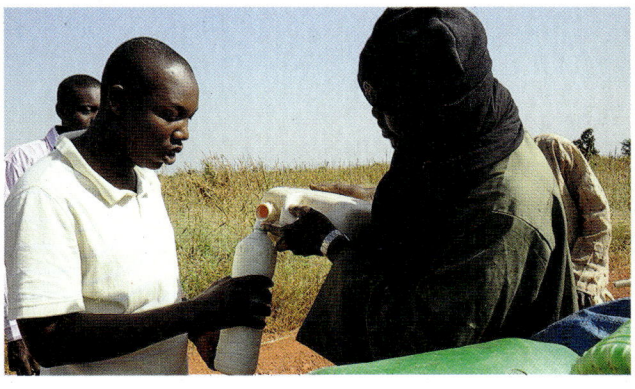

Nachbau, Tausch und Weiterverkauf von Saatgut sind in den Anden bisher gängige Praxis unter Kleinbauern. Wenn dies verboten wird, steigen unweigerlich die Produktionskosten, was für die Einkommen und letztendlich für das Recht auf Nahrung der Bauernfamilien eine große Bedrohung darstellt. Zu den potenziellen Nutznießern gehören multinationale Saatgutkonzerne wie Monsanto und Syngenta, aber auch die deutsche Bayer CropScience, die in Kolumbien Saatgut herstellt und vertreibt.

Neue Profite locken auch im Dienstleistungsbereich. Dies gilt nicht zuletzt für Indien, wo die EU europäischen Supermarktketten im Rahmen des derzeit diskutierten Freihandelsabkommens den Marktzugang erleichtern will. Mit 35,6 Millionen Beschäftigten ist der Einzelhandel in Indien gleich nach der Landwirtschaft der zweitwichtigste Arbeitgeber. Protest kommt vor allem von Vertretern der rund zwölf Millionen Kleinläden sowie drei bis vier Millionen Straßenhändler. Eine Studie des Centre for Policy Alternatives schätzt, dass rund acht Millionen Arbeitsplätze zerstört würden, sollten Supermarktketten 20 Prozent des indischen Marktes übernehmen.

Eine Bedrohung wäre das auch für Kleinbauern, welche über die traditionellen Großhandelsmärkte *(Mandis)* indirekt die kleinen Läden und Straßenhändler mit Lebensmitteln beliefern. Aufgrund der hohen Produkt- und Effizienzstandards ist es sehr unwahrscheinlich, dass die Kleinbauern Zugang zu den Lieferketten europäischer Supermärkte finden würden.

Profitieren würden dagegen europäische Supermarktketten wie Tesco, Carrefour und nicht zuletzt die deutsche Metro-Gruppe, die in Indien im Großhandel schon seit einigen Jahren aktiv ist und sich dort auch massiven Protesten der Kleinhändler ausgesetzt sieht. Gegenüber der *Frankfurter Allgemeinen Zeitung* erklärte Metro unumwunden, dass es einen »noch aggressiveren Auftritt mit Investitionen in China, Indien und Indonesien« anstrebt und allein 2011 in diesen Ländern zwanzig Neueröffnungen plant.

Gemäß dem Vertrag von Lissabon muss die EU sicherstellen, dass ihre Handelspolitik nicht den Millenniumentwicklungszielen der Vereinten Nationen – zum Beispiel den Hunger zu reduzieren – und den Menschenrechten zuwiderläuft. Die Handelsstrategie der Kommission zeigt aber, dass es ihr fast ausschließlich um die Rechte europäischer Unternehmen geht. Eins der wenigen Handelsinstrumente, mit denen die EU bislang die Menschenrechte in Entwicklungsländern fördert, ist das Allgemeine Präferenzsystem (APS). Dieses senkt die Zölle für Einfuhren aus diesen Staaten. Sollten deren Regierungen Menschenrechte schwerwiegend verletzen, kann die EU diese Zollerleichterungen rückgängig machen.

Die Pläne der Kommission zur APS-Reform deuten allerdings darauf hin, dass dieses Instrument künftig auch zur Durchsetzung europäischer Wirtschaftsinteressen genutzt werden soll. Wenn Regierungen von Entwicklungsländern europäischen Unternehmen systematisch den Rohstoffzugang verweigern, würde dies nach dem Kommissionsentwurf der Reformverordnung als »unfaire Handelspraxis« gewertet, die zu einem Ausschluss aus dem APS führen kann. Für diese Änderung hatte sich die deutsche Bundesregierung besonders eingesetzt. Im schlimmsten Fall könnte sie dazu führen, dass ein Menschenrechtsinstrument dazu missbraucht wird, die Rechte lokaler Gemeinschaften auf ihre Ressourcen zu verletzen.

Olivier De Schutter, UN-Sonderberichterstatter für das Recht auf Nahrung, hat der EU kürzlich nahegelegt, systematisch die Folgen ihrer Handelsabkommen für die Menschenrechte abzuschätzen. Bevor die Verträge ratifiziert werden, müsse sichergestellt sein, dass diese den Spielraum der Partnerländer zum Schutz von Menschenrechten nicht einschränken. Auch wenn sich später bei der Umsetzung menschenrechtliche Probleme ergeben, müssten die verantwortlichen Bestimmungen revidiert werden.

Das Europäische Parlament hat die Kommission im November 2010 ebenfalls zu menschenrechtlichen Folgeabschätzungen aufgefordert, bisher jedoch ohne Erfolg. Das Europäische Parlament, dem laut Vertrag von Lissabon jedes Freihandelsabkommen zur Zustimmung vorgelegt werden muss, sollte seiner gewachsenen Rolle nun gerecht werden. Eine Ratifizierung der Freihandelsabkommen mit den AKP-Staaten, mit Kolumbien, Peru und Indien in deren jetziger Form wäre unverantwortlich.

© *Le Monde diplomatique*, Berlin

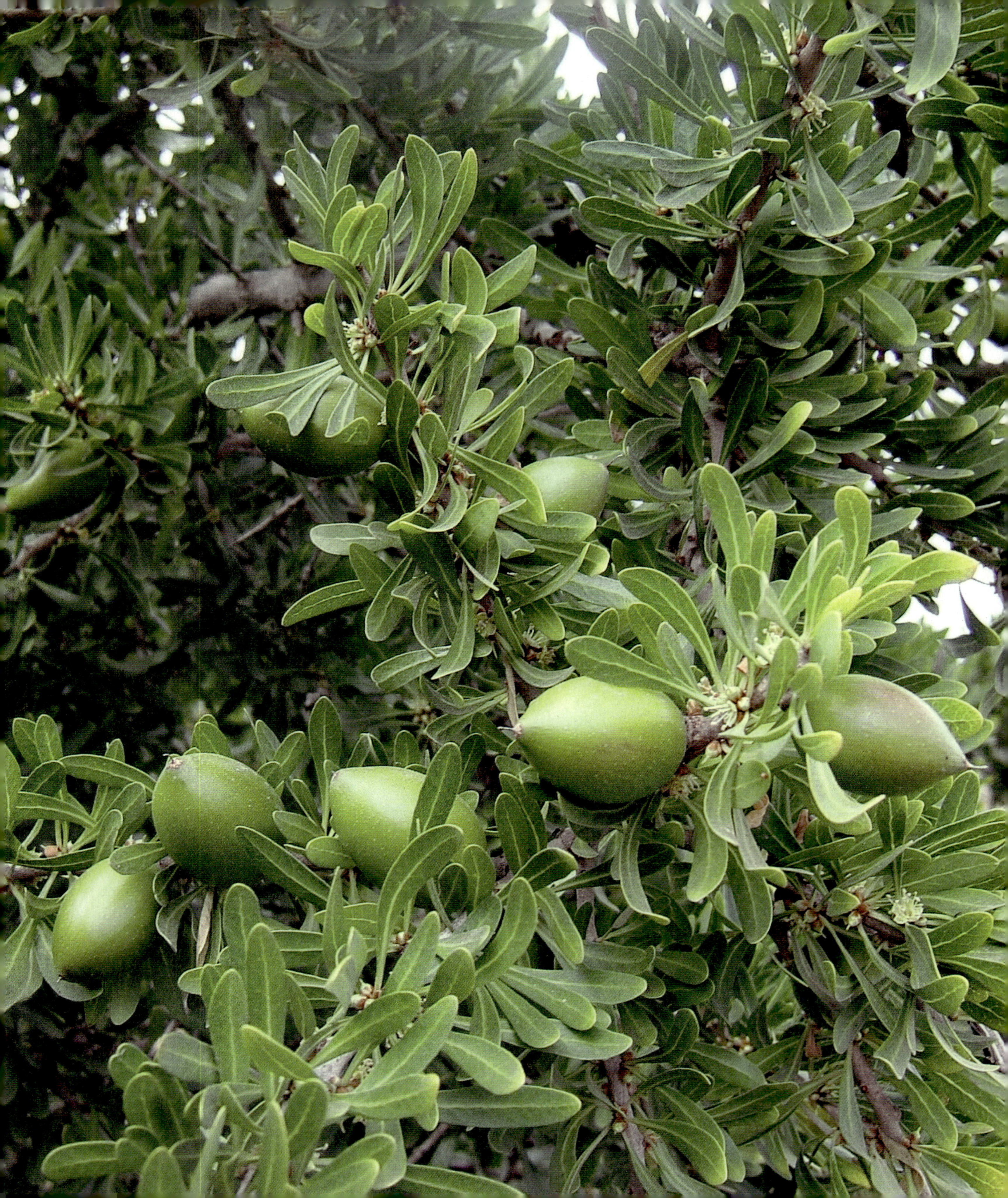

Das beste Öl für die Gourmetküche

In Marokko stellen Frauenkooperativen in Handarbeit das weltweit begehrte Arganöl her. Damit sorgen sie für den Erhalt der traditionellen Ökosysteme und bieten Plantagenarbeiterinnen eine Alternative.

Von Cécile Raimbeau Journalistin.

Im Morgengrauen klettert die 26-jährige Kabira mit 14 weiteren Frauen am Stadtrand des marokkanischen Aoulouz auf die Ladefläche eines Kleinlasters. »Vor acht Uhr abends werden wir nicht zu Hause sein«, seufzt sie. Gleich nach dem Morgengebet sind auf den Straßen der Souss-Ebene lauter Kleintransporter unterwegs, beladen mit in ihre Schleier gehüllten Frauen. Sie fahren zu den großen Landwirtschaftsbetrieben, die in marokkanischer, französischer oder spanischer Hand sind. »Früher haben wir auf unseren eigenen Feldern gearbeitet, manchmal auf denen der Nachbarn«, erzählen die Frauen. »Da gab es keine Aufseher und auch keinen Streit untereinander. Hier haben wir nichts mehr zu sagen. Wenn eine von uns nicht schnell genug arbeitet, fangen die Aufseher gleich an zu schreien – in manchen Betrieben setzt es sogar Schläge mit dem Stock.« Eines der Unternehmen hat einen so schlechten Ruf, dass es unter den Frauen »Guantánamo« genannt wird.

Das Flusstal des Souss liegt zwischen den Gebirgszügen Hochatlas und Antiatlas und reicht im Westen von der Küstenstadt Agadir bis Aoulouz im Osten. In der Region leben etwa 3 Millionen Menschen, 60 Prozent sind Bauern, die überwiegend an den Traditionen der amazighischen Kultur[1] festhalten. Seit Generationen leben sie von den Arganbäumen, aus deren Fruchtkernen ein hochwertiges Öl gewonnen wird. Die Arganwälder bilden in diesem mitteltrockenen Klima eine Art Schutzwall gegen das Vordringen der Wüste.

1925 wurden den Bauern der Souss-Ebene per Gesetz die Nutzungsrechte an den staatlichen Arganwäldern überlassen. So sammeln sie die Baumfrüchte, wenn sie im Sommer von den Ästen fallen; wenn es Hochwasser gibt oder Regen fällt, bauen sie unter den Bäumen Getreide an und lassen ihre Ziegen dort weiden.

Diese familiär organisierte Wirtschaftsweise wurde verdrängt, als sich Marokkos Agrarpolitik der Weltwirtschaft anzupassen begann. Najib Akesbi, Professor für Wirtschaftswissenschaften am Institut für Landwirtschaft und Veterinärmedizin »Hassan II.«, erklärt, wie Marokko bereits in den 1970er Jahren begonnen hat, für den Agrarexport einige Regionen speziell zu fördern.[2] 1985 wurde im Rahmen der von Weltbank und IWF verordneten Strukturanpassungsmaßnahmen – Aufhebung von Importschranken und der Subventionsabbau – der Agrarsektor liberalisiert und so das Freihandelsabkommen insbesondere mit der Europäischen Union vorbereitet. Staatsdomänen oder Gemeinschaftsflächen wurden zum Teil privatisiert und ausländische Investoren gesucht.

So kam es, dass die Souss-Ebene zum wichtigsten Gemüseanbaugebiet wurde mit jährlich 685 000 Tonnen Ertrag. 95 Prozent der Tomaten, die Marokko zwischen Juni und Oktober exportiert, kommen aus der Souss-Ebene, ebenso die Hälfte der 666 000 Tonnen Zitrusfrüchte.

Aziz Akhannouch, marokkanischer Landwirtschaftsminister und zugleich früherer Gouverneur des Verwaltungsbezirks Souss-Massa-Draâ, will aus der fruchtbaren Ebene bis 2015 »eine der weltweit produktivsten Regionen« machen. Für die Landarbeiterin Kabira stellen sich die Perspektiven ihrer Heimatregion allerdings anders dar. Als Anfang der 1990er Jahre der große Staudamm bei Aoulouz errichtet wurde, versank der Bauernhof ihrer Familie in den Fluten. Kabira war damals acht Jahre alt. Sie kann sich noch an die Umsiedlung erinnern, an die Planierraupen, die ihr Elternhaus niederwalzten, an den Umzug in den Ort Tamgoute El-Jadid, an die lächerliche Entschädigung, die Monate später eintraf. Kaum erwachsen, musste sie als Erntehelferin auf den Feldern der großen Landwirtschaftsbetriebe schuften, ohne Arbeitsvertrag, für 50 Dirham (4,50 Euro) am Tag.

Der Bau des Staudamms von Aoulouz ließ viele Quellen versiegen. Zehn Jahre später, nach dem Bau eines weiteren Staudamms bei Mokhtar Soussi, passierte das Gleiche. Den Schaden haben die Bauern von Aoulouz. »Dieses Jahr war die Getreideernte so dürftig, dass wir Verluste gemacht haben«, sagt Aakik Driss, Chef der »Gewerkschaft der armen Bauern von Aoulouz«. »Die Olivenbäume haben auch keinen Ertrag gebracht. Die meisten von uns müssen sich jetzt woanders Arbeit suchen.«

Seiner Gewerkschaft gehören 100 Familien an, die versuchen, den ausgetrockneten Böden eine magere Ernte abzugewinnen. 2006 führten die Frauen einen Protestmarsch an und forderten Strom und Wasser. Daraufhin wurde gegen die Gewerkschaftsführer ein Strafverfahren eingeleitet. Doch die Bauern gehen nach wie vor in regelmäßigen Abständen auf die Straße, um gegen die staatliche Investitionspolitik zu protestieren. »Die Regierung konzentriert sich nur auf die Gebiete, die von den großen Stauseen bewässert werden«, kritisiert Amal La-

1 Amazigh ist der legendäre Stammvater der marokkanischen Berber.
2 Najib Akesbi, »Evolution et perspectives de l'agriculture marocaine«, (2006), www.rdh50.ma/fr/pdf/contributions/GT3-3.pdf

Arganbaum (Argania spinosa).
BILD: WIKIPEDIA

houcine vom Büro der Gewerkschaft Union Marocaine du Travail (UMT).

Auch Najib Akesbi sagt, dass die von der Weltbank geförderten Staudämme zu extremen Ungleichheiten geführt haben. Die Weltbank selbst räumt ein: »Mehr als 70 Prozent der staatlichen Investitionen in die Landwirtschaft werden für große Bewässerungssysteme eingesetzt, die vor allem den reicheren Bauern und den größten Landwirtschaftsbetrieben Vorteile bringen.« Tausende Kleinbauern bewirtschaften ihre Felder weiterhin nach den althergebrachten Methoden. Ihre Grundstücke sind bour (ohne Bewässerung), und einen Kredit werden sie nicht bekommen.

Auf dem Index der menschlichen Entwicklung (HDI) der UNO von 2010 steht Marokko auf Rang 116 von 169. Eine Reise durch die ländlichen Gebiete zeigt, woran es

dern nur unsere Rechte ein: Sozialversicherung, Lohnabrechnung, bezahlte Überstunden, medizinische Versorgung. Aber das Unternehmen schließt immer wieder die einzelnen Plantagen und macht dann woanders welche auf, mit neuen Arbeitern.« Die UMT beklagt auch, dass die geschlossenen Vereinbarungen nicht eingehalten werden. Am französischen Firmensitz in Châteaurenard (Bouches-du-Rhône) will man sich dazu nicht äußern.

Das in Marokko seit 2004 geltende Arbeitsrecht weist genügend Lücken auf, um streikende Arbeiter wegen »Arbeitsverweigerung« entlassen zu können. Auch auf den königlichen Landgütern[3] von Chtouka gab es unter Vorwänden Entlassungen – »um die organisierten Arbeiter loszuwerden«, wie die Gewerkschafter sagen.

In Biougra kam es nach Angaben der marokkanischen Menschenrechtsorganisation AMDH zu Vergewaltigun-

Eine Reise durch die ländlichen Gebiete zeigt, woran es überall fehlt: am Zugang zu sau-

überall fehlt: am Zugang zu sauberem Wasser, an der Gesundheitsversorgung und an Bildung – vor allem für die Frauen. Die 12-jährige Khadija, Kabiras Nachbarin, hat es auf den Mandarinenplantagen versucht. »Normalerweise wird man alle zwei Wochen bezahlt. Aber ich arbeite jetzt schon zwei Monate da und habe erst einmal Lohn bekommen.« Ihre 16-jährige Freundin Thouraya ist schon anderthalb Jahre bei demselben Betrieb, ohne irgendeine Form von Arbeitsvertrag. Kabira bekommt zwar wie alle gemeldeten Beschäftigten Post von der Sozialversicherung, aber von sieben Arbeitsjahren wurden ihr lediglich drei Monate angerechnet.

Nach Auskunft von Lahoucine Boulberj, dem Leiter der regionalen Landwirtschaftsabteilung der Gewerkschaft UMT, »sind nur 15 000 der 70 000 Landarbeiter in der Region [davon 70 Prozent Frauen, d. Red.] beim Arbeitsamt angemeldet. Außerdem geben viele Arbeitgeber falsche Zahlen über geleistete Arbeitsstunden an.« Es gibt ein riesiges Reservoir an Arbeitskräften, für die keine Sozialversicherung bezahlt wird, kein Urlaub, keine Krankheitszeiten und auch keine Krankenversicherung. »Sehen wir uns nur die Berufskrankheiten an, verursacht durch den Einsatz von Pestiziden«, sagt Gewerkschafter Boulberj. »Der unmäßige Einsatz hochgiftiger Stoffe ist hier gang und gäbe. Wenn ein Arbeiter krank wird, dann sagt ihm der Chef, er solle wiederkommen, wenn es ihm besser geht. Wenn ihm das nicht passt, wird er entlassen.«

Die französisch-marokkanische Unternehmensgruppe Soprofel (Société de Production des Fruits et Légumes), einer der größten Arbeitgeber in der Region, exportiert die hier angebauten Tomaten unter dem Markennamen »Idyl«. »Eine Gewerkschaftsvertretung haben sie zwar zugelassen«, erzählen die Gewerkschafter der UMT und der Confédération Démocratique du Travail (CDT), »aber die Geschäftsleitung hat sie mit ihren Leuten besetzt.« Dennoch kam es im Jahr 2008 auf mehreren Soprofel-Plantagen zu Streiks und Sitzblockaden. »Wir for-

gen von Arbeiterinnen. Die AMDH-Vizevorsitzende Fatifa Sakr ist Hebamme. Sie sorgt sich vor allem um die Frauen, die allein oder mit ihren Kindern aus den entlegenen Dörfern des Mittleren Atlas kommen. »Es gibt keine Sozialwohnungen für Arbeiter«, sagt sie, »einige Unternehmen bieten nur sehr primitive Unterkünfte auf ihren Plantagen an.« Im Dorf Laarab, in der Landgemeinde Ait Amira, wohnen die Arbeiter in notdürftig zusammengehauenen Hütten. Das ungeschützte Grundstück ist eine wilde Müllhalde, Kriminalität und Drogenkonsum haben hier beängstigende Ausmaße angenommen.

Von der staubigen Piste, die in den Slum führt, fällt der Blick auf eine zerstörte Landschaft. Verfallene Gewächshäuser, verdorrte Arganbäume, der Boden trocken und rissig – die Plantage wird nicht mehr bewirtschaftet. In El Guerdane hat man von 1995 bis 2002 auf fast 3000 Hektar Obstbäume aufgegeben oder abgeholzt, weil es nicht mehr genug Wasser gab. Um die verbliebenen Zitrusplantagen zu retten, wird nun eine 90 Kilometer lange Leitung gebaut, die Wasser aus dem Stausee von Aoulouz einleitet. Die Rohre führen vorbei an den vertrockneten Feldern der Bauern.

Bei den Lohnkosten können die Plantagenbesitzer gut sparen, der größte Ausgabenposten ist die Bewässerung. »Inzwischen wird das Wasser aus mehr als 200 Metern Tiefe gefördert«, berichtet Abdelkrim Azenfar, der die Regionalbehörde für Wasser- und Forstwirtschaft in Marokkos Südwesten leitet. »Dadurch sinkt der Grundwasserspiegel jährlich um fast drei Meter. Die Region verliert mittlerweile 240 Millionen Kubikmeter im Jahr.« Azenfar kritisiert, dass sich die Unternehmen keine Gedanken um die Zukunft des Landes machen. Sobald ein Gebiet verkarstet ist, ziehen sie weiter Richtung Süden, auf der Suche nach der maximalen Sonneneinstrahlung: In der Westsahara, in Goulimine und Dakhla, liegen heute die besten Anbaugebiete für Tomaten – in Gewächshäusern und ohne natürlichen Boden.

[3] Die Güter der königlichen Familie gehören zu den größten Erzeugern. Über diesen ererbten Besitz ist wenig bekannt, die Wochenzeitung *TelQuel* vom 12. Dezember 2008 (www.telquel-online.com) schätzte die bewirtschaftete Fläche auf über 12 000 Hektar, die Zahl der Beschäftigten auf 2000 und den Jahresumsatz auf 150 Millionen Dollar.

In diesem Wüstengebiet ist außer Soprofel ein weiteres französisch-marokkanisches Unternehmen aktiv: Azura unterhält in Dakhla 2 Plantagen – und 25 in Agadir, der Regionalhauptstadt von Souss-Massa-Draâ. Das Unternehmen, dessen Produkte von Disma International (Perpignan) vertrieben werden, rühmt sich gern seiner neuartigen Methode der natürlichen Schädlingsbekämpfung mithilfe von Insekten. Doch über die Wasserfrage verliert man auch hier kein Wort.

Eine Studie der Behörde für Wasser- und Forstwirtschaft hat bereits 2006 festgestellt, welch gravierende Folgen die extensive Plantagenwirtschaft auf die Arganwälder hat: »Veränderung der Sozialstruktur als Folge der profitorientierten Landwirtschaft, die den Investoren nützt und die der örtlichen Bevölkerung schadet; Baumsterben durch Bodenerosion; Abreißen der Wasserzufuhr.«[4] Benhammou Bouzemouri, der die Behörde für Forstwirtschaft leitet, weiß zu berichten, dass 25 bis 45 Prozent des Familieneinkommens der ansässigen Bauern mit den Arganbäumen erwirtschaftet wird.[5] Bouzemouri macht sich aber nicht nur Sorgen wegen der wasserintensiven Landwirtschaft, sondern auch wegen des weltweiten Erfolgs der aus den Arganmandeln hergestellten Ölprodukte. Auch dadurch sind die Wälder bedroht: »Langfristig müssen wir mit einer völligen Versteppung rechnen.«

Die erfolgreiche Vermarktung des Arganöls könnte aber auch zur Entwicklung einer alternativen Wirtschaftsform in der Souss-Region beitragen: Immerhin gibt es bereits mehr als hundert Erzeugerkooperativen, in denen etwa 4000 Frauen arbeiten. Die ersten Frauenkooperativen zur Gewinnung des Arganöls entstanden Ende der 1990er Jahre. Traditionell erfolgte die Verarbeitung in den Bauernfamilien: Die kleinen gelben Früchte werden wegen der starken Dornen nicht gepflückt, sondern vom Boden aufgelesen und getrocknet. In Handarbeit wird das Fruchtfleisch entfernt, der sehr harte Kern herausgelöst und zwischen zwei Steinen aufgeschlagen. In jedem Kern stecken bis zu drei ölhaltige Mandeln. Seit Jahrhunderten wird das so gemacht. Die Bäuerinnen der Souss-Ebene können auf diese Weise allerdings nicht mehr als ein Kilo Mandeln pro Tag verarbeiten. Um einen Liter Öl zu gewinnen, müssen zweieinhalb Kilo Arganmandeln ausgepresst werden.

Vor etwa fünf Jahren kam das Arganöl auf den internationalen Märkten groß heraus. Gourmetköche schwören auf das Aroma des Arganöls, das auch als Geheimtipp für die Herstellung von Kosmetika gilt. Die Biochemikerin Zoubida Charrouf von der Universität Rabat leistete mit ihren Forschungen über die nährstoffreiche Substanz seit den 1980er-Jahren einen wesentlichen Beitrag zu ihrer späteren Verbreitung. Zuvor war das Arganöl kaum über die Grenzen der Souss-Region hinaus bekannt. Die Wissenschaftlerin interessierte sich aber nicht nur für dessen biochemische Beschaffenheit, sie unterstützte auch von Anfang an die Gründung der Frauenkooperativen. »Die großen Forschungslabore haben sich später gern damit geschmückt, dass sie den Berberfrauen Arbeit und Würde verliehen haben«, bemerkt Zoubida Charrouf mit ironischem Unterton.

In den folgenden Jahren mischten immer mehr Zwischenhändler mit; marokkanische und europäische Firmen richteten in Casablanca und Marrakesch kleine Produktionsstätten oder auch richtige Fabriken ein, in denen die Arganfrüchte maschinell für den Export verarbeitet wurden. Wichtigster Abnehmer in Europa, den USA, Japan und Kanada ist die Kosmetikindustrie – eine wachsende Palette aufwendig beworbener Arganölprodukte füllt inzwischen selbst die Drogerieabteilungen der Kaufhäuser.

Allerdings wurde bisher noch nicht die Maschine erfunden, die den Argankern kunstgerecht knackt. Deshalb beziehen die meisten Unternehmen für eine lächerliche Summe die Mandeln tonnenweise bei den Großhändlern, die sie wiederum den Bäuerinnen der Souss-Region abkaufen, wohl wissend, dass diese nicht in der Position sind, über den wahren Wert ihrer Arbeit zu verhandeln. In den Kooperativen hingegen verdienen die Frauen wenigstens 4 Euro am Tag; sie könnten an Alphabetisierungskursen teilnehmen, die Kinderbetreuung sei gesichert, und teilweise gebe es auch eine Gewinnbeteiligung, berichtet Taraabt Rachmain, Vorsitzende des Nationalen Verbands der Argan-Kooperativen (Anca).

Die meisten der 42 Kooperativen, die sich in der Anca zusammengeschlossen haben, konnten sich, mit europäischer Unterstützung, inzwischen elektrisch betriebene Ölpressen anschaffen. Doch im Preiskrieg, den sich die großen Firmen liefern, können sie nicht mithalten: Der Erzeugerpreis für einen Liter Öl – nur gerechnet die Material- und Lohnkosten – liegt in den Kooperativen bei mindestens 18 Euro. In marokkanischen Supermärkten bieten die großen Hersteller den Liter schon zum Schleuderpreis von 20 Euro an. Und in Europa können sie das Acht- bis Zehnfache verlangen.

Der französische Unternehmer Benoît Robinne führt eine der erfolgreichsten Firmen der Branche. »Wir beschäftigen 2000 bis 3000 Heimarbeiterinnen in den Dörfern der Souss-Ebene«, erklärt er. »Sie erhalten von uns die Früchte in Säcken, und wir zahlen ihnen 5,30 Euro pro Kilo [also einen Tageslohn!] für das Aufbrechen.« Allerdings wurde Robinne von einem Team des französischen Fernsehmagazins *Envoyé spécial*[6] schon einmal dabei gefilmt, wie er in einem marokkanischen Geschäftsviertel, einem Souk, große Mengen Arganmandeln aufkaufte – in Begleitung eines Mitarbeiters, der den Geldkoffer trug. Sein Betrieb Absim stelle monatlich 8000 bis 12 000 Liter Öl her, sagt die Geschäftsführerin der Fabrik

[4] Diréction du développement forestier, »Elements de stratégie pour le développement de l'argeneraie«, Rabat, Januar 2006.
[5] Benhammou Bouzemouri, »Problématique de la conservation et du développement de l'argeneraie«, Beitrag zum internationalen Kolloqium der Vereinigung Ibn-al Baytar über die Arganbaum-Wirtschaft, 27./28. April 2007.
[6] Céline Destève und Cédric Fouré, »L'huile d'argan. Le nouvel or du Maroc«, France 2, 10. Januar 2008.

in Casablanca. Eine Arbeiterin in der Kooperative schafft im Monat gerade einmal 15 Liter.

Die große Nachfrage bedroht zunehmend den Bestand des 820 000 Hektar umfassenden Arganwalds, der 1998 von der UN-Erziehungs-, Wissenschafts- und Kulturorganisation (Unesco) zum »Biosphärenreservat« erklärt wurde. »Die Arganfrüchte wurden vollständig abgeerntet, so dass sich der Wald nicht mehr regenerieren kann«, warnt Abdelkrim Azenfar von der Forstwirtschaftsbehörde. »Es wurde sogar schon beobachtet, dass die Leute die Früchte von den Ästen schlagen. So schädigt man die Bäume und zerstört die nächste Blüte.« Zudem war es in den letzten Jahren dermaßen trocken, dass die Bäume im Sommer 2008 fast keinen Ertrag brachten.

Innerhalb von zwei Monaten verdoppelte sich der Preis für den knappen Rohstoff. Händler horteten die Früchte, die Firmen hatten Lieferschwierigkeiten – ein lukratives Geschäft für die Spekulanten. »Einige Kooperativen mussten den Betrieb einstellen, weil sie kein Geld hatten, um Früchte einzukaufen«, berichtet Anca-Präsidentin Taraabt Rachmain. Langfristig wird sich die Lage verschlechtern: Zwar gibt es Programme zur Neuanpflanzung, aber ein Arganbaum trägt erst nach zehn Jahren – und jährlich schwindet der Wald um etwa 600 Hektar. Gegenwärtig sind 7000 Hektar neu mit Bäumen bepflanzt worden – auf Feldern und in Gewächshäusern. Doch zwischen den Jahren 2006 und 2007 hatte man schon allein 9 000 Hektar für Wohnsiedlungen oder Tourismusprojekte geopfert.[7]

Das marokkanische Landwirtschaftsministerium bemüht sich durchaus darum, dieses landestypische Erzeugnis zu schützen. So soll eine geschützte Herkunfts-

7 »Revue d'activités 2006-2007«, Direction régionale des Eaux et Forêts du Sud-Ouest, Agadir, 2008.

Abkommen gegen Kleinbauern

Marokko schloss 1996 im Rahmen der Europa-Mittelmeer-Konferenz (Barcelona-Prozess) ein Assoziationsabkommen mit der Europäischen Union. Offiziell beruht der im Jahr 2000 in Kraft getretene Vertrag, wie alle Europa-Mittelmeer-Abkommen, auf dem Prinzip der »Gegenseitigkeit«: Marokkanische Industrieerzeugnisse können ungehindert auf den europäischen Markt gebracht werden, Marokko verpflichtet sich im Gegenzug, die Zollschranken für europäische Industrieprodukte abzubauen.

Nachdem die erste Runde der bilateralen Verhandlungen abgeschlossen war, erklärte Bruno Dethomas, damals Delegationsleiter der Europäischen Kommission: »Die Unterzeichnung des Vertrags über die Dienstleistungen wird uns einen großen Schritt weiterbringen.« Bis 2012 soll die Freihandelszone zwischen der EU und Marokko eingerichtet sein. Landwirtschaftliche Produkte aus Marokko sind in Europa derzeit zwar entweder gar nicht oder nur geringfügig zollpflichtig und die Einfuhrpreise sehr niedrig, doch der gesamte Import ist kontingentiert und an strikte Zeitpläne gebunden. »Bei den Industrieprodukten wird das Prinzip der Gegenseitigkeit durchgesetzt, aber bei den Agrarerzeugnissen gelten weiterhin Ausnahmeregelungen«, sagt Najib Akesbi, Professor für Wirtschaftswissenschaften am Institut für Landwirtschaft und Veterinärmedizin. »Anders ausgedrückt: Freihandel gibt es, wenn Marokko kaum Chancen gegen die europäische Konkurrenz hat, und Protektionismus gibt es für exakt die Branchen, in denen wir wettbewerbsfähig wären.«

Mit den USA hat Marokko ein Abkommen geschlossen, das keinerlei Handelsschranken vorsieht, auch nicht im Bereich der Landwirtschaft. Im Januar 2005 wurde es ratifiziert, und seitdem läuft der Countdown: Schritt für Schritt soll sich der marokkanische Markt für die billigen (weil subventionierten) Produkte aus den USA öffnen. Dreizehn Monate war über den Vertrag verhandelt worden – unter Ausschluss der Öffentlichkeit, auch das Parlament wurde nicht einbezogen. Als Bürgerinitiativen zu einer Kundgebung aufriefen, um ihr »Recht auf Information« einzuklagen, schickte der Staat seine Sicherheitskräfte.

Mit der Hinwendung zum Freihandel läuft das Land Gefahr, von Nahrungsmittelimporten abhängig zu werden – und damit vor allem seinen Kleinbauern zu schaden. So gut wie sicher ist, dass die kleinen Erzeuger beim Getreideanbau keine Chance gegen die US-amerikanische und europäische Konkurrenz haben. Landwirtschaftsminister Aziz Akhannouch setzt ohnehin auf Exportprodukte wie Tomaten und Erdbeeren. Das geht aus seinem im April 2008 vorgestellten Plan »Grünes Marokko« hervor, der die Agrarpolitik des Landes für die nächsten zehn Jahre festlegt.

Im ersten Abschnitt dieses Plans geht es um den »Aufbau eines modernen Agrarsektors«, mit dem Ziel, »eine Landwirtschaft mit hohem Mehrwert, hoher Produktivität zu entwickeln«. Als Hemmschuh gilt dabei der Mangel an geeigneter Anbaufläche, wegen der kleinteiligen Parzellierung des Ackerlands. Dem soll durch ein System der vertraglichen »Anbindung« kleiner und mittlerer Betriebe an ein »leistungsfähiges Unternehmen« begegnet werden. Najib Akesbi hat den Eindruck, dass man mit diesem »innovativen« System eher feudale Abhängigkeitsverhältnisse wiederherstellt.

Im zweiten Teil des Plans wird den Kleinbetrieben immerhin Unterstützung versprochen. Doch für dieses Programm soll nur ein Siebtel der gesamten Mittel ausgegeben werden. Wahrscheinlich geht es nur um soziale Hilfsmaßnahmen, damit sich die sehr kleinen Bauernhöfe, die 70 Prozent der Landwirtschaftsbetriebe ausmachen, noch eine Weile über Wasser halten können. Und überhaupt, das Wasser: Für die Verwaltung dieser knappen Ressource schlägt der Grüne Plan eine Privatisierung vor – die Betreiber großer bewässerter Plantagen übernehmen die Versorgung in eigener Regie.

Erstmals erschienen in *Le Monde diplomatique* vom Mai 2009.

angabe für Arganöl dazu beitragen, die Region am Gewinn zu beteiligen. Aber das ist nicht so einfach: Welcher Produktname soll geschützt werden? »Natürlich Argan – so heißt das Öl in unserer Sprache«, meinen die Frauen in den Kooperativen. Leider hat sich das französische Pharmaunternehmen Pierre Fabre diesen Namen bereits in den 1980er Jahren für eine auf Arganöl basierende Gesichtscreme eintragen lassen. In der Souss-Region mag man empört sein, Pierre Fabre Pharma sieht aber keinen Anlass, sich über seine »Marke« Gedanken zu machen.

Außerdem scheint es bislang nicht so, als könne eine Marke die bestehenden Kooperativen, die mit traditionellen Methoden oder wenigen Maschinen arbeiten, vor der mächtigeren Konkurrenz schützen: Dort steht man schon in intensiven Verhandlungen über das »Leistungsverzeichnis« des zu registrierenden Produkts, und natürlich finden Investoren und Exportfirmen beim Landwirtschaftsminister mehr Gehör als die Kleinbetriebe aus dem Argananbau.

Die Installation von wassersparenden Berieselungsanlagen im Gemüseanbau wird mit erheblichen Mitteln subventioniert, und ebenso erhalten die Unternehmen, die Arganöl außerhalb der Waldgebiete erzeugen, jede Unterstützung, um in der »Herkunftsregion« des neuen geschützten Produkts einen Firmenstandort zu finden. Die staatlichen Finanzhilfen für die Kooperativen dienen dagegen weniger der Gründung neuer Betriebe als lediglich der Unterstützung schon bestehender und kaum lebensfähiger Einrichtungen.

Die Kooperative Okhowa in Taroudant hat zum Beispiel kurz nach ihrer Gründung weder Finanzhilfen noch Maschinen vom Staat erhalten. Malika, eine junge Bäuerin, deren Hof in einem der Stauseen bei Aoulouz untergegangen ist, kann sich nur auf die Motivation und Solidarität ihrer etwa dreißig Mitstreiterinnen verlassen. »Wir haben es einfach satt, auf den großen Plantagen zu arbeiten«, sagen die meisten von ihnen. Auch die Frauen von der »Gewerkschaft der armen Bauern von Aoulouz« würden gern eine Kooperative aufmachen, doch es fehlt am Geld. Und sie fragen sich, was sie stattdessen tun sollen. Vielleicht Ziegen hüten? Das Vordringen der Wüste hat die Nomaden aus dem Süden mit ihren Herden schon bis in die ohnehin überweideten Arganwälder getrieben.

Seit jeher waren die Berber in Souss-Massa-Draâ Selbstversorger. Sie lebten von Ackerbau und Viehzucht und von den Arganbäumen. Doch diese regionale Agrarwirtschaft ist vom Aussterben bedroht, genauso wie die Kulturtradition der Berber. Kabira drückt ihre Besorgnis in einer Geste aus, die einen Flieger nach Europa darstellt, und ruft dazu: »Ici, walou!« Hier gibt es nichts. ●

Aus dem Französischen von Edgar Peinelt

Erstmals erschienen in *Le Monde diplomatique* vom Mai 2009.

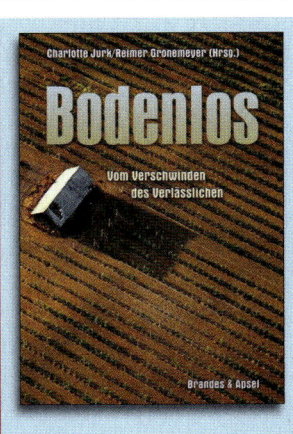

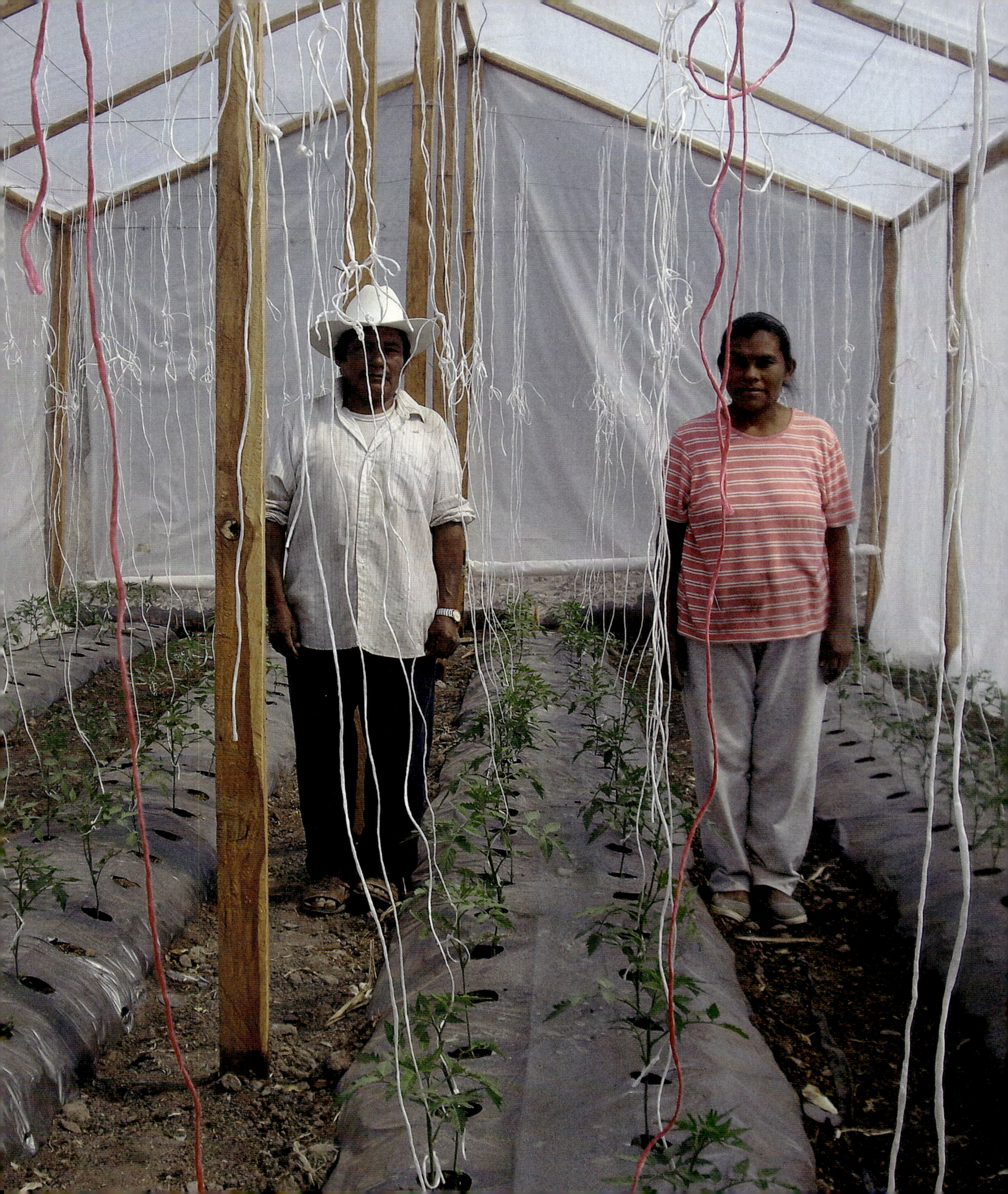

Billigmais für Mexico

Das Nordamerikanische Freihandelsabkommen Nafta hat die mexikanische Landwirtschaft den Dumpingimporten aus den USA ausgeliefert. Millionen Arbeitsplätze gingen verloren. Ein Lehrstück über Freihandel im Agrarsektor

Von Anne Vigna Die Autorin ist Journalistin in Mexiko.

Erster Januar 2008, null Uhr. Ein Riesentransparent mit der Parole »Sin maíz no hay país« (Ohne Mais kein Heimatland), darunter eine Menschenkette mexikanischer Bauern. Wir sind in Ciudad Juárez, einer Grenzstadt zu den USA. Es ist der Jahrestag des Nordamerikanischen Freihandelsabkommens (Nafta) zwischen Kanada, den USA und Mexiko, das am 1. Januar 1994 in Kraft trat. Die Bauern protestieren gegen die totale Liberalisierung des Agrarmarkts, die heute, mit Beginn des Jahres 2008, in Kraft tritt. Künftig gibt es keine Zölle mehr auf Mais, Bohnen, Zucker und Milchpulver – mexikanische Grundnahrungsmittel.

In vielen Städten fordert die Bevölkerung, die Bedingungen des Nafta zu verhandeln. Für die Landwirtschaftsverbände ist das Ergebnis des Abkommens eindeutig: »Zwei Millionen Arbeitsplätze in der Landwirtschaft wurden vernichtet, zwei Millionen Hektar Ackerland liegen brach und acht Millionen mexikanische Bauern sind gezwungen, in die USA auszuwandern«, resümiert Victor Suárez, Direktor der Organisation der landwirtschaftlichen Unternehmen. Die US-Wissenschaftlerin Laura Carlsen drückt es in anderen Zahlen aus: »Pro Stunde importiert Mexiko Nahrungsmittel für 1,5 Millionen Dollar, in der gleichen Zeit wandern dreißig mexikanische Bauern in die USA aus.«[1]

Die Abschaffung der Handelsschranken für Agrarprodukte hat die abgrundtiefe Ungleichheit zwischen den beteiligten Staaten verschärft. Carlos Salazar erklärt für die mexikanischen Maisproduzenten: »Wir haben 27 Millionen Hektar Anbaufläche, die USA dagegen 179 Millionen.[2] An Subventionen bekommt ein mexikanischer Bauer 700 Dollar, einer in den USA 21 000 Dollar. Der Ertrag pro Hektar liegt in den USA bei 8,4 Tonnen und in Kanada bei 7,2 Tonnen, in Mexiko hingegen bei 2,5 Tonnen.« Von der totalen Liberalisierung des Agrarhandels könnten bis zu 1 500 000 mexikanische Kleinbauern betroffen sein.

Eine Neuverhandlung des landwirtschaftlichen Teils von Nafta wäre juristisch möglich, steht dennoch nicht auf der Tagesordnung. Mexiko hat sich im Januar 2007 sogar geweigert, Kanada zu unterstützen, als die Regierung in Ottawa eine Klage gegen die US-amerikanischen Maissubventionen bei der WTO anstrengen wollte. Mexikos damaliger Landwirtschaftsminister Alberto Cárdenas tönte: »Der 1. Januar 2008 wird nicht viel ändern: 90 Prozent des Mais kommen schon jetzt zollfrei ins Land, und der internationale Getreidemarkt erlebt wegen der Nachfrage nach Ethanol einen anhaltenden Boom. Wir werden unsere Maisproduktion in den nächsten Jahren steigern, weil sich die Produktion wieder lohnt.«[3]

Die Worte des Ministers sollten Produzenten wie Konsumenten beruhigen. Es war gerade ein Jahr her, dass die »Tortillakrise« die Debatte über die Abhängigkeit des Landes vom US-Mais neu entfacht hatte. Wegen der 2006 um 14 Prozent gestiegenen Preise für Tortillas, dem Grundnahrungsmittel der Mexikaner, gingen damals die Hausfrauen auf die Straße.

Mais ist ein Spekulationsobjekt, und die großen Konzerne treiben die Preise durch Absprachen in die Höhe. Preistreibend wirkt auch, dass in den USA immer mehr Mais für die Kraftstoffproduktion angebaut wird, entsprechend weniger Mais steht als Nahrungsmittel zur Verfügung. Seit dem Inkrafttreten von Nafta hat der subventionierte Mais aus den USA in Mexiko die heimische Ware verdrängt. Die umfangreichen Importe trieben die Bauern in den Ruin. Und durch die hohen Tortillapreise droht Millionen von Mexikanern der Hunger. Die Proteste der Hausfrauen zwangen die Regierung, zusätzlich 600 000 Tonnen US-Mais zu importieren, einen Notfonds einzurichten und Preisobergrenzen festzusetzen.[4]

Seit 1994 hat Mexiko seine Getreideimporte verdreifacht. Sein Nahrungsmittelbedarf wird heute zu 40 Prozent durch Importe gedeckt: zu 60 Prozent beim Reis, zu 50 Prozent beim Weizen, zu 23 Prozent beim Mais und beinahe vollständig bei Soja. Nach Einschätzung von Armando Bartra, Experte für ländliche Entwicklung, ist Mexiko in jedem Fall von Grundstoffimporten abhängig, »wie hoch der Marktpreis auch sein mag«. Für diese Importe gibt das Land mehr als ein Drittel der durch seine Erdölexporte erlangten Devisen aus.[5] Mexiko wird aber auch mit fertigen Nahrungsmittelprodukten aus den USA überschwemmt. Eine der Folgen ist die Zunahme der Fettleibigkeit, unter der inzwischen 30 Prozent der Erwachsenen, also 44 Millionen Mexikaner, leiden. Dies verschlingt 21 Prozent des Gesundheitsbudgets.[6] In seiner Neujahrsansprache am 1. Januar 2008 leugnete Präsident Felipe Calderón diese Tatsache: »Für uns Verbraucher war Nafta von Nutzen: Wir haben mehr Auswahl, mehr Qualität, und das zu einem günstigeren Preis.«

Die Krise der mexikanischen Landwirtschaft wird inzwischen auch von der Weltbank benannt. Wissenschaftler weisen darauf hin, dass die auf die Landwirtschaft be-

---

1 Laura Carlsen, »NAFTA. Free Trade Myths Lead to Farm Failure in Mexico. Americas Program Policy Report«, Washington DC, Dezember 2007.

2 An der globalen Maisproduktion haben die USA mit 44 Prozent den Löwenanteil.

3 Interview mit dem Minister im Privatsender W Radio, 1. Januar 2008.

4 Von den 49 Millionen Armen leben 12,4 Millionen in extremer Armut. *Estadísticas de la pobreza en México*, Instituto Nacional Mexicano de Estadísticas, Geografía e Informática (Inegi), Mexiko, 2007.

5 José Romero und Alicia Puyana, *Evaluación integral de los impactos e instrumentación del capítulo agropecuario del Tlcan*, Secrataria de Economía, Mexiko 2006.

6 Statistik des Mexikanischen Instituts für Soziale Sicherheit (Instituto Méxicano del Seguro Social, IMSS), September 2007.

Kleinbauern aus San Juan Tamazola, einem Dorf im mexikanischen Bundesstaat Oaxaca.
BILDER: MILMER MARTINEZ VERGARA

zogenen Klauseln des Abkommens nicht eingehalten wurden – und zwar auf keiner Seite.

Auf mexikanischer Seite gibt man zu, dass die Regierung die Landwirtschaft in der Tat im Zuge der Verhandlungen »geopfert« habe. Das war eine wahrhaft kriminelle Entscheidung: 1994 lebte mehr als ein Drittel der Bevölkerung noch auf dem Lande. Aber darüber hinaus wurden Schutzmaßnahmen, die vierzehn Jahre lang für wesentliche Produkte wie Mais gelten sollten, von Mexiko niemals angewandt. Schon 1996 erlaubte Mexiko einseitig den zollfreien Import von US-Mais weit über die festgelegten Quoten hinaus. Und 2001 erlaubte der damalige Präsident Vicente Fox den Import des Süßstoffes Fructose aus den USA, obwohl die heimische Zuckerrohrindustrie in einer Krise steckte.

Aufseiten der USA hingegen versuchten Parlament und Regierung mit allen Mitteln, eine Reihe von Importverboten gegen mexikanische Produkte zu verhängen, was gegen das Abkommen wie gegen eigene Gesetze verstieß. Die Tomatenproduzenten aus dem westmexikanischen Bundesstaat Sinaloa mussten vier Jahre um die Genehmigung kämpfen, ihre Produkte in die USA zu exportieren, weil Washington Floridas Tomatenfarmer protegierte. Heute sind es die Avocadoproduzenten aus Michoacán in Zentralmexiko, die sich mit »Hygienebestimmungen« herumschlagen müssen, die einzig und allein geschaffen wurden, um die Konkurrenz aus dem Süden auszubremsen.

Die mexikanische Regierung hingegen hat die meisten Hilfsprogramme für ländliche Regionen eingestellt: Wie die Organisation für wirtschaftliche Zusammenarbeit und Entwicklung (OECD) ermittelt hat, wurde die Unterstützung für Erzeuger, gemessen an den Bruttoeinnahmen für Agrarprodukte, vom Zeitraum 1991 bis 1993 bis zum Zeitraum 2004 bis 2006 von 28 Prozent auf 14 Prozent gesenkt (und diese Subventionen flossen auch noch überwiegend an die größten Betriebe).[7] In derselben Zeitspanne verdoppelten die USA ihre Subventionen, vor allem die für Exportprodukte.

Das Institute for Agriculture and Trade Policy (IATP), ein internationales Forschungszentrum, das sich mit den Folgen der Liberalisierung auf dem Land befasst, untersuchte das Agrardumping der USA zwischen 1990 und 2001 bei fünf Produkten: Weizen wurde 43 Prozent unter den Herstellungskosten angeboten, bei Soja waren es 29 Prozent, bei Mais 31, bei Reis 22 und bei Baumwolle 59 Prozent.[8]

2002 protestierten mexikanische Bauernorganisationen vehement gegen das sogenannte Farm Bill der USA, jenes entscheidende Fördergesetz, das seit 1996 alle fünf Jahre erneuert wird. Sie protestierten, weil allein die US-Subventionen für Mais zehnmal höher lagen als das Gesamtbudget der mexikanischen Landwirtschaft. Dabei weiß man in Washington sehr wohl, dass die gesteigerten Maisexporte der Vereinigten Staaten von der Umwelt einen hohen Preis fordern, wie der Agrarexperte Timothy Wise von der Tufts University betont. Denn »die Produktion von Mais belastet die Umwelt extrem stark und verbraucht sehr viel Wasser. Zudem hat sie sich in Bundesstaaten entwickelt, die begrenzte Niederschlagsmengen haben, womit ein unhaltbar hoher Wasserkonsum erforderlich wird.«[9]

7 *Les politiques agricoles des pays de l'OCDE: suivi et évaluation,* Paris (OECD) 2007.
8 Siehe den Report »United States Dumping on World Agricultural Markets. The Institute for Agriculture and Trade Policy (IATP)«, Cancún 2004, S. 10.
9 Timothy A. Wise, *NAFTA: A Cautionary Tale, The Americas Program at the Interhemispheric Resource Center (IRC),* Silver City (Interhemispheric Resource Center) 2002.

Als Reaktion auf Kritiker hat der mexikanische Landwirtschaftsminister darauf verwiesen, dass die Maisproduktion des Landes zwischen 1994 und 2007 von 18,2 Millionen auf 23,7 Millionen Tonnen gestiegen sei. Außerdem habe Nafta den Mexikanern einen Absatzmarkt von 430 Millionen Verbrauchern erschlossen, auf dem sie »der wichtigste Lieferant von Früchten und Gemüse für die Vereinigten Staaten« geworden seien.[10]

Und es gibt sie wirklich, diese »Nafta-Gewinner«. Es sind die großen Farmbetriebe im Norden des Landes, die häufig US-amerikanischen Konzernen gehören und die ihre Landarbeiter unter schlimmsten Bedingungen arbeiten lassen. Der Reichtum der mexikanischen Landwirtschaft ist in den Händen von drei Prozent der Erzeuger konzentriert. Zudem verschweigt das Ministerium, dass zwischen 1995 und 2004 das landwirtschaftliche Bruttoinlandsprodukt Mexikos nur um 1,9 Prozent pro Jahr gestiegen ist. Das liegt deutlich unter dem Zuwachs der anderen Länder Lateinamerikas: Argentinien 2,6 Prozent, Bolivien 3 Prozent, Brasilien 3 Prozent, Peru 5,3 Prozent, Chile 4,5 Prozent. Und es ist auch geringer als das der mittelamerikanischen Nachbarn: Costa Rica 4,1 Prozent, Guatemala 2,8 Prozent, Honduras 2,1 Prozent.[11]

Doch das Wirtschaftsministerium wiegelt ab. Seiner Ansicht nach sollten die ökonomischen Beziehungen zwischen den USA und Mexiko nicht allein im Hinblick auf die Landwirtschaft beurteilt werden. »Wir haben mehr zu gewinnen, wenn wir uns in Nordamerika weiter integrieren. Andere Sektoren sind heute viel wichtiger als die Landwirtschaft. Und aufs Ganze gesehen ist die Bilanz von Nafta sehr positiv«, sagt James Salazar Salinas von der Abteilung Wirtschaftsverhandlungen im Ministerium. Die Nafta-Anhänger bestehen darauf, dass sich der Warenaustausch zwischen den Partnern dank des Abkommens deutlich intensiviert hat. Der bilaterale Handel zwischen Mexiko und den USA hat im Durchschnitt um mehr als zehn Prozent pro Jahr zugenommen. Mexiko ist zum drittwichtigsten Handelspartner der USA geworden und zum zweitgrößten Markt für US-Produkte. Der Austausch mit Kanada hat sich mehr als verdoppelt, ist aber immer noch ziemlich bescheiden. Das Abkommen hat auch die ausländischen Direktinvestitionen angeschoben. Zwischen 1994 und 2006 investierten US-Unternehmen 120 Milliarden Dollar in Mexiko, das sind mehr als 60 Prozent der im Land getätigten Investitionen.

Aber die bloßen Zahlen sagen nichts über die Realität, wie sie die Bevölkerung erlebt. Die Belebung der Wirtschaftsbeziehungen hat nicht die erhofften Arbeitsplätze geschaffen: Pro Jahr waren es im Durchschnitt nur 80 000, während 730 000 Mexikaner pro Jahr neu auf den Arbeitsmarkt drängen.[12] Zudem entstanden die meisten neuen Jobs in den so genannten Maquiladoras, wo lediglich aus den USA importierte Teile (für den Reexport) zusammengebaut werden. Sandra Polaski vom Carnegie Endowment for International Peace bezweifelt den Nutzen solcher Montagefabriken für den Arbeitsmarkt und konstatiert: »Die klassische liberale Theorie, derzufolge eine wirtschaftliche Öffnung das Angebot an Arbeitsplätzen in den Ländern steigert, in denen es reichlich Arbeitskräfte gibt, wurde glatt widerlegt.«[13]

Der Aufschwung dieser Maquiladoras, die seit den 1960er Jahren existieren, wurde durch Nafta beschleu-

10 Pressemitteilung des Landwirtschaftsministeriums, Mexiko, Dezember 2007.
11 *Indicateurs de l'alimentation et de l'agriculture, Amerique Latine,* FAO, Rom, November 2004.
12 Instituto Nacional de Estadísticas, Geografía e Informática de México (Inegi); Secretaria de Trabajo y Prevision Social (STPS), Encuesta Industrial Mensual, Servicio de Información y Estadística, Mexico.
13 »Leçons de l'Alena pour l'hémisphère«, Studie im Auftrag der Vereinten Nationen für die Konferenz über Handel und Entwicklung, São Paulo, Brasilien, Juni 2004.

nigt. Doch der zollfreie Import von Materialien sorgt dafür, dass es kaum positive Auswirkungen für die nationale Ökonomie und insbesondere für die Beschäftigung gibt, argumentiert Polaski: »Die Maquiladoras importieren heute 97 Prozent ihrer Materialien. Und dasselbe geschieht im klassischen Industriesektor, in dem die Produktion großenteils von importierten Teilen abhängt, die vor 1994 von mexikanischen Arbeitern hergestellt wurden.«

Seit 2001 verlieren die Maquiladoras an Dynamik. Das haben die Verfechter von Nafta etwas vorschnell dem »11.-September-Effekt« zugeschrieben. Doch die Weltbank geht davon aus, dass »sich der Nutzen, den Mexiko aus dem Freihandelsabkommen ziehen konnte, erschöpft hat« und dass »der Rückgang der Beschäftigung in den Maquiladoras sich noch verstärken wird«. Mit anderen Worten: Inzwischen haben sich andere Schwellenländer als rentablere Produktionsstätten erwiesen.

Nach Angaben der Weltbank liegt das Lohnniveau der Mexikaner viermal so hoch wie das der Chinesen. Mexiko war das erste »Niedriglohnland«, das ein Freihandelsabkommen mit den USA schloss. Aber nachdem Washington auch mit anderen Ländern solche Abkommen unterzeichnet hatte und neue Länder in die WTO aufgenommen wurden, haben sich die Vorteile dieses Vertrags verschlissen. Deshalb brauchte Mexiko am längsten, um den Bedingungen für den Beitritt Chinas zur WTO zuzustimmen. Denn die Aufnahme Chinas hat zu einer wilden Konkurrenz gerade in den Schlüsselsektoren der mexikanischen Exportindustrie geführt, in der Auto-, Textil- und Elektronikbranche. China hat Mexiko 2003 überholt und ist heute der zweitgrößte Exporteur in die Vereinigten Staaten.

Die mexikanischen Unternehmen mussten, um konkurrenzfähig zu bleiben, ihre Produktivität steigern. Aber das führte nicht etwa zu höheren Löhnen – und schon gar nicht zur Angleichung des mexikanischen Lohnniveaus an das der Vereinigten Staaten, wie es liberale Wirtschaftstheoretiker verheißen und die Nafta-Befürworter versprochen hatten. Die Einkommensungleichheiten innerhalb der USA, Kanadas oder Mexikos haben sich seit Unterzeichnung von Nafta verstärkt, und am deutlichsten in Mexiko. Hier ist im Vergleich zum Zeitraum 1984 bis 1994 das Einkommen nur für ein Zehntel der Haushalte gestiegen, während es für die übrigen 90 Prozent stagnierte oder sank. Die im Januar 2008 von der Regierung beschlossene Erhöhung des Mindestlohns erhöhte den Tageslohn um nur 2 Pesos (0,12 Euro) auf 51 Pesos (3,16 Euro). Das entspricht der Hälfte der Lebenshaltungskosten von 100 Pesos (6,20 Euro) pro Tag.

Seit der Agrarrevolution zu Beginn des 20. Jahrhunderts hat die mexikanische Verfassung ausländische Investitionen, vor allem den Erwerb von Grund und Boden stets streng begrenzt oder ganz untersagt. Unter den Bedingungen von Nafta darf ein ausländisches Unternehmen heute mexikanische Infrastrukturobjekte wie Flughäfen, Seehäfen, Autobahnen, Eisenbahnen oder Gasnetze sogar zu 100 Prozent erwerben. Nicht nur damit hat das Abkommen die mexikanische Landschaft radikal verändert. ◆

Aus dem Französischen von Manuela Lenzen

Erstmals erschienen in *Le Monde diplomatique* vom März 2008.

TAZ PANTER STIFTUNG

VOM WORT ZUR TAT

Die gemeinnützige taz Panter Stiftung fördert heute, was schon die taz stark gemacht hat: junge kritische JournalistInnen und das soziale und politische Engagement unabhängiger Initiativen.

taz.panterstiftung
➡ Weitere Infos unter:
www.taz.de/stiftung
Telefon | 030 - 25 90 22 13

Sie geben dem Journalismus Zukunft

Die 180 Talente, die sich in der taz Akademie bisher fortgebildet haben. 2012 finden vier Workshops statt.

Die vielen HeldInnen des Alltags, die der taz Panter Preis ehrt, weil sie mit ihren Initiativen die Gesellschaft ein Stück menschlicher machen.

Die 2000 StifterInnen & SpenderInnen, die mit ihrem Spendengeld die Stiftung arbeitsfähig gemacht haben.

Jetzt spenden und die Projekte unterstützen!

Spendenkonto:

➡ taz Panter Stiftung
Konto-Nr. 11 03 71 59 00

GLS Bank Bochum
Bankleitzahl 430 609 67

DIE SECHS FILME ZUM ATLAS DER GLOBALISIERUNG

Der Atlas der Globalisierung von Le Monde diplomatique ist das Standardwerk in Globalisierungsfragen. In sechs Kapiteln zeichnet er die großen ökonomischen und politischen Konfliktlinien nach. Zu jedem dieser sechs Kapitel hat Le Monde diplomatique einen Film ausgewählt.

1. *Der afrikanische Patient – Wunderheiler China?*
2. *Lachsfieber*
3. *Die Biosprit-Lüge*
4. *Ecumenopolis: Stadt ohne Grenzen*
5. *Toxic City – Deutscher Giftschrott für Ghana*
6. *Angriff aus dem Internet: Wie Online-Täter uns bedrohen*

DAS KOMBIANGEBOT:
gebundene Luxusausgabe des »Atlas der Globalisierung« mit CD-ROM plus DVD-Box »Le Monde diplomatique film«

für 50 € | (statt 63 €)

Bestellen auf: www.monde-diplomatique.de

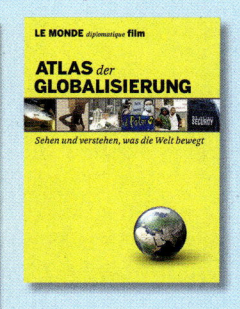

40 €, DVD-Box mit Poster,
Länge: 315 Min,
EAN 4031778161033

LE MONDE *diplomatique*
deutsche Ausgabe

Krabben aus Bangladesch

Der Preis für Tiefkühlshrimps vom Discounter ist hoch:
Die Aquakulturen vernichten Mangroven, Fischbestände und Ackerland.
Doch die Bauern, die ihren Boden verloren haben, wehren sich.

Von Cédric Gouverneur Journalist.

Wir befinden uns in der Region Khulna im Südwesten von Bangladesch. Das abgelegene Dorf Baro Ari verliert sich in den endlosen Windungen der Ganges-Arme. Sich bis hierher durchzuschlagen ist nicht einfach – aber die neoliberale Globalisierung hat es geschafft. Sie hat das einzige vermarktungsfähige Erzeugnis des Ortes ausfindig gemacht: die Krabbe. Im Jahr 2000 haben einflussreiche Leute dafür gesorgt, dass die Deiche der Polder geöffnet und die Felder der armen Bauern von Salzwasser überflutet wurden. Mit tatkräftiger Unterstützung einer korrupten Polizei ist es ihnen gelungen, die überschwemmten Böden in gewinnträchtige Krabbenzuchtbecken zu verwandeln.

»Wir haben nichts mehr«, sagt Suranjan Kumar. Seine Wangen sind hohl, die Unterernährung hinterlässt ihre Spuren. Die zwanzig Männer um ihn nicken. »Manchmal arbeiten wir als landwirtschaftliche Tagelöhner für 50 Takas (70 Cent) am Tag.« Das sind Bedingungen, die an Sklaverei erinnern: Der Bauer muss dem Grundherrn bis zu zwei Drittel seiner Ernte abliefern. »Das Salz hat alles zerfressen«, konstatiert Abu Sahid Gazhi, der elf Monate im Gefängnis war, weil er protestiert hatte, als man ihm sein Land wegnahm.

Die Krabbenzucht hat den Salzgehalt des Bodens drastisch erhöht, zum Teil auf das Fünffache. Oft werden die Zuchtbecken absichtlich schlecht eingedeicht, damit das Land ringsum unfruchtbar wird. Dann kann man die Bauern vertreiben und die Aquakultur noch weiter ausbreiten. »In der Gegend hier wächst nichts mehr. Die Preise steigen, alles ist teurer geworden. Das Vieh wird krank vom dem vielen Salz.«

Seit den 1980er-Jahren, als die Nachfrage nach Shrimps in den reichen Ländern in die Höhe schoss, produzieren Asien und Lateinamerika riesige Massen von Zuchtkrabben. Bangladesch ist der fünftgrößte Erzeuger der Welt. Hier sind mittlerweile rund 190 000 Hektar Mangroven und fruchtbares Land in Wasseranbaubecken umgewandelt, die jährlich 30 000 Tonnen Schalentiere liefern. Fast die gesamte Produktion wird in die Länder des Nordens exportiert: Da 80 Prozent der 143 Millionen Bangladescher nach UN-Angaben über weniger als 2 Euro pro Tag verfügen, können sie sich Krabben zu 10 Euro das Kilo kaum leisten. Aber dank der Exporte hat es Bangladesch geschafft, sich im Rahmen der Globalisierung auf dem Weltmarkt zu etablieren. Und nach der magischen Lehre vom Trickle-down-Effekt[1] müssten die dabei gemachten Gewinne theoretisch der ganzen Bevölkerung zugute kommen.

Aber hat die Aquakultur in Baro Ari tatsächlich Arbeitsplätze geschaffen? »Für die Arbeit in den Becken werden *mastaan*, Muskelprotze, aus Khulna geholt«, seufzt ein Bauer. »Damit wir überleben können, müssen unsere Kinder Krabbenlarven sammeln, die sie an die Zuchtfarmen verkaufen.« Auf jede gesammelte Krabbenlarve kommen hunderte Larven anderer Arten, die am Ufer liegen bleiben und eingehen. Die Artenvielfalt bricht zusammen. Wie die Fischer der Region berichten, sind die Fangquoten bereits um 80 Prozent zurückgegangen. Für die westlichen Feinschmecker, die diese Krabben essen, haben die Leute hier nur wütende Blicke übrig und geballte Fäuste. »Sie trinken unser Blut«, meint Kumar. »Wie viele Bangladescher sollen noch sterben, um die Weißen zu ernähren?« Nur die Vorstellung, dass es in Europa einen Krabbenboykott geben könnte, weckt hier noch schwache Hoffnungen.

Die Krabbe ist für Bangladesch eine ähnlich verheerende Attacke auf die Artenvielfalt, wie sie der Viktoriabarsch – der »Darwin'sche Alptraum« – für Tansania darstellt.[2] Nur dass die Krabbenzucht hier über das soziale und ökologische Desaster hinaus auch noch zu Mord und Totschlag führt: Seit 1980 sind über 150 Bangladescher ermordet worden, weil sie sich den Züchtern widersetzt haben.[3] Hinzu kommen die Tausenden von Toten, die 1991 im Südwesten des Landes dem Tsunami zum Opfer fielen. Nach einer Studie der britischen Nichtregierungsorganisation Environmental Justice Foundation (EJF) hatte ein Phänomen ähnlichen Ausmaßes noch im Jahre 1960 nicht ein einziges Todesopfer gefordert. Doch seitdem sind auf weiten Küstenstreifen die riesigen Mangroven, die in salzhaltigem Wasser wurzeln und als Puffer zwischen Mensch und Meer fungieren, zugunsten der Shrimps-Aquakultur abgeholzt worden.

Dennoch werden die Zuchtbecken sowohl von der Weltbank als auch von der UN-Organisation für Ernährung und Landwirtschaft (FAO) und der asiatischen Entwicklungsbank gefördert. Die US-amerikanische Behörde für internationale Entwicklung (USAID) hat sogar ein technisches Hilfsprogramm eingerichtet, um die Qualität der Krabben zu überwachen. Durch Seuchenbekämpfung versuchen diese Philanthropen, den Schalentiermarkt in Bangladesch, der heute einen jährlichen Umsatz von 292 Millionen Euro macht, noch weiter auszu-

---

[1] Der Trickle-down-Theorie zufolge, die von Walt W. Rostow für die Entwicklungsländer formuliert wurde, sickert der Reichtum der Eliten durch das Zusammenspiel von Investitionen und Konsum allmählich bis in die unteren Schichten der Gesellschaft durch.

[2] »Darwins Alptraum«, ein Dokumentarfilm des Österreichers Hubert Sauper, zeigt die verheerenden Folgen der Ansiedlung und kommerziellen Zucht des Nilbarschs im Victoriasee; Koproduktion von »Mille et une productions« (Paris), »Coop99« (Wien) und »Saga film« (Brüssel), 2004.

[3] In elf Ländern wurden Menschen getötet, die gegen die Krabbenzucht opponiert hatten: Bangladesch, Indien, Indonesien, Philippinen, Vietnam, Thailand, Brasilien, Ecuador, Mexiko, Guatemala und Honduras. Vgl. www.ejfoundation.org.

BILD: PAN XUNBIN

bauen. Ihr Nahziel besteht darin, innerhalb von fünf Jahren auf 1,25 Milliarden zu kommen.[4]

»Wohin fließt das Geld aus dem Außenhandel, und wer profitiert davon?«, fragte sich schon im Jahr 2000 Manik Chandra Saha, ein junger Journalist aus Khulna, wenn man gleichzeitig feststellen müsse, dass die Aquakultur hunderttausende seiner Landsleute ruiniert hat. Der kritische Journalist wurde im Januar 2004 von einer bewaffneten Gang ermordet, deren Spezialität es ist, ihre Todesschützen gegen das jeweils höchste Gebot zu vermieten. Allein in der Region Khulna wurden seit 1990 dreizehn Kollegen von Chandra Saha umgebracht. Eine Gewalt, die Bangladesch, wo theoretisch Pressefreiheit herrscht, zu einem der gefährlichsten Länder für Journalisten macht.

Die gewinnträchtigen Exporte aus Bangladesch kommen nur einer Minderheit zugute. Dennoch können westliche Unternehmen ihr Geschäft mit diesem Musterschüler des Weltwährungsfonds (IWF) betreiben, ohne dass Menschenrechtler sie allzu sehr an den Pranger stellen – wie es etwa im Fall des totalitären Nachbarstaats Myanmar (Birma) geschieht. Nijera Kori (NK), eine lokale Nichtregierungsorganisation mit mehreren hunderttausend Mitgliedern, will die politische Emanzipation stärken, die den Armen durch Bewusstwerdung dazu verhelfen soll, sich gegen die Unterdrückung zu wehren. Ihre lokalen Gruppen praktizieren die politische Willensbildung auf dem Weg der direkten Demokratie: Sie verteidigen jeden Quadratmeter gegen die expandierende Krabbenzucht, sie leisten Widerstand gegen die *mastaan*, sie widersetzen sich den Wucherern und legen mit Hilfe der Anwälte ihrer Organisation Einspruch bei den Gerichten ein.

Der wiedergefundene Stolz ist es auch, der die Bewegung der Landlosen antreibt. 67 Prozent der bangladeschischen Bauern sind ohne Land, während es 1971, zum Zeitpunkt der Unabhängigkeit, noch 31 Prozent waren. Die Konzentration der landwirtschaftlichen Nutzflächen in den Händen einiger weniger Grundbesitzer ist auf Verschuldung und Korruption zurückzuführen. Über Bestechungsgelder, die den Beamten in den Verwaltungsbehörden zugeschoben werden, reißen sich einflussreiche Persönlichkeiten die *khas* unter den Nagel, den staatlichen Grund und Boden, der für die Armen bestimmt ist. Die Bauern dagegen sehen sich gezwungen, als landwirtschaftliche Tagelöhner auf den Großgütern zu arbeiten oder in Elendsvierteln zu leben. Dabei würde eine Bodenreform, die für eine gerechtere Verteilung sorgt, jedem ein bisschen Land zuspricht und die Spitzeneinkommen kappt, nach Einschätzung der großen NGO Proshika nur 2 Milliarden Euro kosten.

»Die Weltbank hat offenbar Besseres zu tun, als mich anzuhören«, bedauert Qazi Faruque Ahmed, der Präsident von Proshika, der Anfang 2004 auf höhere Weisung

[4] *Financial Express,* Dhaka, 26. Juli 2004.

Fortsetzung auf Seite 87

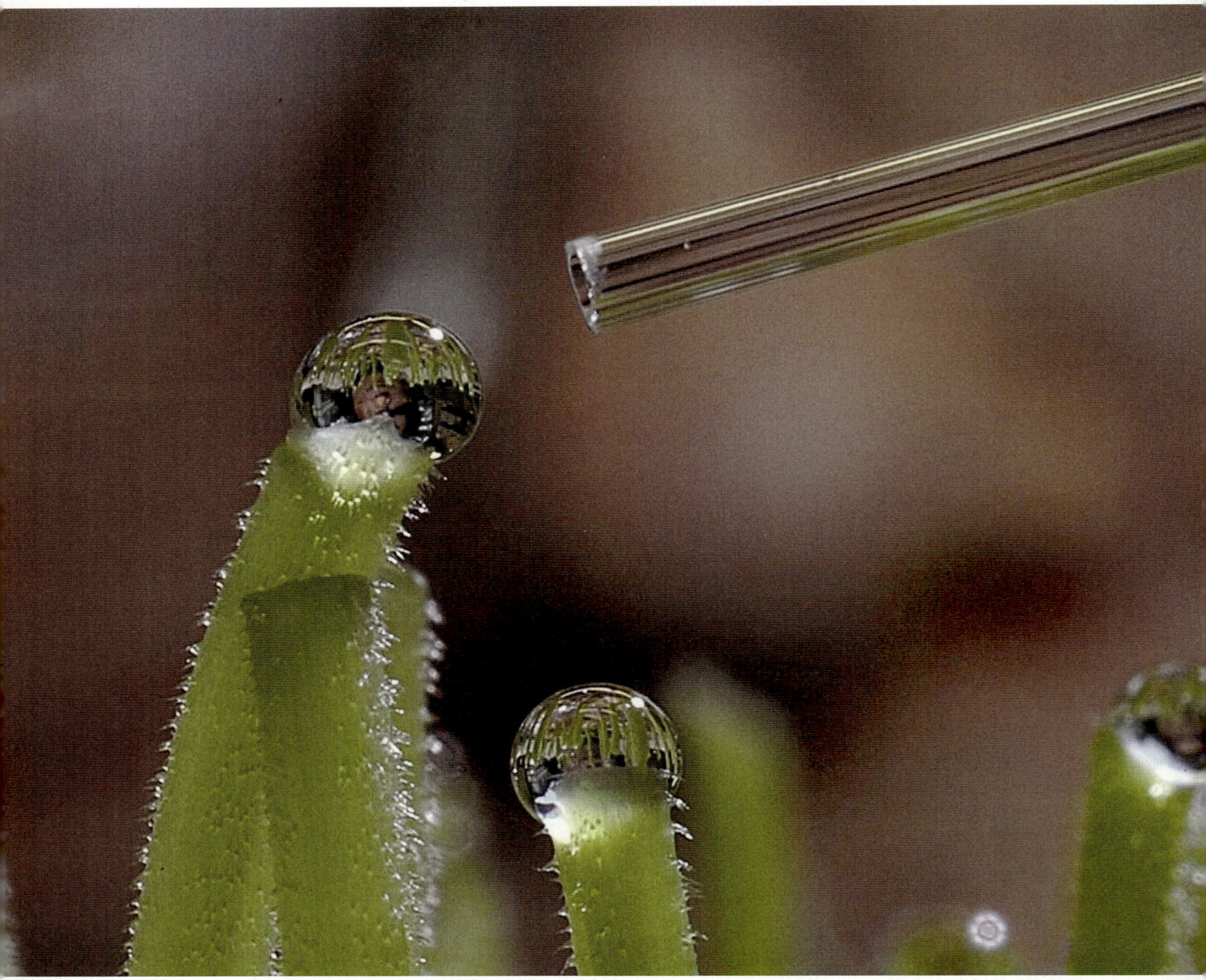

Das falsche Versprechen

Monsanto und Co behaupten, sie könnten mit ihren genetisch manipulierten Pflanzen das Welthungerproblem lösen. Dabei landen ihre Produkte hauptsächlich in Futtertrog, Tank und Kleiderschrank.

Von Toralf Staud Der Autor ist freier Journalist in Berlin.

Schmuck sieht sie aus, die Zeitungsannonce des Gentechnik-Riesen Monsanto: Ein grünes Blatt in Nahaufnahme ist da zu sehen, an dem ein Tropfen Wasser hinabrinnt. In großen Lettern prangt darüber die Frage: »Wie können wir mehr Lebensmittel aus einem Regentropfen pressen?« Im Kleingedruckten geht es um Bevölkerungswachstum und Niederschläge, die wegen des Klimawandels unregelmäßiger werden. Bauern bräuchten künftig »modernste wissenschaftsbasierte Werkzeuge« – damit meint Monsanto sein gentechnisch verändertes Saatgut. Der Konzern verspricht »signifikant höhere Ernteerträge« und weniger Wasserverbrauch. Am Schluss steht ein Slogan, an dem die Werber sicher lange getüftelt haben: »Mehr produzieren, mehr bewahren, das Leben von Bauern verbessern – das ist nachhaltige Landwirtschaft. Und das ist, worum es bei Monsanto geht.«

Vollmundige Versprechen sind so alt wie die Gentechnik. Einst kündigte die Industrie matschfreie Tomaten an oder Baumwolle mit blauen Fasern. Sie wollte Bananen so manipulieren, dass sie zum »essbaren Impfstoff« werden. Die Ernten sollten größer, die Chemie auf dem Acker weniger werden. Doch fast nichts davon wurde wahr. Trotzdem läuft in Industrie, Wissenschaft und Politik die Werbemaschine ungebremst weiter. Bundesentwicklungsminister Dirk Niebel (FDP) etwa schwadronierte immer wieder einmal davon, dass die »grüne Gentechnik« nötig sei, um das Hungerproblem zu lösen.

Mehr als fünfzehn Jahre nach Anbruch eines vermeintlich neuen Zeitalters ist die Bilanz ernüchternd: 1995 wurde in Kanada erstmals gentechnisch veränderter Raps ausgesät – heute hat die Technologie weltweit rund 150 Millionen Hektar erobert, was eindrucksvoll klingt, aber bloß zehn Prozent der globalen Ackerflächen ausmacht. Von größerer Bedeutung ist sie heute in nur sechs Staaten: Argentinien, Brasilien, China, Kanada, Indien und vor allem in den USA, wo bereits mehr als 80 Prozent aller Maispflanzen gentechnisch verändert sind. Im Rest der Welt aber, konstatiert die internationale Umweltorganisation Friends of the Earth (FoE) in einer Studie, gebe es »wenig Bewegung«. In Europa sind überhaupt nur zwei Gen-Pflanzen zugelassen. Und hier schrumpft die Anbaufläche seit Jahren sogar. Einzig in Spanien hat die Technologie mit knapp 80 000 Hektar eine relevante Verbreitung; in Osteuropa jedoch, wo die Gentechnik-Industrie nach dem Fall des Eisernen Vorhangs großes Potenzial sah, ist sie auf dem Rückzug. In Deutschland lag die Anbaufläche 2009 bei null Hektar, nachdem Agrarministerin Ilse Aigner (CSU) den Gen-Mais Mon810 verboten hatte. Nach langem Hickhack durfte die BASF 2010 auf winzigen 15 Hektar im mecklenburgischen Zepkow ihre Gen-Kartoffel Amflora pflanzen.

Am Hungerproblem, auf das Lobbyisten so gern verweisen, geht die Gentechnik bislang vorbei. Amflora beispielsweise soll lediglich bessere Rohstoffe für die Stärkeindustrie liefern. Auch die vier Feldfrüchte, bei denen Gentechnik bisher hauptsächlich zum Einsatz kommt, nämlich Soja, Mais, Raps und Baumwolle, landen nicht auf dem Teller, sondern im Futtertrog, Tank oder Kleiderschrank. All dem stehen nach Überzeugung der Kritiker große Risiken für Natur und Mensch gegenüber: Manipulierte Gene könnten sich unkontrolliert verbreiten.

Trotz Milliardeninvestitionen ist das bisherige Leistungsspektrum der Gentechnik sehr begrenzt: Bloß zwei Varianten manipulierter Pflanzen konnten sich auf dem Markt behaupten. Die einen sind resistent gegen Unkrautbekämpfungsmittel (herbizidtolerant) – beispielsweise gegen Glyphosat, das Monsanto unter der Marke Roundup vertreibt. Die anderen können sich durch ein eingepflanztes Bacillus-thuringiensis-Gen (kurz: Bt-Gen) gegen Fraßinsekten wehren.

Die eigentliche Zielgruppe der sechs großen Gentechnik-Unternehmen Monsanto, BASF, Syngenta, Bayer, Dow und DuPont/Pioneer sind also nicht Endverbraucher, sondern Bauern, denen weniger Arbeit versprochen wird. Die insektenresistenten oder herbizidtoleranten Sorten, so die Behauptung, bräuchten weniger oder nur noch mit einem Pflanzenschutzmittel besprüht werden. Das spare Chemie und schone die Umwelt. Der Haken: Inzwischen haben sich Insekten entwickelt, denen die Bt-Wirkstoffe nichts mehr anhaben können, eine Baumwollmotte in Indien beispielsweise. Dort verschulden sich die Bauern oft für die teuren Gen-Saaten – und sind ruiniert, wenn die Versprechen der Industrie platzen.

Vor allem in den USA haben Farmer mit immer mehr Unkräutern zu kämpfen, die resistent gegen Glyphosat sind. Die Konzerne reagieren mit neuer Gentechnik – für neue Herbizide. Potenziell ist das eine unendliche Spirale. Unterm Strich, so der Agronom Charles Benbrook, habe die Gentechnik in den USA den Herbizidverbrauch nachweislich erhöht. »Das sind halt Chemiefirmen, die mehr Chemie verkaufen wollen«, sagt Andrew Kimbrell vom Washingtoner Center for Food Safety nüchtern. In der Tat machen Firmen wie Syngenta oder Bayer Crop-

Im BASF-Agrarzentrum im rheinischen Limburgerhof werden neue Wirkstoffe für Pflanzenschutzmittel an jungen Gurkenpflanzen getestet.
BILD: BASF

Science deutlich mehr Umsatz mit Pflanzenschutzmitteln als mit Saatgut.

»Die Gentechnik hat wenig dazu beigetragen, Ernteerträge zu erhöhen«, räumt die Union of Concerned Scientists mit einem weiteren Mythos auf. Die US-Organisation legte 2009 eine – von der Industrie wütend zurückgewiesene – Analyse vor, derzufolge bei Gen-Soja und -Mais keine oder nur wenig bessere Ergebnisse zu verzeichnen seien. Die meisten Erntezuwächse, die es in den USA in den vergangenen fünfzehn Jahren gab, seien auf allgemeine Anbauverbesserungen und Fortschritte der traditionellen Sortenzüchtung zurückzuführen.

Monsanto & Co. brauchen neue Verheißungen. Da kommt der Klimawandel gerade recht. Für viele Regionen – die Uckermark ebenso wie große Teile Afrikas – prophezeien die Szenarien eine trockenere Zukunft. Bis Ende des Jahrhunderts, heißt es im letzten Bericht des Weltklimarats IPCC etwa über Afrika, würden dort die Möglichkeiten zum Getreideanbau »signifikant sinken«. Bis 2050 könne beispielsweise in Ägypten die Reisernte um 11 Prozent zurückgehen, die von Soja um 28 Prozent. »Gentechnik ist genau die Technologie, die nötig sein mag, um die Folgen der globalen Erwärmung zu kontern«, jubelt Keith Jones vom Lobbyverband Croplife International.

Nach eigenen Angaben sucht die Branche intensiv nach Pflanzen, die besser mit »abiotischem Stress« zurechtkommen – unter diesem Begriff verstehen Experten beispielsweise Hitze, Dürren oder Überflutung. Tatsächlich haben die Saatgut-Konzerne, wie eine Studie der kanadischen Entwicklungsorganisation ETC Group ergab, weltweit bereits mehr als 500 Patente auf »Klima-Gene« angemeldet, dank derer Pflanzen zum Beispiel längere Dürren überleben sollen. Doch der Zweck sei vor allem, sich möglicherweise lukrative Märkte zu sichern – die Forschung von öffentlichen oder gemeinnützigen Instituten werde dadurch eher behindert. »Der Schwerpunkt der Firmen liegt weiter auf dem profitablen Alt-Geschäft«, sagt Mathias Boysen, der gemeinsam mit anderen Wissenschaftlern für die Berlin-Brandenburgische Akademie der Wissenschaften die Entwicklung der Gentechnik analysiert hat. Er verweist auf eine Untersuchung, die im Januar 2010 im renommierten Journal *Nature Biotechnology* erschien. 33 neue Gen-Produkte standen demnach damals weltweit vor der Markteinführung – zwei Drittel davon sind weitere herbizidtolerante oder insektenresistente Bt-Pflanzen, bei nur einem einzigen Projekt geht es um »abiotische Stresstoleranz«. Mittelfristig sieht es kaum besser aus: Gerade einmal sechs von insgesamt siebzig Vorhaben drehen sich um Themen wie Dürre oder Hitze.

Ohnehin ist umstritten, ob Gentechnik gegen Klimaprobleme überhaupt hilft. Eine Pflanze so zu programmieren, dass sie beispielsweise mit weniger Wasser auskommt, erfordert tiefe Eingriffe in den Stoffwechsel. Anders als etwa bei Bt-Mais, wo die Manipulation eines einzigen Gens ausreicht, müssten für eine Dürretoleranz dutzende Gensequenzen angefasst werden. Doch jede einzelne von ihnen ist auch für andere Pflanzenmerkmale verantwortlich, eine Kaskade unbeabsichtigter Nebenwirkungen ist zu befürchten – am Ende hat man vielleicht einen Mais, der prima mit Trockenheit klarkommt, aber ungenießbar und daher nutzlos ist. Zudem ist unwahrscheinlich, dass Sorten mit einer künstlichen Eigenschaft viel nützen. Klimawandel bedeutet ja vor allem, dass Wetterextreme zunehmen. Künftig bräuchte es deshalb wohl vor allem robustere Pflanzen, die Regengüsse und Trockenphasen aushalten.

Das Internationale Maisforschungszentrum CIMMYT entwickelt seit Jahrzehnten dürretolerante Pflanzen – mit konventionellen Züchtungsmethoden hat es bereits zahlreiche Erfolge erzielt. Seit 2008 sucht das renommierte Institut nun auch mittels Gentechnik und in Kooperation mit Monsanto nach besseren Sorten. Die Stiftung von Microsoft-Gründer Bill Gates förderte das Projekt mit 42 Millionen Dollar. Kritiker sehen darin einen Versuch der Großindustrie, der umstrittenen Technologie in Afrika Akzeptanz zu verschaffen. Die Vize-Chefin von CIMMYT, Marianne Bänziger, weist das zurück. In der Tat wisse man nicht, ob der Einsatz von Gentechnik etwas bringt – »aber genau das wollen wir mit dem Projekt doch herausfinden!«. Jedenfalls sei das Hungerproblem auf dem Kontinent so groß und der Klimawandel werde so schlimm, »dass es unverantwortlich wäre, diesen Weg von vornherein auszuschließen«.

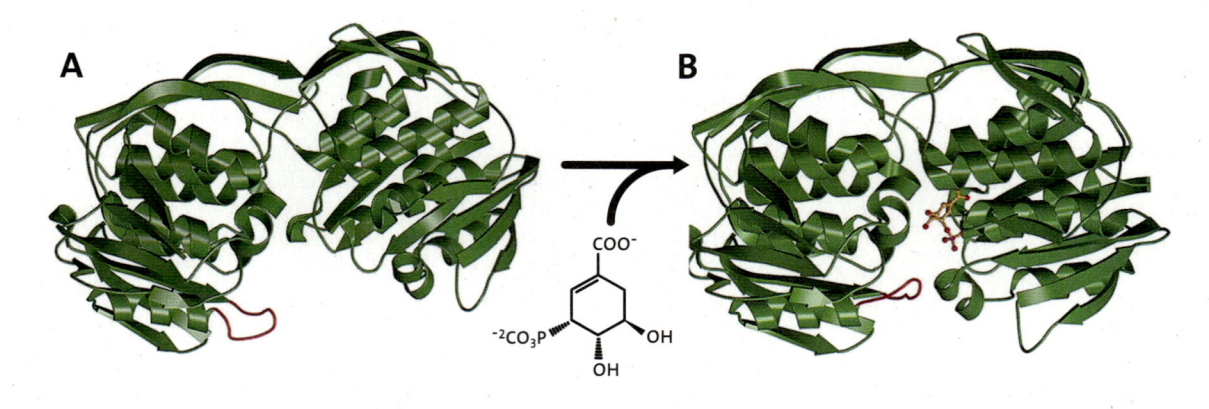

Modell des Enzyms CP4-EPSP-Synthase. Das Gen, das dieses Enzym kodiert, wird den gentechnisch veränderten Pflanzen, die gegen das Herbizid Glyphosat resistent sind, eingebaut. Der Konzern Monsanto vertreibt Glyphosat unter dem Handelsnamen Roundup.
BILD: PNAS

»Das Projekt ist unnötig«, sagt Gentechnik-Experte Christoph Then, der unter anderem Greenpeace berät. In Afrika gibt es bereits viele Sorten, die dürreresistent sind. »Unter dem Deckmantel der Philanthropie«, kritisiert das African Center for Biosafety, »wird von den wirklichen Ursachen des Hungers abgelenkt, etwa der global ungerechten Verteilung von Lebensmitteln.« Genmais gehe völlig an den Bedürfnissen der Kleinbauern vorbei und verdränge die traditionelle Sortenvielfalt, die in Zeiten des Klimawandels wichtiger sei denn je. »Die effektivste Hilfe wäre eine Förderung ökologischer Anbaumethoden«, so die südafrikanische Organisation.

Dasselbe fordern die UN-Fachorganisationen für Entwicklung und Umwelt. Umweltschonende Landwirtschaft schaffe mehr Ernährungssicherheit, betonten Unctad und Unep 2008 in einem gemeinsamen Bericht. Sie könne »Produktivität und die Einkommen von Bauern erhöhen – mit niedrigen Kosten, längst verfügbaren Technologien und ohne Umweltschäden«. Immer mehr Experten warnen inzwischen davor, die hochintensive Landwirtschaft der Industriestaaten in den Süden zu exportieren. Zum einen zerstört sie Ackerböden und Artenvielfalt – und verschlimmert die Erderwärmung noch. Zum anderen sind riesige Monokulturen mit hochgezüchteten (Gen-)Pflanzen genau das Gegenteil dessen, was bei extremen Klimaschwankungen Ernährungssicherheit bietet. Auch der Weltagrarrat, in dem mehr als 400 Experten vier Jahre lang berieten, verlangt: Die Menschheit »muss die Art, wie sie ihre Lebensmittel anbaut, radikal ändern«.

Die Innovationen von Monsanto & Co. sind damit ausdrücklich nicht gemeint.

Wir danken dem *Greenpeace Magazin* für die Abdruckrechte.

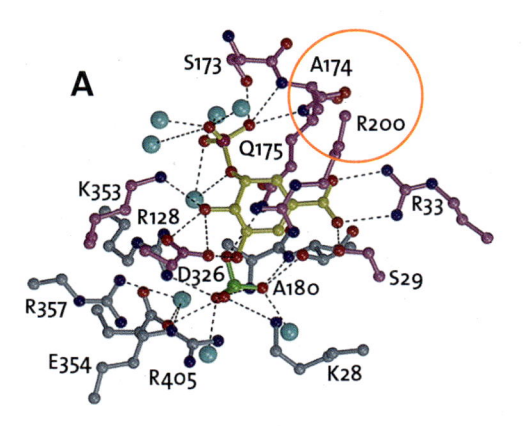

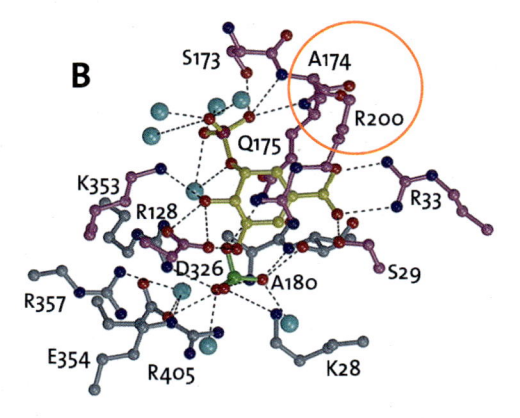

Fortsetzung von Seite 83

hin inhaftiert worden war. »Wir besetzen und bewirtschaften den geraubten öffentlichen Boden«, erklärt Alam, Vorsitzender der Samata-Bewegung im Distrikt Pabna, »was allerdings nicht ungefährlich ist.« Und dabei zeigt er auf die Narbe an seinem Kopf, die von einem Machetenhieb zurückgeblieben ist. Samata, Proshika, Nijera Kori und wie sie alle heißen, haben zehntausenden von Bauern wieder zu Recht und Würde verholfen.

Die Würde steht auch im Zentrum der Philosophie einer Bewegung namens Ubinig, die sich für biologische Landwirtschaft und unabhängige Nahrungsmittelversorgung einsetzt. Im Jahr 1995 hatte die Regierung unter Berufung auf die Vorschriften der Welthandelsorganisation (WTO) die Subventionen für Düngemittel gestrichen. Als dann die Preise explodierten, rebellierten die Bauern. Bei der Niederschlagung des Aufstands wurden 17 Bauern von der Polizei getötet. Weil sie die Abhängigkeit vom Markt nicht mehr wollen und beunruhigt sind über den Einsatz von Pestiziden, die die Böden auslaugen und die Artenvielfalt beeinträchtigen, sind Zigtausende von Bauern – die Organisation spricht von 130 000 – und manchmal sogar ganze Dörfer zum Bioanbau übergegangen. Besonders im Distrikt Tangail (30 000 Einwohner) verwalten die Bauern ihr Saatgut in Genossenschaften und setzen auf die Entwicklung diversifizierter Kulturen.

Die Bauern betonen, dass ihre Einkommen dank der geringeren Investitionen gestiegen seien. Ihre Unabhängigkeit von westlichen Unternehmen erfüllt sie mit Stolz. Die Gründerin von Ubinig, Farida Akhter, sieht jedoch ein neues, äußerst beunruhigendes Problem: das aggressive Vorpreschen der Verfechter gentechnisch veränderter Organismen (GMOs) und ihre pseudohumanitären Argumente. »Die multinationalen Konzerne versuchen immer, die Befürchtungen der Verbraucher im Norden in Sachen genmanipulierter Lebensmittel als Luxushaltung und Rücksichtslosigkeit gegenüber dem Hunger im Süden darzustellen. Als sei unser Leben weniger wert als das der westlichen Welt!«

Gegenüber den neoliberalen Wirtschaftslehren und dem herrschenden Individualismus erinnert Farida Akhter an die wechselseitige Abhängigkeit der Völker, im Norden wie im Süden. Aus ihrer Sicht beruht der Konsum der einen auf der Produktion – und der Ausbeutung – der anderen. Und sie zieht daraus den Schluss: »Lebensformen haben eben doch etwas mit Politik zu tun.«

Aus dem Französischen von Grete Osterwald

Erstmals erschienen in *Le Monde diplomatique* vom August 2005.

GRASHALM

Eine Nutzpflanzensamenbank im Permafrost Spitzbergens soll das verbliebene Erbgut für zukünftige Zivilisationen aufbewahren.

Der Vizefriedensnobelpreisträger will die Samenbank besichtigen:
— Hi! Ich bin Al Gore und will die Samenbank besichtigen!

— Sie können hier nicht einfach so rein. Sie müssen zuvor eine Frage beantworten:
— Hey! Ich bin Al Gore!

»DIE SEELE! EWIG UND EWIG! LÄNGER ALS DER ERDBODEN BRAUN UND FEST BLEIBT, LÄNGER ALS WASSER EBBT UND FLUTET.«
WER HAT DIESE ZEILEN VERFASST, UND WIE LAUTET DER TITEL DES WERKES?
SO WIE DAS EIS VERSCHWINDET DIE POESIE – DAS IST UNERTRÄGLICH.
SO UNERTRÄGLICH WIE JEDEN TAG REIS MIT SCHMELZWASSER.
ABER GESCHMECKT HAT ER SCHON ETWAS TRANIG.

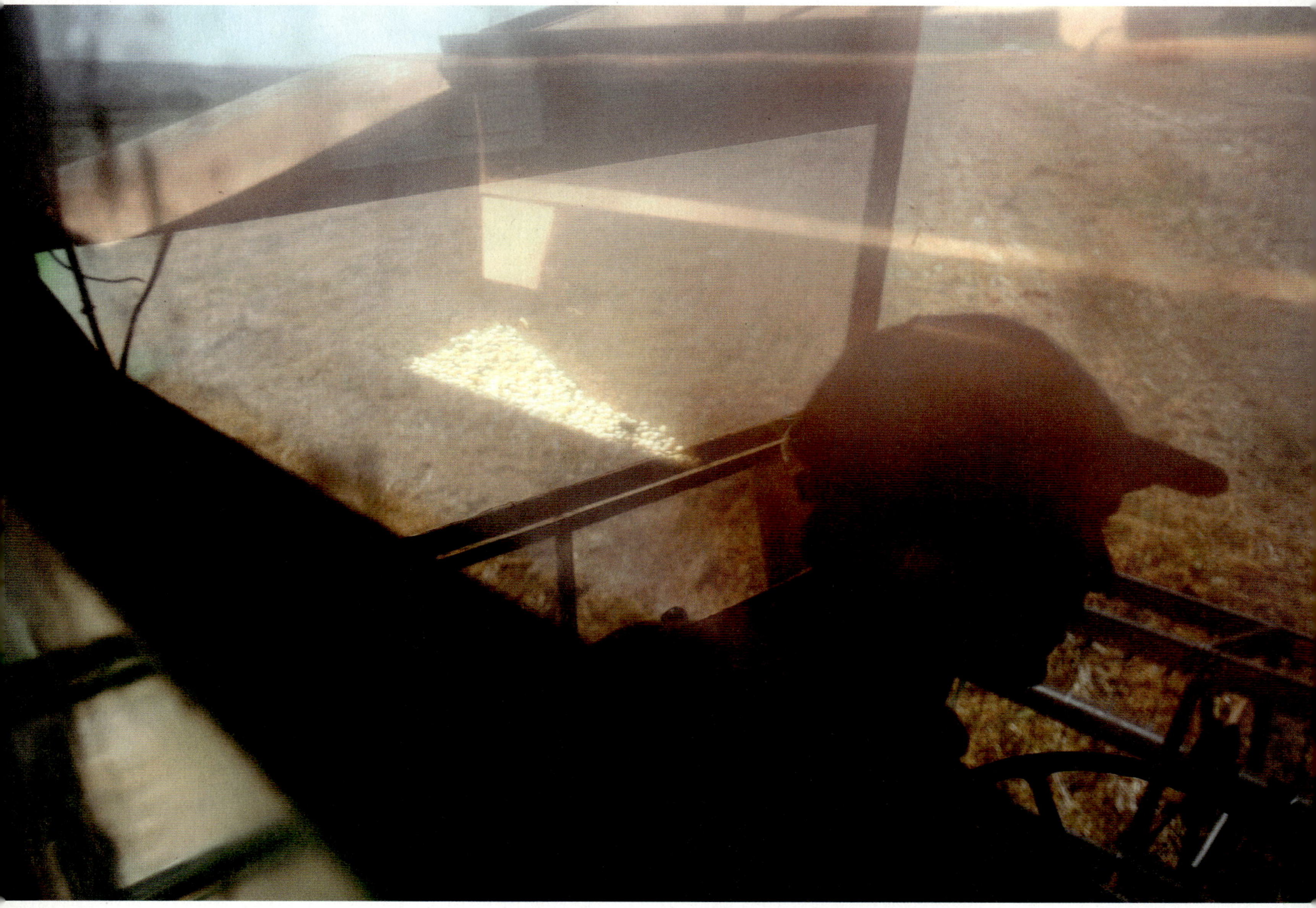

Soja, die Kosten einer Monokultur

Argentinien setzt seit fünfzehn Jahren auf den Anbau gentechnisch veränderter Sojabohnen – und auf den Großeinsatz von Pestiziden.

Von Darío Aranda und Nina Holland

Die wissenschaftlichen Studien, mit denen die Zulassung gentechnisch veränderter Sojabohnen in Argentinien begründet wurde, stammen allesamt von Monsanto. Der US-Konzern produziert sowohl Soja-Saatgut als auch das Unkrautvernichtungsmittel Roundup (Glyphosat) – gegen diese Chemikalie ist Gensoja unempfindlich gemacht worden. Das Gutachten zur Sicherheit von Roundup-Ready-Soja umfasst nur 146 Seiten, und die Behörden brauchten im Sommer 1996 lediglich 81 Tage, um dessen Anbau zu genehmigen. Seither wird Roundup-Ready-Soja in Argentinien im großen Stil angebaut, und der Einsatz von Roundup hat ebenfalls gewaltig zugenommen.

Am 21. März 2011, kurz vor dem 15. Jahrestag der Zulassung, verschickte das argentinische Landwirtschaftsministerium eine Presseerklärung, auf die das Agrobusiness lange gewartet hat: »Die Getreideernte von 2010/2011 hat die magische Grenze von 100 Millionen Tonnen überschritten.« Darauf hatten Hersteller von Unkrautvernichtungsmitteln, Getreidehändler, Sojaproduzenten und die Beamten des Ministeriums lange hingearbeitet. Schon heute entfällt die Hälfte dieser Ernte, 50 Millionen Tonnen, allein auf Soja. Auf insgesamt 19 Millionen Hektar – das sind 56 Prozent der gesamten Ackerfläche Argentiniens – wachsen Sojabohnen.

Die Ausfuhr von Soja bringt dem Land mittlerweile 16 Milliarden Dollar pro Jahr ein. Dafür werden jährlich 190 Millionen Liter Glyphosat versprüht, und der Wald verschwindet in Argentinien noch schneller als im Amazonas. 200 000 Familien wurden von ihrem Land vertrieben. Während die Sojaproduzenten Bauern und indigenen Völkern die Rechte an gigantischen Ackerflächen streitig machen, wird der Sojaanbau als Erfolgsrezept verkauft, und mittlerweile soll er sogar »verantwortungsvoll« sein.

Argentiniens exportorientierte Landwirtschaft hängt in hohem Maß von der Sojaproduktion ab. Hinter ihr stehen nationale und internationale Konzerne. »Ein großer Teil des Agrobusiness wird von wenigen Firmen und Einzelpersonen kontrolliert«, erläutern die Ökonomen Miguel Teubal und Thomas Palmisano. Es handelt sich dabei um Exporteure wie Cargill und ADM, große Sojaproduzenten wie Grupo Los Grobo, Saatguthersteller wie Monsanto oder Syngenta und spekulative, »pooles de siembra« (»Saatpools«) genannte Investitionsfonds.

Auf der Grundlage von Daten des Landwirtschaftsministeriums zeichnen Teubal und Palmisano ein genaues Bild des wirtschaftlichen Phänomens Soja: Von 1997 bis 2008 sind die Exporterlöse von 3,2 Milliarden auf 16,3 Milliarden Dollar gestiegen. 85 Prozent der Branche sind in der Hand einiger weniger Unternehmen. Neben den genannten sind das vor allem die Firmen Noble Argentina, Bunge, LDC-Dreyfus, AC Toepfer, Nidera, Molinos Río de la Plata, AGD und Vicentín.

»Für den Staat war und ist das Modell Soja sehr bequem, denn es verbessert die Handelsbilanz und bringt Steuern ein, die dringend gebraucht werden, um die Auslandsschulden Argentiniens zu bedienen«, schreiben Teubal und Palmisano. Zwar eskalierte 2008 vorübergehend der Konflikt zwischen dem Staat und »el campo« (der Agrarwirtschaft) um die erhöhte Besteuerung der Exporte. Doch beide Seiten waren daran interessiert, das »Modell« nicht zu gefährden, und so blieb alles beim Alten.

Auf der anderen Seite des Atlantiks importiert die Europäische Union jedes Jahr mehr als 40 Millionen Tonnen Roundup-Ready-Soja aus Argentinien, Brasilien und Paraguay. Auf diese Einfuhren erhebt die EU keine Importzölle, so dass Soja in Europa sehr billig ist. Grund ist eine historisches Abkommen mit den USA, das die Europäer auch auf Einfuhren aus anderen Ländern anwenden. Das Soja wird hauptsächlich für die industrielle Landwirtschaft verwendet. Als Folge davon sind die europäischen Märkte überschwemmt mit billigem Fleisch, billigen Eiern, billiger Milch. Das raubt vielen Kleinbauern die Lebensgrundlage.

»Es gibt wissenschaftliche Belege dafür, dass der Kontakt mit Pestiziden die menschliche Gesundheit gefährdet« – zu diesem Ergebnis kam die Initiative »Ärzte aus besprühten Dörfern« (Médicos de Pueblos Fumigados) bei ihrem ersten Treffen an der Universidad Nacional de Córdoba im August 2010. Auf dieser zweitägigen Konferenz brachten die aus zehn argentinischen Provinzen angereisten Molekularbiologen, Genetiker, Epidemiologen, Endokrinologen und anderen Fachärzte den Einsatz von Agrochemikalien mit Krebserkrankungen, Fehlgeburten, Geburtsfehlern und Unfruchtbarkeit in Verbindung.

Jahr für Jahr werden in Argentinien 300 Millionen Liter Pestizide verbraucht. Schätzungsweise 12 Millionen

---

Darío Aranda (darioaranda.wordpress.com) schreibt häufig für die argentinische Zeitung *Página12*. Nina Holland arbeitet für die Nichtregierungsorganisation Corporate Europe Observatory.

Fahrer eines Mähdreschers bei der Sojaernte.
BILD: SUB.COOP | WWW.SUB.COOP

Menschen haben darunter unmittelbar zu leiden. In der Abschlusserklärung ihres Kongresses forderten die Wissenschaftler und Ärzte von der Regierung in Buenos Aires, das Versprühen von Ackergiften aus der Luft ganz zu verbieten und ihren Einsatz vom Boden aus einzuschränken. Außerdem verlangten die Experten, dass das im argentinischen Recht verankerte Vorsorgeprinzip auch durchgesetzt wird. Denn dann müssten Schutzmaßnahmen ergriffen werden, sobald mögliche Umweltschäden drohen.

Rund 100 Dörfer aus den Sojaanbaugebieten haben sich in der Initiative »Paren de Fumigar« (»Schluss mit dem Sprühen«) zusammengeschlossen. Seit mehr als zehn Jahren machen sie auf die Gesundheits- und Umweltschäden von agrochemischen Substanzen aufmerksam. Mit Demonstrationen, Straßenblockaden, Informationskampagnen und gerichtlichen Klagen haben sie inzwischen wichtige Etappensiege erreicht – immerhin darf in einigen großen Anbaugebieten (in den Provinzen Formosa, Córdoba, Buenos Aires, Chaco und Santa Fe) Glyphosat in der Nähe von Dörfern nicht mehr eingesetzt werden.

Auch die Einwohner eines Stadviertels von San Jorge in der Provinz Santa Fe konnten 2009 in erster und zweiter Instanz Gerichtsbeschlüsse gegen das Sprühen in unmittelbarer Nähe ihrer Häuser erwirken. Im Februar 2011 wurde diese Entscheidung endgültig bestätigt und darüber hinaus auch erstmalig die Beweislast umgekehrt. Jetzt müssen nicht mehr die Betroffenen nachweisen, dass sie geschädigt wurden, sondern die Grundbesitzer müssen die Unbedenklichkeit der von ihnen verwendeten Pflanzenschutzmittel belegen.

Die Kampagne der »besprühten Dörfer« hatte auch politische Folgen. 2009 gründete Staatspräsidentin Cristina Fernández de Kirchner eine Kommission, die die Folgen des Pestizideinsatzes untersuchen sollte. Das Gremium kam zu keinem eindeutigen Ergebnis und erklärte, die Nebenwirkungen von Glyphosat seien noch nicht ausreichend erforscht. Nach Versuchen mit Hühnerembryos kam Andrés Carrasco, Medizinprofessor und Mitglied des Nationalen Rats für wissenschaftliche und technische Forschung (Conicet), allerdings zu einem alarmierenden Fazit: Der Kontakt mit Glyphosat in den ersten Wochen der Schwangerschaft kann zu vielfältigen Geburtsfehlern führen – auch beim Menschen.

Auch in der Provinz Córdoba haben sich Soja-Monokulturen auf Kosten der Wälder und des Weidelands der traditionellen Viehhaltung ausgebreitet. Marcelo Cabido und Marcelo Zak sind Forscher am Interdisziplinären Institut für Pflanzenbiologie (IMBIV) der Nationalen Universität Córdoba und des Conicet. Sie weisen darauf hin, dass Argentinien laut UN-Landwirtschaftsorganisation (FAO) pro Jahr 0,8 Prozent seines Waldes verliert, damit schrumpft der Wald mehr als doppelt so schnell wie im Amazonasgebiet (0,38 Prozent). Für die Provinz Córdoba haben die beiden sogar eine Entwaldungsrate von 2,93 Prozent pro Jahr ermittelt – fast viermal so hoch wie in Argentinien insgesamt, fast dreizehnmal so hoch wie im weltweiten Durchschnitt. Die Wissenschaftler halten

das für ein Ergebnis der Expansion der Landwirtschaft – vor allem des Anbaus von einjährigen Feldfrüchten allgemein und von Soja im Besonderen.

Aus dem aktuellen Forstkataster des staatlichen Umweltamts geht hervor, dass in Argentinien zwischen 2002 und 2006 rund 1,1 Millionen Hektar Wald vernichtet wurden – umgerechnet 277 000 Hektar im Jahr, 760 Hektar pro Tag oder 32 Hektar in der Stunde. Zur Ausweitung des Roundup-Ready-Anbaus hatte diese Behörde jedoch lange geschwiegen. Erst im März 2008, als der Staat und die Sojaproduzenten heftig über die Exportsteuern stritten, veröffentlichte sie ein zwölfseitiges Dokument zur Ausweitung der Ackerflächen. Es bestätigte, was Bauern und Umweltorganisationen seit Jahren beklagen: »Die Sojaproduktion bringt Umweltprobleme wie die Entwaldung und eine Verschlechterung der Bodenqualität (…) mit sich. Die Ausbreitung der Sojakulturen ist eine neue und große Gefahr für die Artenvielfalt in Argentinien.«

Im Zuge des Soja-Booms der letzten fünfzehn Jahre kam es unter den verschiedenen Regierungen Argentiniens auch zu einer Landreform der eigenen Art: Begünstigt wurden Großgrundbesitzer und Investorengruppen auf Kosten indigener Völker und Landarbeiter. Nach Angaben der argentinischen Landarbeiter- und Indigenenbewegung (MNCI) wurden 200 000 Familien vom Land ihrer Vorfahren vertrieben. Die meisten zogen in die Armenviertel der Großstädte.

Laut Landwirtschaftszensus besaßen im Jahr 2002 die 10 Prozent der größten »landwirtschaftlichen Betriebe« 78 Prozent des Ackerlandes, während 60 Prozent der kleinsten Höfe sich auf insgesamt 5 Prozent dieser Fläche verteilten. 1998 gab es 422 000 Bauern im Land, vier Jahre später waren es 24,6 Prozent weniger (318 000).

Sojaacker.
BILD: SHUTTERSTOCK

Das Nationale Forschungsinstitut für Agrartechnologie fasst zusammen: »Es handelt sich hier um eine extrem ungerechte Art der Landverteilung.«

Offizielle Angaben zu Konflikten um landwirtschaftlichen Grund und Boden gibt es in Argentinien nicht. Das Wald- und Agrarnetzwerk im Chaco (REDAF) veröffentlichte im Oktober 2010 einen Bericht, in dem 164 Konflikte um Landbesitz und Umweltverschmutzung beschrieben sind, die fast acht Millionen Hektar Land und 950 000 Menschen betreffen, hauptsächlich Indigene und Landarbeiter. Die meisten dieser Konflikte entzünden sich an der Missachtung von Landrechten seit dem Jahr 2000, also »zeitgleich mit der Ausbreitung der exportorientierten Landwirtschaft in der Chaco-Region und der weltweit gestiegenen Nachfrage nach Soja«.

Am 13. März 2010 starb im Dorf San Nicolás, Provinz Santiago del Estero, Sandra »Ely« Juárez. Sie hatte sich auf dem Land, das ihre Familie seit Ewigkeiten bewirtschaftet, einer Planierraupe in den Weg gestellt. Acht Monate später töteten Polizisten beim Einsatz gegen eine improvisierte Straßenblockade ein Mitglied der indigenen Qom-Gemeinschaft »La Primavera«: Roberto López starb bei dem Versuch, auf diese Weise seinen Anspruch auf das Land seiner Vorfahren geltend zu machen. In beiden Fällen sind die Mörder bis heute auf freiem Fuß.

Auch die Zukunft verspricht nichts Gutes, denn der argentinische Staat hält an seinem »Strategischen Agrobusiness-Plan 2010–2016« fest. Danach soll die Sojaproduktion um jährlich weitere 20 Millionen Tonnen zunehmen – wodurch sich die beschriebenen Probleme nur verschärfen werden. In Europa spricht sich Rumäniens Landwirtschaftsminister Valeriu Tabără, ein ehemaliger Monsanto-Angestellter, für die Zulassung von Roundup-Ready-Soja bis 2012 aus. Unterdessen regt sich im Europäischen Parlament Widerstand gegen die industrielle Landwirtschaft und den massenhaften Soja-Import. Der lokale Anbau von Futtermitteln für die Landwirtschaft, den Umweltorganisationen seit langem fordern, findet inzwischen auch politische Unterstützung.

Demgegenüber versucht eine Initiative der Umweltorganisation WWF und der Schweizer Supermarktkette COOP Soja als umwelt- und sozialverträgliches Produkt hinzustellen. Der »Runde Tisch für verantwortungsvolle Sojaproduktion« will den Riesen der Soja-Industrie (Cargill, ADM, Bayer, Monsanto und Syngenta) per Gütesiegel Gelegenheit geben, ihr angebliches Verantwortungsbewusstsein herauszustellen. Ihre Beteiligung knüpften die Unternehmen allerdings an die Bedingung, dass die Kriterien für das Siegel auf Roundup-Ready-Soja zugeschnitten sein sollten. 2005 kam es zu ersten Gesprächen bei einer Konferenz in Foz do Iguaçu im Dreiländereck zwischen Brasilien, Paraguay und Argentinien. Daraufhin regte sich sofort Protest, soziale Initiativen und Bauernbewegungen organisierten auf der Stelle eine Gegenkonferenz. 2010 unterzeichneten erneut 230 Initiativen eine Erklärung gegen das Vorhaben.

Sechs Jahre später hat man sich am Runden Tisch endlich auf die Kriterien für das neue Siegel geeinigt. Kritiker bezeichnen es als leere Hülse, die nur dazu diene, die Produktion von genmanipulierten Sojabohnen »grünzuwaschen«. Die meisten Vorschriften gelten in den großen Produzentenländern ohnehin schon, und es gibt keine verbindlichen Vorgaben für einen reduzierten Pestizideinsatz. »Verantwortungsvoll« wäre es demnach sogar, für den weiteren Flächenfraß des industriellen Sojaanbaus eigens Regenwald zu roden.

Am Runden Tisch sind weder Indigenen- noch Bauernbewegungen vertreten. Auch von den Nichtregierungsorganisationen konnten sich nur wenige zur Mitwirkung entschließen. Da er außerdem eine Zertifizierung von Biodiesel-Soja für den europäischen Markt anbietet, trägt er das Seine zur Steigerung der Sojaproduktion bei. Denn die EU will bis 2020 den Anteil von Biokraftstoffen an den Tankfüllungen auf 10 Prozent erhöhen. Der Runde Tisch hat sich als Erster bei der EU-Kommission darum beworben, die erforderliche Zertifizierung von Agro-Kraftstoffen ausstellen zu dürfen.

Die europäische Industrie insgesamt und der Europäische Verband der Mischfutterindustrie (FEFAC) im Besonderen spielen hierbei ein doppeltes Spiel: Einerseits beteiligen sie sich am Runden Tisch, andererseits drängen sie in der EU darauf, das Verbot nicht zugelassener gentechnisch veränderter Bestandteile an der Nahrung und am Viehfutter aufzuheben. Die Absicht ist klar: Wenn die Menschen in Europa mit einem niedlichen Panda-Etikett davon überzeugt werden können, dass Roundup-Ready-Soja ökologisch »verantwortungsvoll« ist, wird der Widerstand gegen genetisch manipulierte Feldfrüchte und Monokulturen generell abnehmen. Bleibt abzuwarten, ob diese Rechnung aufgeht. •

Aus dem Englischen von Herwig Engelmann

© der deutschen Übersetzung:
Le Monde diplomatique, Berlin

94 Le Monde diplomatique • Edition • N° 10

Kopfsalat aus dem 3. Stock

In Südkoreas erster »Vertical Farm« wird Gemüse mitten in der Großstadt angebaut:
Die Pflanzen wachsen in einem dreistöckigen Gebäude abgeschottet von Wind und Wetter.

Von Malte E. Kollenberg & Fabian Kretschmer Die Autoren sind Journalisten.

Ein Luftstrom, ein Klicken, und schon geht die Türverriegelung auf. Nach der Luftdusche betritt Choi Kyuhong seine Pflanzenfabrik. Auf metallenen Regalen reihen sich in mehreren Schichten Salatköpfe – oben erntereife Pflanzen, unten noch zierliche Stecklinge. Leuchtdioden strahlen sie mit violettem Licht an. Der Wissenschaftler bückt sich, um einen Blick auf die digitale Anzeige am untersten Regalbrett zu werfen. Zufrieden nickt er, Luftfeuchtigkeit und Raumtemperatur sind ideal. Nur er und seine Mitarbeiter betreten den Raum. Die Pflanzen sollen mit so wenig Umwelteinflüssen wie möglich konfrontiert werden. Die Luftdusche minimiert zusätzlich Bakterien und Keime auf dem futuristischen Acker.

»Wir sind noch in der Experimentierphase«, sagt Choi. In dem dreistöckigen Gebäude in der südkoreanischen Stadt Suwon forscht der Koreaner an der Zukunft der Landwirtschaft. Unabhängig von Sonnenlicht und Wetterverhältnissen, platzsparender, pestizidfrei und zu 100 Prozent ökologisch soll sie sein, die Zukunft. Damit die Vision real wird, muss Choi ein Problem lösen: den Energiehunger seiner Pflanzenfabrik. »Für die Lichtversorgung verwenden wir Solarzellen. Trotzdem speisen wir 50 Prozent des gesamten Energieverbrauchs zusätzlich ein. Wir müssen also alternative Energiequellen entwickeln«, sagt er, während er einen Schlauch für Nährlösung justiert.

Chois Gedanken schweifen ab. Er erinnert sich an das letzte Treffen mit Dickson Despommier, der ihn in Korea im Frühjahr besucht hat. Despommier, ein heute 71-jähriger US-Amerikaner, hat vor zehn Jahren an der Columbia-Universität in New York die Grundlage für das Projekt in Suwon geschaffen: Vertical Farming.

Die Vereinten Nationen prognostizieren für 2050 eine Weltbevölkerung von gut neun Milliarden Menschen – zwei Milliarden mehr als derzeit. Rund die Hälfte der Fläche Südamerikas wird nötig sein, um all die zusätzlichen Münder zu stopfen. Münder, die in Gegenden leben, in denen viele Ackerflächen ausgelaugt und unfruchtbar sind. Durch Klimakatastrophen bedingte Ernteausfälle verschärfen die Problematik.

»Wir sollten vorbereitet sein, um solche Katastrophen abzuwenden«, murmelt Choi vor sich hin. Mit Vertical Farming geht das nur, wenn aus Chois dreistöckiger Pflanzenaufzuchtstation bald 65-stöckige Wolkenkratzer werden. Choi streicht mit der Hand am Metallregal hoch. Neben Bürotürmen mit Kopierern und Schreibtischen sollen in der Stadt der Zukunft auch Hochhausfarmen mit Tomatensträuchern, Salatbeeten und Schweineställen stehen. Die Vertical Farms schlagen in den Augen ihrer Erfinder mehrere Fliegen mit einer Klappe: Sie würden die Transportwege zwischen Produzent und Verbraucher minimieren, könnten ausschließlich mit recyclebarem Wasser betrieben werden und benötigten keinerlei Pestizide.

Wenn Choi an den Energieverbrauch denkt, bilden sich Sorgenfalten auf seiner Stirn. Er ist sich vollkommen bewusst, dass das Vertical-Farming-Konzept erst dann Sinn macht, wenn sich erneuerbare Energiequellen finden lassen, die die Gebäude versorgen können. Der Großteil der Architekturentwürfe, die Choi vor seinem inneren Auge Revue passieren lässt, hat einen Schwachpunkt gemeinsam: das fehlende Energiekonzept.

Doch eine Ausnahme gibt es: Der kanadische Architekt Gordon Graff hat an der Universität Waterloo seine »Sky-Farm« entwickelt. Sie nutzt die Bioabfälle der Großstadtbewohner und wandelt sie mittels Methangaskraftwerken in Energie um. Theoretisch muss keine zusätzliche Energie mehr zugeführt werden. Auch die Hochhausfarm in Korea könnte mit tonnenweise Essensabfällen aus der Metropolregion Seoul das Energieproblem lösen.

Geht es nach Choi, kauft er bald im Supermarkt seine eigenen Salate ein: »In fünf Jahren wollen wir auf den freien Markt«. Doch dabei soll es nicht bleiben. Choi und sein Team planen bereits, Tomaten, Gurken und weitere Nutzpflanzen in Suwon anzubauen. In seinem Kopf hat die Zukunft bereits begonnen: Koreanische Stadtbewohner ernähren sich komplett autark – mit Fleisch und Gemüse aus dem Hochhaus um die Ecke.

Entwürfe für »Vertikale Treibhäuser« (von links oben):
- VF-Type 0 (Oliver Foster),
- Pyramid Farm (Eric Ellingsen/ Dickson Despommier)
- The Living Skyscraper (Blake Kurasek)
- Vertical Farm (Gordon Graff)
- Fazenda Vertical (Rafael Grinberg Costa)
- The Living Tower (SOA Architects)

BILD: WWW.VERTICALFARM.COM

© Le Monde diplomatique, Berlin

Hungernde Bauern

Die Kleinbauern in den Entwicklungsländern müssen mehr Rechte bekommen. Das geht nur auf Kosten der Agroindustrie.

Von Stéphane Parmentier Der Autor ist Berater für Landwirtschaftspolitik bei der wallonischen Bauernvereinigung Fugea.

»Hunger ist kein unvermeidliches Übel«, erklärt Olivier De Schutter, UN-Sonderbeauftragter für das Recht auf Nahrung.[1] Hunger ist vielmehr die Folge politischer Fehlentscheidungen. Nach Angaben der Welternährungsorganisation FAO litten 2010 rund 925 Millionen Menschen an Unterernährung.[2] Neun Millionen sterben jedes Jahr an den Folgen von Hunger.[3]

Die Nahrungsmittelkrise wäre vermeidbar, wenn grundsätzlich andere politische Wege eingeschlagen würden. An wirksamen, technisch realisierbaren Alternativen und anderen Entwicklungsmodellen fehlt es nicht. Zunächst muss man jedoch die Ursachen der Krise benennen, die sich in jüngster Zeit verschärft hat.

Wegen der Preisexplosion auf dem Agrarmarkt in den Jahren 2007 und 2008 waren im Lauf von einem Jahr zusätzlich hundert Millionen Menschen von Hunger betroffen, wobei sich die Preisentwicklung von Land zu Land unterschiedlich auf den jeweiligen Binnenmarkt auswirkte.[4] Der historische Tiefstand an Lebensmittelvorräten spielte dabei eine wichtige Rolle. Nach Ansicht des Agraringenieurs Marcel Mazoyer sind die geringen Vorräte auf den Preisverfall der vorangegangenen 25 Jahre zurückzuführen. »Dieser Zyklus wiederholt sich seit 200 Jahren alle 25, 30 Jahre. Zwischen 1975 und den Jahren 2005 und 2006 waren die Preise für Agrarrohstoffe auf dem Weltmarkt etwa auf ein Sechstel gesunken. Die Vorräte schmolzen weg, allein beim Getreide auf unter 16 Prozent der weltweiten Produktion und des Verbrauchs. Bei einem solchem Niveau genügt eine Kleinigkeit, damit die Preise explodieren.«

Der Auslöser, der den Engpass dramatisch werden ließ, ist leicht zu benennen: die rasant wachsende Nachfrage nach Biotreibstoffen in den USA (2004 und 2005) und Europa. Dieser zusätzliche Druck auf die geringen Reserven ließ die Weltmarktpreise vieler Grundstoffe nach oben schnellen. Auch die Preise für Mais und Ölpflanzen (Palmen, Soja, Raps), die zur Produktion von Äthanol oder Biodiesel gebraucht werden, verteuerten sich. Auf den Terminmärkten von Chicago, New York, Kansas City und Minneapolis trieben spekulative Fonds[5] die Kurse und damit auch die Preise weiter in die Höhe. Hinzu kam die Verteuerung des Erdöls, die wiederum die Preise für chemische Grundstoffe, Transport und Energie steigen ließ.

Die wachsende Zahl neuer Opfer des Hungers lässt sich jedoch nicht allein durch diese Faktoren erklären. Da ist vor allem die extreme Armut, die den Alltag der Betroffenen kennzeichnet. 80 Prozent der Hungernden sind Bauern aus Entwicklungsländern: 50 Prozent Kleinbauern, 10 Prozent Tierzüchter und 20 Prozent Bauern ohne eigenes Land.[6] Unter den 20 Prozent der Hungernden, die in Städten leben, stammen viele vom Land und sind in der Hoffnung auf ein besseres Leben in die Stadt gezogen. Deshalb stellt sich die Frage: Warum leben so viele Bauern aus Entwicklungsländern in Armut?

Die Antwort ist ebenso traurig wie einfach: In den nationalen, regionalen und internationalen Institutionen, die für Agrar-, Wirtschafts- und sonstige Politik zuständig sind, werden die Entscheidungen meist ohne Rücksicht auf die Bauern getroffen. Davon zeugen die von der Welthandelsorganisation (WTO) empfohlenen Maßnahmen, die Strukturanpassungspolitik von Weltbank und Internationalem Währungsfonds (IWF), viele Freihandelsabkommen und die Exportpolitik von Ländern oder Regionen wie den USA, der EU oder Brasilien. Diese Maßnahmen umfassen die Öffnung der Grenzen für den Warenverkehr, den Verzicht auf die Anpassung des Angebots an die Nachfrage, die Zerschlagung der bestehenden Methoden, aus Überschüssen Vorräte anzulegen und die Verteilung zu organisieren.

Dies alles läuft den legitimen Interessen der Bauern zuwider. Die zunehmende Anpassung der Binnenpreise an die Weltmarktpreise beschert ihnen schwankende und unsichere Einkünfte. Die kleinen bäuerlichen Produzenten werden der knallharten Konkurrenz riesiger Unternehmen ausgesetzt. Das verhindert einen nachhaltigen Handel von Landwirtschaftsprodukten. Besonders stark wirkt sich ein plötzlicher Anstieg der Importe aus.

Ein solcher Importschub geht für das jeweilige Land mit einem außergewöhnlichen Wachstum der Mengen des betreffenden Produkts einher, während die Preise gleichzeitig stark fallen. Die Importe setzen die lokalen Nahrungsmittelerzeuger unter enormen Konkurrenzdruck, sie lassen sowohl die Binnenpreise als auch die Gewinne in der Landwirtschaft einbrechen. Dadurch verarmen die Bauern. Die traditionellen Lebensformen der Kleinbauern werden zerstört, und es kommt zu einer hohen ländlichen Arbeitslosigkeit.

Zwischen 1984 und 2000 wurden in 17 Entwicklungsländern 767 Importschübe registriert. Sie führen stets zum Niedergang der Produktion in den betroffenen Ländern und erhöhen den dortigen Nahrungsmittelmangel. Daraus folgt wiederum eine stärkere Abhängigkeit von Importen und von der Entwicklung der Kurse an den in-

---

1 Laura Jaumouillé, »La faim n'est pas une fatalité!«, in: *France Soir*, 16. November 2009.
2 FAO, »The State of Food Insecurity in the World«, Rom 2009.
3 »L'origine de la crise alimentaire mondiale«, *Science actualités*, Paris, 5. Juni 2008, www.cite-sciences.fr.
4 Dominique Baillard, »Getreide wächst nicht an der Börse«, *Le Monde diplomatique*, Mai 2008.
5 Daniel G. de La Torre Ugarte und Sophia Murphy, »The Global Food Crisis: Creating an Opportunity for Fairer and More Sustainable Food and Agriculture Systems Worldwide«, Heinrich-Böll-Stiftung, Berlin 2008.
6 Paula Cusí Echaniz, »Risques alimentaires et économiques en Méditerranée«, Centre International de Hautes Études Agronomiques Méditerranéennes (CIHEAM), Frankreich 2009.

Feierabend für eine Gruppe Bauern in Djilakh, einem Dorf im Süden von Senegal.
BILD: REUTERS | RICCI SHRYOCK

ternationalen Rohstoffbörsen.[7] Man kann sich vorstellen, wie katastrophal sich die jüngste Preisexplosion in den Ländern ausgewirkt hat, die Nettoimporteure von Nahrungsmitteln sind.

Inwieweit einzelne Akteure bei den Verhandlungen über die Bedingungen des Warenverkehrs ihre Anliegen geltend machen können, ist abhängig vom Konzentrationsgrad eines Wirtschaftssektors. Die landwirtschaftliche Produktion ist viel weniger konzentriert als andere. Schätzungen zufolge sind weltweit derzeit 2,6 Milliarden Menschen von ländlicher Armut betroffen, 450 Millionen sind in der Landwirtschaft beschäftigt. Auf der anderen Seite kontrollieren zehn Großunternehmen die Hälfte des Saatgutangebots, drei oder vier Konzerne bestreiten zusammen mehr als die Hälfte des weltweiten Handels mit Agrarprodukten. Der Vertrieb liegt in den Händen von vier oder fünf Lebensmittelketten, die den Markt in den Industrieländern untereinander aufteilen. Auch in den Entwicklungsländern wächst ihre Macht.

Die Bauern geraten von allen Seiten unter Druck und müssen sich den Forderungen der Stärkeren beugen. Damit können die Großhändler ihre Erzeugnisse zu niedrigen Preisen einkaufen und den Bauern Preise diktieren, die unter ihren Produktionskosten liegen, wodurch wiederum die ohnehin niedrigen Löhne der Landarbeiter in großen Agrarbetrieben weiter nach unten gedrückt werden.

Es gibt viele Gründe für die Verarmung der Landbevölkerung: fehlender Zugang zu Ackerland, ungleiche Aufteilung des Produktivitätszuwachses infolge der Grünen Revolution[8] sowie der Rückgang der staatlichen Entwicklungshilfe. Sie alle haben eine gemeinsame Voraussetzung: Die Nachhaltigkeit der bäuerlichen Agrarproduktion steht nirgendwo auf der politischen Agenda.

Um dem Hunger ein Ende zu machen, müsste mit großer Entschiedenheit umgesteuert werden – hin zu einer Entwicklung, die Ernährungssouveränität garantiert. Dieses Konzept, das die internationale Kleinbauernorganisation Via Campesina geprägt hat, beinhaltet das Recht von Staaten, ihre Lebensmittelproduktion selbst zu gestalten. National steht Ernährungssouveränität für das Recht ländlicher Gemeinden und lokaler ProduzentInnen auf Selbstbestimmung, auf demokratische Selbstorganisation und auf das Verfügen über landwirtschaftliche Produktionsmittel. Sie steht auch für das Selbstbestimmungsrecht von VerbraucherInnen gegenüber der Wirtschafts- und Kommunikationsmacht von Lebensmittelkonzernen und Handelsketten.

Dieser Ansatz setzt stabile und faire Preise für alle Bauern der Welt voraus. Dafür bräuchte man eine wirksame nationale, regionale und internationale Angebotssteuerung, die durch ständige Produktionsanpassungen und variable Importzölle zu erreichen wäre. Daraus ergäbe sich zwingend, dass die Bauernorganisationen mehr Einfluss bekämen und die Konzerne des Agrobusiness weniger. Weitere Investitionen sind erforderlich – aber unter angemessenen Bedingungen.

Wo die Grenzen der industriellen Landwirtschaft liegen, ist nach deren jahrzehntelanger Förderung inzwischen offensichtlich. Die neuen Ansätze der Agroökologie bieten Lösungen, mit denen die Produktivität erhöht und zugleich Natur und Umwelt geschont und insbesondere die Klimaschäden begrenzt werden können.

Im April 2008 haben fast sechzig Regierungen den Weltagrarbericht (IAASTD) unterzeichnet[9], der das Ergebnis einer Zusammenarbeit von 400 Wissenschaftlern unterschiedlicher Disziplinen aus der ganzen Welt ist. Er plädiert für Investitionen in eine neue landwirtschaftliche Revolution nach den Konzepten der Agroökologie und fordert den gesicherten Zugang zu Ackerland, Saatgut und Trinkwasser. Angesichts der vielen Hungeropfer 2009 stellt sich die Frage nach einem Landwirtschafts- und Ernährungsmodell der Zukunft umso dringlicher. ●

Aus dem Französischen von Claudia Steinitz

7 Die WTO erlaubt Staaten, die einen Importschub erleben, die Importsteuern vorübergehend zu erhöhen oder Importquoten festzulegen. Sie stellt dafür jedoch Bedingungen, die den Schutz de facto unmöglich oder wirkungslos machen.
8 In den 1960er und 1970er Jahren hat die Grüne Revolution die Landwirtschaft der Länder des Südens, vor allem in Lateinamerika und Asien, durch die technische Rationalisierung und den Einsatz ertragreicher Getreidesorten stark verändert.
9 www.weltagrarbericht.de/themen-des-weltagrarberichtes/ernaehrungs-souveraenitaet/ernaehrungs-souveraenitaet-volltext.html

Erstmals erschienen in *Le Monde diplomatique* vom November 2009.

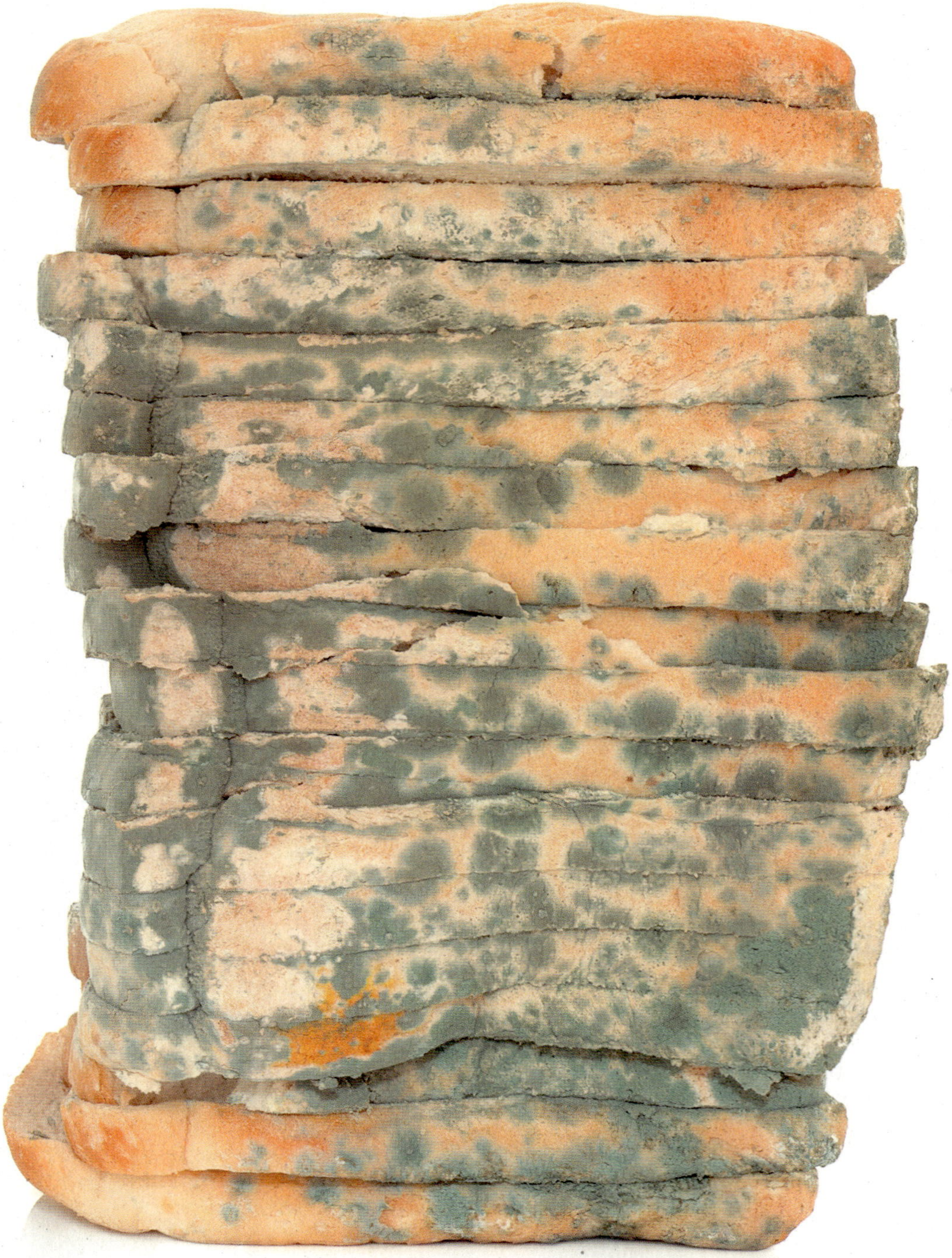

Aufessen statt Wegwerfen

Wie wir zu einer gerechteren Verteilung der Nahrungsmittel in der Welt beitragen können.

Von Tristram Stuart Autor des Buches *Für die Tonne. Wie wir unsere Lebensmittel verschwenden*, München (Artemis & Winkler) 2011.

Der politische Philosoph John Locke (1632–1704) stellte in seinem berühmten *Second Treatise on Government* im Kapitel »Vom Eigentum« folgende Überlegung an: Wenn sich jemand mehr Nahrungsmittel angeeignet hat, als er brauchte, und diese dann verderben ließ, so »nahm er mehr als seinen Teil und beraubte andere«. Hat dagegen jemand überschüssige Nahrungsmittel verkauft oder weggegeben, »so beging er kein Unrecht; er vergeudete nicht den gemeinsamen Vorrat; er vernichtete nichts von dem den anderen gehörigen Teil der Güter, solange in seinen Händen nichts unbenutzt zugrunde ging«.[1]

Wie würde Locke heutzutage über die Verschwendung in den reichen Ländern urteilen? Und sind seine moralischen Maximen auch in unserer Zeit noch gültig?

Angesichts des weltumspannenden Handels- und Versorgungsnetzes von heute sind »die anderen«, die auf denselben »gemeinsamen Vorrat« von Lebensmitteln angewiesen sind, nicht mehr unbedingt unsere Nachbarn, ja nicht einmal unsere Landsleute. Vielmehr leben sie womöglich Tausende Kilometer von uns entfernt. Unzählige Menschen in Asien und Afrika sind für ihre Ernährung auf die globalen Märkte angewiesen.

Wie gehen wir angesichts dessen mit der Tatsache um, dass in den meisten Länder Europas und Nordamerikas bis zu fünfzig Prozent aller Nahrungsmittel zwischen Acker und Teller vergeudet werden? Von vielen Supermärkten wird frisches Obst oder Gemüse zurückgewiesen, wenn es die willkürlichen Standards der Produktkosmetik nicht erfüllt. Brotlieferanten werden gezwungen, Millionen Scheiben einwandfreien Brots zu entsorgen, weil die Großabnehmer für ihre Sandwiches keine Randstücke brauchen können. Und wir alle erleben jeden Tag in der eigenen Küche, wie Lebensmittel weggeschmissen werden. In jedem einzelnen Fall handelt es sich um die Verschwendung von Boden, Wasser und anderen Ressourcen, die in Form von Nahrungsmitteln in den Mülleimer wandern.

Der Zusammenhang zwischen der Verschwendung von Nahrungsmitteln in den reichen Ländern und dem Mangel in anderen Weltregionen ist weder einfach noch direkt. Dennoch ist diese Beziehung sehr real – und keineswegs mit dem Argument wegzureden, dass wir in den reichen Ländern ja nicht vergammelte Tomaten und verschimmeltes Brot aus dem Müll klauben und in die armen Länder schicken können. Wer so argumentiert, geht von der Annahme aus, die Lebensmittel in den vollen Regalen der Supermärkte und in den Häusern der Reichen seien nur dazu bestimmt, in den wohlhabenden Ländern zu landen. Aber nur Zyniker können behaupten, dass zwischen vergeudeten Nahrungsmitteln in der reichen Welt und der Unterversorgung ärmerer Weltregionen keinerlei Zusammenhang bestehe. Das Argument mag in früheren Zeiten durchschlagend gewesen sein, als Hungersnöte noch mehr mit lokalen Ereignissen – wie Kriegen oder Naturkatastrophen – und weniger mit globalen Engpässen zu tun hatten. Dass dies längst nicht mehr gilt, wurde uns spätestens durch die Nahrungsmittelkrise von 2007 2008 vor Augen geführt, und seitdem durch die extremen Preisausschläge, die unter anderem auf die weltweite Getreideknappheit zurückgehen.

Die Schwankungen des Lebensmittelverbrauchs in den reichen Ländern wirken sich zweifellos auf die globale Versorgung aus, was wiederum direkte Folgen für die Armen dieser Welt hat, weil sie nicht mehr genug Nahrungsmittel kaufen können. Am besten lässt sich das an den Weltmarktpreisen für Getreide (insbesondere für Weizen, Reis und Mais) zeigen, die natürlich die Nahrungsmittelpreise auf den Märkten Afrikas und Asiens genauso bestimmen wie die Preise in den Supermärkten der USA und Europas.

Wie viel Getreide die reichen Länder importieren und exportieren, hängt davon ab, wie viel die Menschen in diesen Ländern konsumieren – und wie viel davon weggeschmissen wird. Wenn bei uns zig Millionen Tonnen Getreide in die Mülleimer wandern, steht entsprechend weniger für den Weltmarkt zur Verfügung. Würden wir diese Vergeudung abstellen, wäre mehr Getreide auf dem Markt, und das auch noch zu günstigeren Preisen. Seit der Handel mit Nahrungsmitteln auf globaler Ebene stattfindet – und zumal wenn die Nachfrage das Angebot übersteigt – bedeutet das Wegwerfen von Nahrungsmitteln ganz konkret, dass wir diese dem globalen Markt entziehen und den Hungernden in anderen Teilen der Welt wegnehmen.

Das betrifft auch die Ebene der Produktion: Durch die Verschwendung von Lebensmitteln im globalen Maßstab werden landwirtschaftlich nutzbare Flächen aufgebraucht, die nur begrenzt zur Verfügung stehen. Würden wir in der reichen Welt weniger vergeuden, könnte Ackerland für andere Zwecke nutzbar werden. Das gilt sogar für die nicht importierte Frischware in diesen Ländern. Wenn solche Nahrungsmittel nicht vergeudet – also gar nicht erst gekauft – würden, könnte man die Bö-

[1] John Locke, *Zweite Abhandlung über Regierung (Second Treatise on Government, 1690)*, übersetzt von Hilmar Willmans, Halle a. S. (Max Niemeyer) 1906, S. 140 f. (Kapitel V, Abschn. 46).

BILD: MARILYN BARBONE

den und alle weiteren Produktionsfaktoren anderweitig verwenden. Zum Beispiel für den Getreideanbau, was zur globalen Versorgung beitragen könnte, die dringend verbessert werden müsste.

Gegen diese Argumentation gibt es legitime Einwände. Zum Beispiel, dass die Nachfrage aus reichen Ländern die Produktion von Nahrungsmitteln stimulieren und damit indirekt auch die Wirtschaft der armen Länder ankurbeln könne. Wer Brot wegwirft, würde also die Nachfrage erhöhen und damit die Einkünfte einiger Bauern aufbessern. Der Hinweis ist ebenso zutreffend wie ein zweites Argument, dass es unter gewissen Umständen nötig und wünschenswert sei, überschüssige Nahrungsmittel zu produzieren, um Versorgungsengpässe zu vermeiden. Überproduktion bedeutet jedoch stets einen Zielkonflikt zwischen Bodennutzung, drohender Ressourcenerschöpfung und Übernachfrage. Das heißt: Sobald die Produktion an ökologische oder technische Grenzen stößt, wiegen die Kosten der Verschwendung schwerer als die potenziellen Vorteile.

Auch ein drittes Argument ist auf den ersten Blick einleuchtend: Wenn in den reichen Ländern weniger vergeudet wird, werden die nicht konsumierten Nahrungsmittel wahrscheinlich in Bereiche wie die Tiermast gelenkt. Sie werden letztlich also von einem relativ wohlhabenden Publikum konsumiert statt auf den Tischen der ärmsten Familien zu landen. Dem ist jedoch entgegenzuhalten, dass ein Rückgang der Nachfrage auf dem globalen Nahrungsmittelmarkt die Preise stabilisieren würde, und das könnte sehr wohl dazu beitragen, die Lebensbedingungen der überwiegenden Mehrheit armer Menschen zu verbessern, die auf den globalen Markt angewiesen sind.

Hunger und Unterernährung sind im Übrigen nicht nur ein Phänomen der armen Länder. Auch in der entwickelten Welt haben Millionen Menschen nicht genug zu essen. Allein in Großbritannien können sich 4 Millionen kein anständiges Essen leisten. 40 Millionen US-Bürger haben keine gesicherte Versorgung mit Nahrungsmittel. Und in der Europäischen Union gibt es schätzungsweise 43 Millionen Menschen, die von Unterernährung bedroht sind. Zur gleichen Zeit werden in diesen Ländern allein von den Supermärkten Millionen Tonnen von Lebensmitteln weggeworfen. Hier wäre es tatsächlich eine plausible Lösung, solche vergeudeten Waren an Organisationen wie »Nahrungsmittelbanken« und andere Verteilungsnetze abzugeben, damit solche noch frischen und genießbaren Nahrungsmittel zu denen gelangen, die sie am nötigsten brauchen.

Wie hoch ist der Wert der Lebensmittel, die in den reichen Ländern vergeudet werden, für die Hungernden dieser Erde? Es gibt verschiedene Berechnungsmethoden. Man kann zum Beispiel den Nährwert der vergeudeten Waren ermitteln und daraus die Anzahl der Menschen berechnen, die man davon hätte ernähren können. Das würde die ganze Sache verständlicher und den Wert der vergeudeten Lebensmittel anschaulicher machen. Man könnte damit also klarer zeigen, wie viele Menschen anständig ernährt werden könnten, wenn wir die Vergeudung weltweit einschränken würden.

Nach Angaben der Welternährungsorganisation (FAO) liegt das durchschnittliche Kaloriendefizit bei unterernährten Menschen in den Entwicklungsländern bei 250 Kilokalorien (kcal) pro Tag[2]. Würde eine unterernährte Person diese 250 kcal zusätzlich erhalten, könnte sie ein Körpergewicht erreichen, das ausreichend ist und sogar leichte Tätigkeiten ermöglicht. Besonders fatal ist Unterernährung für Kinder: Sie hemmt das körperliche Wachstum wie die Hirnentwicklung, schädigt das Immunsystem und kann zum Hungertod führen. All das könnte durch die zusätzlichen 250 kcal pro Tag verhindert werden.

Detaillierte Studien in Großbritannien und den USA haben den Nährgehalt von vergeudeten Nahrungsmitteln ziemlich genau ermittelt. Demnach werden von den Verbrauchern, den Händlern und Essenslieferanten sowie den Haushalten allein in Großbritannien und den USA so viele getreidehaltige Nahrungsmittel (vor allem Brot) weggeworfen, dass man mehr als 224 Millionen Menschen mit den 250 zusätzlichen Kilokalorien versorgen und damit ihren Hunger erheblich lindern könnte. Wobei diese Studien noch gar nicht die (bislang nicht gemessenen) Verluste erfassen, die bei industriell hergestellten Lebensmitteln innerhalb der vielstufigen Produktionskette anfallen.

Rechnet man dann noch die Agrarpflanzen dazu, die wie Weizen, Mais und Soja zur Produktion von – später vergeudeten – Fleisch- und Milchprodukten verwendet werden, kommt man auf eine Kalorienmenge, mit der man das Los von 1,5 Milliarden Hungernden erheblich erleichtern könnte. Das wären mehr als die derzeit unterernährten Menschen. Diese vergeudeten Getreidemengen würden auf dem Weltmarkt und damit den Ärmeren zur Verfügung stehen, statt von den Reichen meistbietend aufgekauft zu werden. Kurzum: Die Gesamtheit aller Nahrungsmittel, die in Europa von den Verbrauchern und der herstellenden Industrie vergeudet werden, würde mehrfach (nach Schätzungen bis zu siebenmal) ausreichen, um alle Hungernden dieser Welt mit dem Nötigsten zu versorgen.

Auf der Basis weiterer globaler Daten, die in einer FAO-Studie über die Produktionsbedingungen und Verbrauchsgewohnheiten erhoben wurden, kann man noch eine andere Rechnung aufmachen. Diese Studie hat annähernd die Menge von Nahrungsmitteln ermittelt, die gerettet werden könnte, wenn die Verschwendung von Nahrungsmitteln wie auch der Überkonsum in allen Ländern

Nach einem FAO-Report wird rund ein Drittel der globalen Nahrungsmittelproduktion vergeudet

[2] Männer verbrauchen im Durchschnitt 24 kcal pro Kilo ihres Körpergewichts, bei 80 Kilo also 1920 kcal; für Frauen liegt dieser Wert bei 20,4 kcal.

so weit eingeschränkt würden, dass die Bevölkerung nicht mehr als 130 Prozent des notwendigen Nährwerts zur Verfügung hätte. Wobei man wissen muss, dass diese Zahl heute in den USA bei 200 Prozent und in den meisten europäischen Ländern nicht viel niedriger liegt. Würde man auf diese Weise ein Drittel des globalen Angebots an Nahrungsmitteln einsparen, wäre die volle Ernährung von drei Milliarden Menschen gesichert. Diesen Befund bestätigt auch der im Mai 2011 veröffentlichte FAO-Report mit dem Titel *Global Food Losses and Food Waste*. Er kommt zu dem Schluss, dass rund ein Drittel der globalen Nahrungsmittelproduktion vergeudet wird.[3]

Aber selbst diese Wahnsinnszahlen berücksichtigen noch nicht die Einsparungen, die in den westlichen Gesellschaften möglich wären, wenn wir nicht so viel Fleisch verzehren würden. Denn dann könnte man Menschen ernähren mit dem Getreide, das an die Schlachttiere verfüttert wird. Ebenfalls noch nicht einkalkuliert sind die Agrarprodukte, die in den reichen Ländern verkommen, weil sie gar nicht erst auf den Markt gelangen – zum Beispiel Kartoffeln, die nicht die gewünschte Form haben. Weitere Einsparungen wären möglich, wenn Pflanzen, die eigentlich der Ernährung dienen, nicht mehr für andere Zwecke genutzt würden, etwa für die Gewinnung von »Biosprit«. Oder wenn die industriellen Fischfangflotten der entwickelten Länder nicht jedes Jahr Millionen von Tonnen toter Fische als »Beifang« ins Meer entsorgen würden. Weitere riesige Spareffekte wären in Europa allein dadurch zu erzielen, dass die gigantischen Mengen von Lebensmittelabfällen an Schweine und Hühner verfüttert würden. Aber diese traditionelle Recycling-Methode ist derzeit aufgrund einer verfehlten Gesetzgebung verboten.

All diese Beispiele zeigen, dass der reiche Teil der Welt heute offenbar genau das tut, wovor John Locke die Engländer im 17. Jahrhundert gewarnt hat. Wir nehmen in aller Welt große Bodenflächen und andere gemeinschaftliche Ressourcen in Beschlag, um Nahrungsmittel anzubauen, die am Ende im Müll landen. Nach John Locke hätten wir damit unser Recht auf diesen Boden und die darauf angebauten Produkte verwirkt.

Machen wir zum Schluss ein Gedankenexperiment: Fünf Personen leben in einem geschlossenen Raum zusammen. Eine der fünf hungert, eine andere ist viel reicher und mächtiger als die übrigen vier. Die reiche Person isst mehr als alle anderen, und behält noch so viel übrig, dass sie davon ihre privaten Schweine und Rinder füttern kann. Und sie lässt einen Teil der Nahrungsmittel, die sie in einer Ecke gehortet hat, noch vor dem Verzehr verschimmeln. Zudem wirft diese Person auch noch so viel Essen weg, dass die Menge ausreichen würde, die hungernden Mitbewohner wieder gesund und stark zu machen.

Dieser geschlossene Raum ist unsere Erde, auf der wir Jahr für Jahr nur eine begrenzte (und zudem schwankende) Menge an Nahrungsmitteln anbauen können. Diese Nahrungsmittel kaufen die reichen Erdbewohner den armen weg, weil sie noch nicht gelernt haben, die Folgen des eigenen Verhaltens für die Menschen in den ärmeren Teilen der Welt abzuschätzen. Das ist sogar verständlich. Sympathie ist zum Teil ein Bauchgefühl, das umso schwächer ist, je mehr räumliche Entfernung zwischen unserem täglichen Handeln und den davon Betroffenen liegt.

Das Bewusstsein einer globalen Verantwortung ist eine relativ neue Erscheinung, und große Ideen brauchen stets eine gewisse Zeit, um sich gesellschaftlich durchzusetzen – erst recht, wenn sie für viele unbequem sind. Zudem fällt es uns schwer, eine Haltung zu überwinden, die durch gesellschaftliche Traditionen tief in uns verankert ist, vielleicht sogar in unseren Genen. Ich meine damit die Gewohnheit, sich Land und Ressourcen anzueignen, um das Wohlergehen der eigenen Gruppe auf Kosten anderer zu sichern.

Wenn wir solche Haltungen nur verdammen und verfluchen, machen wir es uns zu leicht. Wir alle sind Menschen, und die meisten von uns haben durchaus ein Gefühl für Anstand und Fairness. Doch wir müssen unsere Handlungsweisen auch als menschliche Verhaltensmuster erkennen. Es gilt also, sowohl die Ursachen dieses Verhaltens zu verstehen als auch die sozialen, ökonomischen und militärischen Faktoren, die dieses Verhalten ständig reproduzieren. Nur so können wir begreifen, warum wir in Handlungsweisen, die zu Lasten anderer Menschen wie auch der Natur gehen, nicht nur passiv, sondern auch aktiv involviert sind.

Das Gefühl für die eigene Verantwortung wird allerdings nur weiter verwässert, wenn wir die Gründe für unser Handeln letztlich auf kollektive Verhaltensweisen zurückführen. Denn was können wir als Individuum dann überhaupt noch bewirken?

2005 ergab eine Umfrage in Australien, dass 60 Prozent der Befragten Schuldgefühle haben, wenn sie etwas kaufen, was anschließend vergeudet wird (zum Beispiel Nahrungsmittel). Nur 14 Prozent erklärten, dass sie das nicht besonders oder gar nicht belaste. Aber viel besser als Schuldgefühle wäre doch, wenn wir auf unser Verantwortungsgefühl hören und etwas tun würden. Wir könnten dann die befreiende Erfahrung machen, dass es gar nicht so schwer ist, etwas für die Hungernden zu tun – zum Beispiel indem wir nur Lebensmittel kaufen, die wir auch aufessen, und alles aufessen, was wir kaufen.

Von jedem Menschen zu erwarten, dass er oder sie stets nur so viel isst, das es zum Überleben reicht, dürfte kaum wünschenswert und ohnehin unrealistisch sein. Aber allmählich wäre es an der Zeit, dass die Gesellschaft die bequeme Gewohnheit nicht mehr toleriert, etwas in den Mülleimer wandern zu lassen, was die dringendsten Bedürfnisse anderer Menschen befriedigen könnte. Wir dürfen uns der Einsicht nicht mehr entziehen, dass ich, du und fast alle unsere Bekannten zu Mördern werden, indem wir anderen die überlebensnotwendigen Nahrungsmittel vorenthalten. Und das häufig nur aufgrund der bizarren Gewohnheit, unseren Kühlschrank mit Dingen zu füllen, die wir niemals essen.

Aus dem Englischen von Niels Kadritzke

[3] Zu dem FAO-Report siehe: www.fao.org/news/story/en/item/74192/icode/

© *Le Monde diplomatique*, Berlin

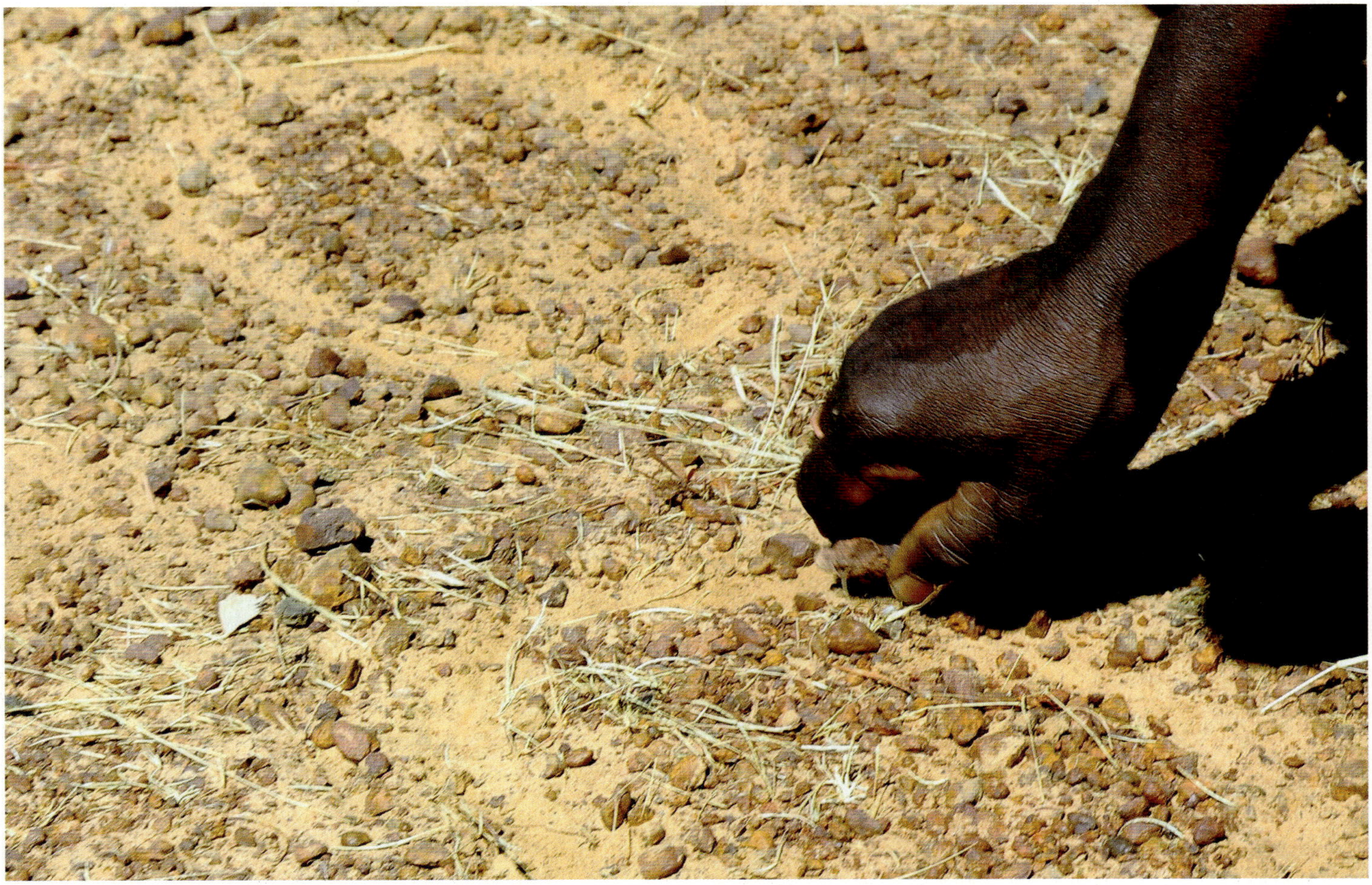

Sawadogos Leidenschaft für Bäume

Mit alten landwirtschaftlichen Methoden wird die Sahelzone fruchtbarer. Bauer Yacouba Sawadogo pflanzt in Burkina Faso Bäume auf seinen Feldern. Das schützt die Äcker vor Trockenheit.

Von Mark Hertsgaard Der Autor ist Journalist in San Francisco und schreibt vor allem über Umweltthemen.

Sonnenuntergang auf dem Zentralplateau von Burkina Faso. Es war wieder ein brütend heißer Tag. Aber hier, auf dem Anwesen von Yacouba Sawadogo, ist die Luft merklich kühler. Mit einer Hacke über der Schulter marschiert der graubärtige Bauer leichtfüßig wie ein junger Mann über seine Felder. »Klimawandel ist ein Thema, bei dem ich ganz gut mitreden kann«, sagt Sawadogo in seiner Stammessprache Mòoré, die sich für uns wie ein tiefes, gemächliches Rumpeln anhört. Yacouba Sawadogo kann weder lesen noch schreiben, aber er ist Pionier einer neuen Anbaumethode, die der westlichen Sahelzone seit einigen Jahren einen tiefgreifenden Wandel gebracht hat. Diese neue Methode setzt auf die Integration von Bäumen in die landwirtschaftliche Nutzung und ist eines der hoffnungsvollsten Beispiele dafür, wie selbst arme Leute den verheerenden Wirkungen des Klimawandels begegnen können.

Sawadogo trägt ein braunes Baumwollgewand und eine weiße Scheitelkappe. Nach unserem Rundgang hat er sich unter Akazien und Jujubebäumen niedergelassen, in deren Schatten er ein Drahtgehege für etwa zwanzig Perlhühner angelegt hat. Neben ihm dösen zwei Kühe, durch die abendliche Stille ertönt das Gemecker von Ziegen. Für burkinische Verhältnisse ist dies ein großes Anwesen, der größte Teil der etwa 20 Hektar ist seit Generationen im Besitz von Sawadogos Familie. Aber nach der schrecklichen Dürreperiode von 1972 bis 1984 haben die Verwandten ihr Land aufgegeben. Der Rückgang der jährlichen durchschnittlichen Regenmenge um 20 Prozent hat damals in der ganzen Sahelzone zu Ernteausfällen geführt, weite Bereiche der Savanne in Wüste verwandelt und Hunderttausende dem Hungertod ausgeliefert.

Yacouba wollte seine Felder auf keinen Fall verlassen. »Mein Vater ist hier begraben«, sagt er schlicht. Für ihn markiert die Dürre der 1980er Jahre den Beginn des Klimawandels. Das Wort sagt den meisten Leuten hier nichts. Sawadogo hingegen erzählt, dass er sich schon seit zwanzig Jahren an ein heißeres und trockeneres Klima anpasst.

»Die Dürrejahre haben den Leuten so sehr zugesetzt, dass sie ganz neue Denkweisen entwickeln mussten«, meint Sawadogo, der sich stolz als Innovator bezeichnet. Er hat eine Technik wiederbelebt, die in dieser Region seit Jahrhunderten bekannt war und die er jetzt an die neuen klimatischen Bedingungen angepasst hat. Lange Zeit hatten die Bauern der Sahelzone um ihre Pflanzen flache Kuhlen, so genannte *zai* angelegt, damit das kostbare Regenwasser gezielt an die Wurzeln gelangt. Sawadogo hat den Radius dieser *zai* vergrößert, um mehr Regenwasser einzufangen. Aber noch wichtiger war eine zweite Innovation, sagt er: Während der Trockenzeit gab er Viehdung in diese Kuhlen.

Anfangs machten sich die anderen Bauern über ihn und seine »unnütze Arbeit« lustig. Doch das Experiment war erfolgreich. Mehr Regenwasser und die Anreicherung mit Naturdünger bedeuteten höhere Erträge. Aber das wichtigste Ergebnis hatte er nicht vorausgesehen: Der Dung enthielt auch Baumsamen, sodass zwischen den Hirse- und Sorghumpflanzen winzige Schösslinge aus dem Boden sprossen. Nach einigen Jahren stellte Sawadogo fest, dass die jungen Bäume – die inzwischen mannshoch waren – die Erträge weiter verbesserten und auch die Fruchtbarkeit der Bodenkrume konservieren halfen. Heute kann er stolz sagen: »Seit ich diese Technik zur Rehabilitation des vertrockneten Bodens anwende, kann ich meine Familie in guten wie in schlechten Jahren versorgen.«

So unbedeutend die Errungenschaft, von der Sawadogo berichtet, erscheinen mag, so ist sie doch ein Beitrag zur Bewältigung der größten Herausforderung, vor der die Menschheit heute steht. Was immer der letzte oder weitere Klimagipfel bewirken mögen, die Temperaturen werden noch über Jahrzehnte weltweit ansteigen und entsprechend extreme Klimaeffekte hervorbringen: längere Dürreperioden und heftigere Überschwemmungen, begleitet von höherem Schädlingsbefall. Wie sich die Bevölkerung der Südhalbkugel auf diese Veränderungen einstellt, wird mit darüber entscheiden, ob Millionen Menschen sterben oder überleben.

Die von Sawadogo angewandte Technik wird mittlerweile von hunderttausenden armer Bauern in der Sahelzone genutzt und könnte Millionen landwirtschaftlicher Produzenten in aller Welt dabei helfen, sich auf den Klimawandel einzustellen. Die neue Methode hat sich nicht nur in weiten Teilen von Burkina Faso, sondern auch in den Nachbarstaaten Niger und Mali durchgesetzt und Millionen Hektar ehemals halbwüstenartiger Gebiete in

Ein Bauer legt *zai* (Bewässerungskuhlen) an auf seinem Acker in Yatenga, einer Provinz im Norden von Burkina Faso.
BILD: P. CASIER | CGIAR

fruchtbareres Land verwandelt. Dieser Wandel ist so tiefgreifend und großflächig, dass man die neuen grünen Landstriche auf Satellitenfotos ausmachen kann. Mit dem fortschreitenden Klimawandel werden noch weit mehr Gebiete der Erde ähnlich heiß und trocken wie die Sahelzone werden. Daher ist es nur sinnvoll, auch in anderen Regionen von dem grünen Wunder zu lernen, das sich im Westen Afrikas in aller Stille vollzogen hat.

»Dies ist wahrscheinlich die bedeutendste Entwicklung in der Sahelzone und vielleicht in ganz Afrika«, meint auch der holländische Geograf Chris Reij, der sich seit dreißig Jahren mit dieser Region beschäftigt. Der Fachausdruck für die neuen Methoden lautet »Agroforstwirtschaft« (agroforestry) oder FMNR (»Farmer Managed Natural Regeneration«). Wissenschaftliche Studien haben bestätigt, was Sawadogo bereits weiß: Die Mischung von Bäumen und Nahrungsmittelpflanzen bringt eine ganze Reihe erheblicher Vorteile. Die Bäume schützen die angebauten Pflanzen vor der sengenden Hitze, sie helfen die Feuchtigkeit im Boden zu halten und dienen als Windschutz für die jungen Kulturen.

»Früher mussten die Bauern zuweilen vier- oder fünfmal aussäen, weil der Wind das Saatgut weggetragen hat«, erklärt Reij, der sich mit dem Eifer eines Missionars für die FMNR-Methoden einsetzt. »Dank der Bäume, die den Wind abhalten und den Boden befestigen, müssen die Bauern nur einmal aussäen.« Und wenn die Bäume ihre Blätter verlieren, dienen die als Mulch, der die Bodenfruchtbarkeit erhöht und zudem als Viehfutter verwandt wird. Und im Notfall können die Bauern während einer Dürreperiode die Blätter sogar essen, um dem Hungertod zu entgehen.

Für ebenso wichtig hält Reij eine weitere Wirkung von *zai* und anderen Techniken verbesserter Wassernutzung (Water Harvesting). Sie sorgen für ein Ansteigen des Grundwasserspiegels. »In den 1980er Jahren sank das Grundwasser jährlich um durchschnittlich einen Meter. Seit sich die Methoden von FMNR und Water Harvesting weiter ausbreiten, ist das Grundwasser – trotz wachsender Bevölkerung – um 5 Meter angestiegen, in einigen Gegenden sogar um 17 Meter.« Einige Wissenschaftler erklären dies mit den seit 1994 gestiegenen Niederschlagsmengen. Aber das kann Reij nicht überzeugen: »Der Anstieg des Grundwasserspiegels hat deutlich vorher begonnen, und die Wirkung der neuen Methoden setzt innerhalb von ein, zwei Jahren ein.«

Sawadogos Leidenschaft für Bäume ist mit der Zeit ständig gewachsen. Heute gleicht sein Anwesen eher einem Waldgebiet als Ackerland. »Anfangs habe ich Bäume und Anbaupflanzen gemischt«, erzählt Sawadogo. »Aber mit der Zeit interessierten mich die Bäume mehr, weil sie noch andere Vorteile haben.« Denn Bäume kann man abernten, das heißt, abgeschnittene Zweige, die dann nachwachsen, verkaufen. Die Rehabilitation des Bodens macht es im Übrigen immer leichter, weitere Bäume zu ziehen.

In Afrika ist Holz auf dem Lande nach wie vor die wichtigste Energiequelle. Je mehr Bäume auf Sawadogos Land wachsen, desto mehr Holz verkauft er: als Bau- und Brennmaterial, aber auch zum Herstellen von Möbeln. Damit kann er sein Einkommen diversifizieren und vergrößern – auch dies ein wichtiger Beitrag zu Anpassung an den Klimawandel. Zudem liefern Bäume gewisse Stoffe für die Naturmedizin – ein beträchtlicher Nutzen für eine Region, in der eine moderne Gesundheitsversorgung selten und teuer ist. Und schließlich schenken Bäume Mensch und Tier in der brutalen Hitze der Sahelzone wenigstens etwas Kühle und Schatten.

Für Sawadogo sind Bäume »zumindest ein Teil der Antwort auf den Klimawandel«. Das versucht er möglichst vielen anderen Bauern klarzumachen: »Mit meinem Motorrad habe ich bestimmt hundert Dörfer besucht; viele Leute kommen auch zu mir, um zu lernen. Ich muss sagen: Ich bin sehr stolz, dass sich diese Ideen weiterverbreiten.«

An dieser Stelle muss man sich vor Augen halten: Die Bauern der Sahelzone pflanzen keine Bäume, wie es das Green-Belt-Movement propagiert, das die kenianische Nobelpreisträgerin Wangari Maathai angestoßen hat. Sawadogo und seine Schüler hegen und pflegen vielmehr Bäume, die von selbst sprießen. Für sie wäre das systematische Pflanzen viel zu teuer und zu riskant. Wissenschaftler haben herausgefunden, dass in der westlichen Sahelzone 80 Prozent aller angepflanzten Bäume innerhalb von ein bis zwei Jahren absterben. Dagegen sind Bäume, die auf natürliche Weise wachsen, oft heimische Arten und damit weitaus widerstandsfähiger – und sie sind umsonst.

Schösslinge des »Sahel-Apfelbaumes« (Ziziphus mauritania).
BILD: TREE-NATION.COM; BIOLIB.DE

Auch in Mali wachsen Bäume inzwischen fast überall inmitten landwirtschaftlich genutzter Flächen. Ich habe es selbst in einem bitterarmen Dorf namens Sokoura erlebt. Die Wände der Hütten bestehen aus einem Gerüst von Stecken, das mit Lehm beworfen wurde. Es gibt weder elektrischen Strom noch fließendes Wasser, die Kinder laufen in dreckiger, zerrissener Kleidung herum, viele von ihnen mit Blähbäuchen, wie sie für Unterernährung typisch sind. Und doch erzählen die Bewohner von Sokoura, dass es allmählich aufwärtsgeht – vor allem dank der Bäume.

Das Land von Oumar Guindo liegt nur fünf Gehminuten außerhalb des Dorfs. Guindo besitzt etwa 6 Hektar, auf denen er Hirse und Sorghum anbaut. Seit zehn Jahren hält er sich an die Empfehlungen von Sahel Eco, einer britisch-malischen Hilfsorganisation, die Methoden der Agroforstwirtschaft fördert.[1] Heute sind auf Guindos Feldern zahlreiche Bäume herangewachsen, etwa alle fünf Meter einer. Die meisten sind noch jung, und mit ihren dürren Zweigen ähneln sie eher einem Busch, aber es gibt auch schon Exemplare mit armdicken Stämmen.

Wir sitzen unter einem ausladenden Exemplar, dessen Zweige zentimeterlange Dornen haben. Die Einheimischen nennen ihn den »Sahel-Apfelbaum«[2]. Der Boden ist hell und körnig wie Sand – nicht unbedingt ideales Ackerland. Aber seit Oumar Guindo die Jujubebäume auf seinen Feldern hat, sorgen die erhöhten Wassermengen für deutlich bessere Erträge. »Die Ernte von diesem Feld hat früher nicht mal einen Schuppen gefüllt, heute füllt sie anderthalb.«

Guindo führt mich zu einem der rechteckigen Vorratsspeicher, die wie die Wohnhütten aus einem lehmbeschichteten Holzgerüst bestehen. Sie haben eine Grundfläche von etwa zwei mal fünf Metern, die einzige Öffnung liegt knapp unter dem Dach, erreichbar über einen angelehnten Baumstamm, der mit seinen ausgekerbten Stufen als Leiter dient. Alle Speicher sind gut mit Hirse gefüllt. Man ist also bis zur nächsten Ernte versorgt, oder sogar darüber hinaus.

»Vor zwanzig Jahren, nach der Dürre, waren wir in einer verzweifelten Lage«, erzählt einer der Bauern. »Aber heute haben wir ein viel besseres Leben. Vorher hatten die meisten Familien nur einen Vorratsschuppen. Jetzt haben sie drei oder vier, obwohl sie nicht mehr Land bebauen. Und wir haben inzwischen mehr Vieh.« Überflüssig zu sagen, dass in Sokoura inzwischen auf allen Feldern auch Bäume wachsen.

Wenn die Agroforstwirtschaft die Sahelzone grüner macht, liegt das nicht nur am Informationsaustausch zwischen den Bauern und der Hilfe einiger kleiner NGOs. Eine maßgebliche Rolle spielt auch, dass die Regierungen heute eine andere Politik verfolgen.

In Mali war das Aufziehen von Bäumen schon in der traditionellen Landwirtschaft üblich. In dem Dorf Endé erläutert ein Bauer namens Salif, wie er zusammen mit anderen Dorfbewohnern eine alte Form bäuerlicher Assoziation wiederbelebt hat. Diese so genannten Barahogon waren früher auch für die Pflege der Bäume zuständig. Als dann aber die französische Kolonialregierung den Holzeinschlag unter Strafe stellte, erstarb das Interesse, sich um die Bäume zu kümmern. Die wurden von der Kolonialverwaltung zu staatlichem Besitz erklärt, um die Einschlagrechte an Holzfäller verkaufen zu können. Auch nach der Unabhängigkeit blieben das Fällen von Bäumen und das Abschneiden von Ästen bei Strafe verboten. Deshalb gingen die Bauern dazu über, schon die ersten Baumsprösslinge auszureißen, damit sie später keine Probleme mit den Behörden bekamen. Das unvermeidliche Resultat war, dass das Land nach einigen Generationen baumlos und ausgedörrt war.

Zu Beginn der 1990er Jahre verabschiedete eine neue Regierung in Mali ein Gesetz, das die Bauern zu Eigentümern der auf ihrem Land wachsenden Bäume machte.[3] Allerdings wurden die Bauern über das neue Gesetz erst durch die Sahel Eco informiert, als diese per Rundfunk und Mundpropaganda eine Informationskampagne in Gang brachte. Seitdem haben die FMNR-Methoden auch über die Grenzen von Mali hinaus rasch Verbreitung gefunden. Salif berichtet, wie vor kurzem zwanzig Bürgermeister und Direktoren lokaler Landwirtschafts- und Umweltbehörden aus Burkina Faso sein Dorf besucht haben: »Sie haben nicht schlecht gestaunt, als sie unsere Geschichte gehört haben und mit eigenen Augen sehen konnten, dass sie wahr ist. Die wollten das erst gar nicht glauben.«

Auch in Niger konnten die FMNR-Methoden Fuß fassen, wenn auch nur langsam. Und auch hier hatte es mit der intuitiven Auffassung zu tun, dass jemand, der Bäu-

---

1 Die 2004 gegründete NGO ist aus dem von der britischen Regierung geförderten Programm SOS Sahel (gegründet 1983) hervorgegangen. Sie wird getragen von einheimischen und britischen Experten, die weitere lokale NGOs beraten.
2 Ziziphus mauritania, auch als »Indischer Jujubebaum« bezeichnet.
3 Vorausgegangen waren einige Vorfälle, bei denen wütende Bauern, die sich ihrer Rechte beraubt fühlten, Mitarbeiter der Forstbehörde umbrachten.

me großzieht, diese irgendwann auch fällen dürfen muss. Deshalb, darauf weist der australische Agronom und Missionar Tony Rinaudo, einer der ersten Vorkämpfer für FMNR, hin, kam die Kultivierung von Bäumen in Niger erst wieder in Gang, als die staatlichen Behörden auf die Durchsetzung des Abholzverbots verzichtet hatten. »Erst als die Bauern das Gefühl hatten, dass ihnen die Bäume auf ihren Feldern wirklich gehören, konnten sich die neuen Methoden durchsetzen. Jetzt wurden die Bäume nicht mehr als Unkraut, sondern als ein realer Wert wahrgenommen.«

Ganz ähnlich lief es überall in der westlichen Sahelzone ab. Die FMNR-Methoden wurden fast zum Selbstläufer. Sie wanderten von Bauer zu Bauer und von Dorf zu Dorf, sobald die Leute die Resultate mit eigenen Augen sehen konnten. Dank der Agroforstwirtschaft ist heute auf Satellitenfotos die Grenze zwischen Niger und Nigeria klar zu erkennen. Sie zeigen auf dem Gebiet von Niger, wo die Bauern Bäume besitzen dürfen und die FMNR-Methoden allen vertraut sind, einen umfassenden Baumbestand; auf der Seite von Nigeria, wo die großen Aufforstungsprogramme grandios gescheitert sind, ist die Landschaft dagegen fast nackt.

Als diese Bilder 2008 veröffentlicht wurden, traf es selbst FMNR-Anhänger wie Reij und Rinaudo fast wie ein Schock: Erst jetzt registrierten sie, dass so viele Bauern schon so viele Bäume großgezogen hatten. Auf Basis der Satellitenaufnahmen, weiterer Nachforschungen vor Ort und anderer empirischer Daten wagt Reij die Schätzung, dass die Bauern allein in Niger 200 Millionen Bäume gezogen und damit 5 Millionen Hektar degradierter Böden als Ackerland wiedergewonnen haben.

Die große Wirkung und die Nachhaltigkeit von FMNR beruht darauf, dass diese Methoden den Afrikanern selbst gehören und sie nichts kosten. Im Grunde ist es nichts weiter als das schlichte Wissen um die vielfachen Vorteile, die auf Ackerland wachsende Bäume mit sich bringen. Was das für arme Bauern – und Länder – bedeutet, kann man gar nicht stark genug betonen. Denn die Techniken sind sofort anwendbar, ohne dass man auf Kapitalspritzen aus dem Ausland oder Hilfen von Regierungen oder von humanitären Organisationen angewiesen wäre.

Auf diesen Punkt legt Chris Reij besonders großen Wert, denn es unterscheidet das FMNR-Konzept von einem anderen Entwicklungsmodell, das Jeffrey Sachs unter dem Namen »Millennium Villages« populär gemacht hat. Dieses Programm des prominenten Leiters des Earth Institute an der Columbia University finanziert den geförderten Dörfern einen Satz von Entwicklungs-»Bausteinen«: modernes Saatgut und Düngemittel, Brunnen mit sauberem Wasser und Krankenstationen. Zu diesem Modell meint Reij: »Es ist schön, eine solche Vision vom Ende des Hungers in Afrika zu haben, das Problem ist nur, dass es so nicht funktioniert. Millennium Villages erfordert für jedes Dorf eine hohe Investitionssumme plus Hilfe von außen auf Jahre hinaus. Das aber ist keine nachhaltige Lösung. Man kann kaum davon ausgehen, dass die Restwelt die Milliarden von Dollars zahlt, die nötig sind, um in Afrika zehntausende Millennium Villages zu gründen.« Tatsächlich sind die ausländischen Hilfszahlungen nach der Finanzkrise von 2008 massiv eingebrochen.

Unterstützung durch Kräfte von außen kann dennoch eine wichtige Rolle spielen. Diese können zum Beispiel bei afrikanischen Regierungen auf den notwendigen Politikwandel drängen, um die Bauern wieder zu Eigentümern der Bäume zu machen. Und sie können für wenig

> Die Bäume wurden nicht mehr als Unkraut, sondern als ein realer Wert wahrgenommen

Geld die Verbreitung von Informationen unterstützen, die in der westlichen Sahelzone so erfolgreich war. Denn obwohl hier die Aufklärung über die Vorteile von FMNR vor allem von den Bauern selbst geleistet wurde, spielte die Hilfe von Aktivisten wie Rinaudo und Reij und von NGOs wie Sahel Eco eine entscheidende Rolle.

Die Organisation will in Zukunft, wie Reij berichtet, ein Netzwerk von »African Re-Greening Initiatives« auf die Beine stellen, um die Methoden von FMNR in noch mehr afrikanischen Ländern zu verbreiten. Darüber hat er bereits ein Gespräch mit dem äthiopischen Präsidenten geführt. Reijs Hauptargument lautet, dass eine Landwirtschaft, die auf der Symbiose mit Bäumen basiert, im Grunde nur Gewinner kennt: Es hilft den Bauern, sich auf den Klimawandel einzustellen, ist aber auch ein Beitrag zu sicherer Nahrungsmittelversorgung und damit zur Reduzierung der ländlichen Armut.

All das wird am Ende jedoch vergeblich bleiben, wenn wir im Kampf gegen die globale Erwärmung, die den Bewohnern der Sahelzone so schwer zusetzt, am Ende erfolglos bleiben. Denn jede Form der Anpassung hat ihre Grenzen, und wenn die Emission der Treibhausgase in der Atmosphäre nicht zurückgeht, können selbst die fantasievollsten landwirtschaftlichen Methoden gegen die steigenden Temperaturen nicht ankommen. Auch in dieser Hinsicht sind Bäume allerdings ein höchst geeignetes Mittel, weil sie mit ihrer Fotosynthese das CO_2 aus der Luft abbauen. Deshalb sollten die globalen Maßnahmen gegen den Klimawandel die strikte Verpflichtung beinhalten, speziell die Waldzonen in den Entwicklungsländern zu schützen und auszuweiten.[4]

Auch das hat Sawadogo schon längst verstanden: »Aufgrund meiner persönlichen Erfahrungen bin ich überzeugt, dass die Bäume wie Lungen sind. Wenn wir sie also nicht schützen und weiter vermehren, wird es das Ende der Welt bedeuten.«

Aus dem Englischen von Niels Kadritzke

---

[4] Diese Verpflichtung enthält auch das REDD-Programm (Reducing Emissions from Deforestation and Forest Degradation in Developing Countries) der UN.

Erstmals erschienen in *Le Monde diplomatique* vom August 2010.

Simulant?

Nein. Jährlich sterben rund 300.000 Wale und Delfine als nutzloser Beifang in Fischernetzen. Und das ist nur einer von vielen Gründen, warum wir uns für den Schutz der Meere einsetzen. Jetzt mitmachen unter www.greenpeace.de/netze

GREENPEACE

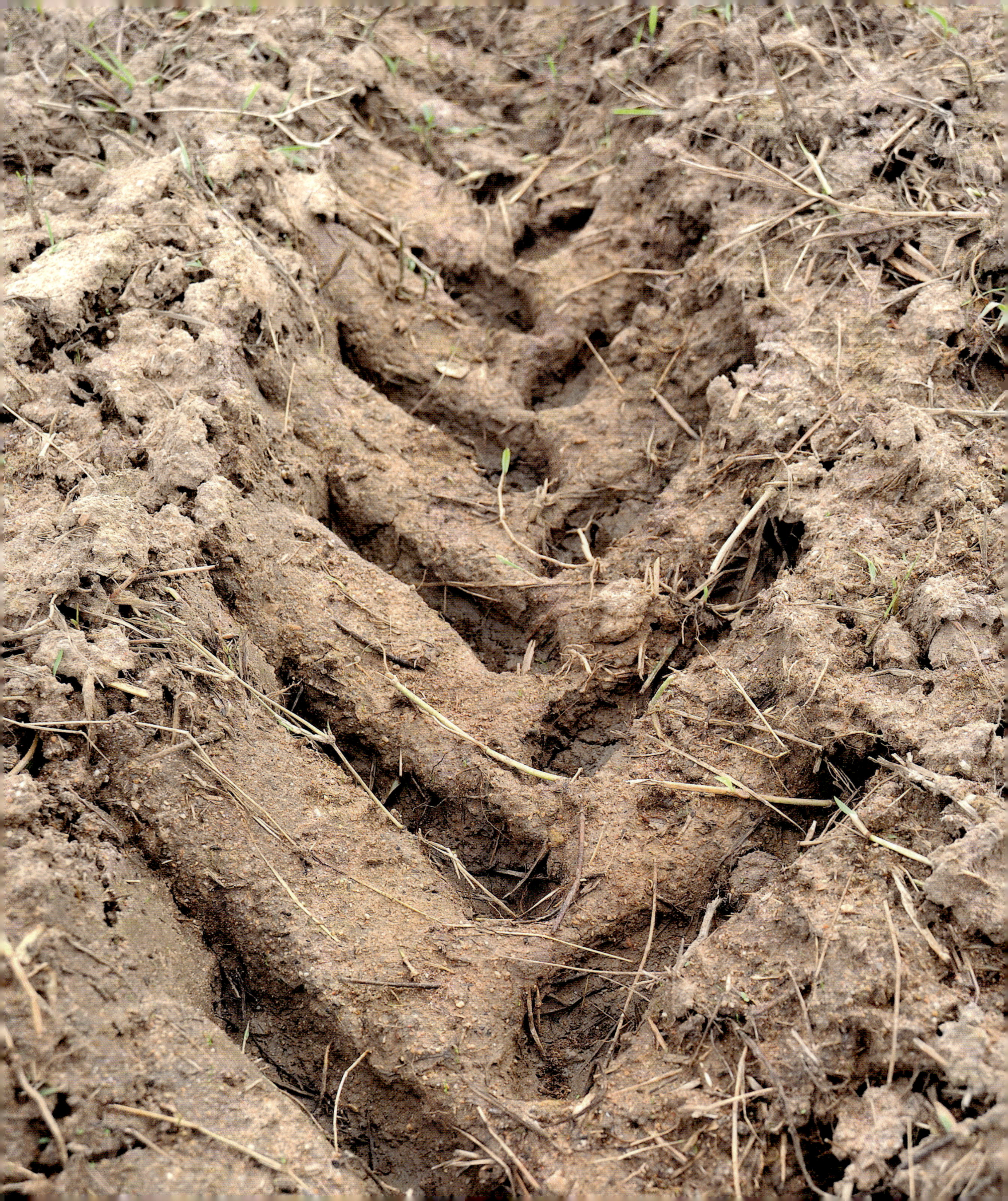

Genug statt mehr

Mit möglichst geringem Aufwand möglichst viel zu produzieren ist keine Lösung. Die Alternativen liegen bereits auf dem Tisch.

Von Benedikt Haerlin Der Autor leitet das Berliner Büro der Zukunftsstiftung Landwirtschaft.

Dreht sich die Erde um die Sonne oder umgekehrt? Paradigmen nennt man in der Wissenschaft Grundannahmen, die bestimmen, was gefragt, bewiesen und überprüft wird. Wer im politischen Geschäft ein bisschen dicker auftragen will, spricht heute ebenfalls gerne von einem Paradigmenwechsel. Gewechselt wird ein Paradigma nicht, wenn es widerlegt ist. Es muss auch eine Alternative zur Verfügung stehen, die den Stand des Wissens besser integriert.

Im agrarpolitischen und -wissenschaftlichen Diskurs internationaler Institutionen ist gegenwärtig ein solcher Paradigmenwechsel zu beobachten. Zur Disposition steht nicht weniger als das bisher alles überragende Ziel, mit stets kleinerem Aufwand mehr zu produzieren. Die Erkenntnis setzt sich durch, dass die »externen«, ökologischen wie sozialen Kosten steigender Produktion deren Grundlage gefährden.

So unterschiedlich die Konzepte sind, gilt eine veränderte Zielsetzung mittlerweile als unabweisbar: Wer die ökologischen Kosten und Beanspruchung begrenzter Ressourcen in die Betrachtung einbezieht, muss Klimagas-Emissionen und den Verbrauch von Mineraldünger, Pestiziden, fossiler Energie und knappen Süßwasserreserven systematisch reduzieren und den Artenschwund stoppen. Dazu gehört, die Vernichtung von Lebensmitteln bei Lagerung, Transport und Verbrauch zu minimieren; aber auch, eine aktive Abkehr von der »western diet«, dem gesundheitlich und ökologisch schädlichen Konsum vor allem tierischer Produkte, der bisher als unvermeidliches Symptom steigenden Wohlstandes gilt.

Nicht allein die Ungeheuerlichkeit einer Kritik am weiteren Wachstum der Tierproduktion, dem bisher unantastbaren Motor industriellen Agrarwachstums, steht dabei zur Debatte. Es geht grundsätzlich darum, neben der Produktion auch den Verbrauch samt seiner privatwirtschaftlichen wie staatlichen Beeinflussung zu betrachten. Eine Binsenweisheit? Bis gestern leider nicht für die Agrar- und Ernährungswissenschaften, denen die Nachfrage (und damit unausgesprochen deren Pendant, der Hunger) gewissermaßen als naturgegeben galten.

Der Kern des heraufziehenden Paradigmenwechsels ist eine agrar-ökologische Sichtweise, derzufolge Anbau- und Bewirtschaftungsmethoden den natürlichen und kulturellen Gegebenheiten anzupassen sind. Bisher galt, leicht verkürzt gesprochen, nach dem Motto »dem Ingenieur ist nichts zu schwör« die Anpassung der Umwelt an die Erfordernisse der Produktionstechnologien als Aufgabe von Agrarwissenschaft und -technik, die auf dem Wege des »Technologietransfers« von oben (Wissenschaft/Industriestaaten) nach unten (Landwirte/Entwicklungsländer) zu bewerkstelligen sei.

Unter dem Schlagwort »Weiter wie bisher ist keine Option« und dem Titel *Landwirtschaft am Scheideweg* hatten Ende 2008 rund 500 Wissenschaftlerinnen und Wissenschaftler aus 86 Ländern im so genannten Weltagrarbericht der UNO und Weltbank[1], diesen Sicht-Wechsel eingeleitet. Die Herausforderungen der kommenden Jahrzehnte seien mit den Methoden der vergangenen nicht zu bewältigen. Gemeint waren die Konzepte der industriellen Landwirtschaft in Europa, Amerika und Ozeanien und der grünen Revolution in Asien mit ihren chemie- und ölabhängigen Monokulturen, die für Weltrekorde der globalen Kalorienproduktion sorgen und dennoch fast eine Milliarde Menschen hungern lassen. Die ersten Reaktionen von Politik, Wissenschaft und Industrie waren zunächst klassisch: ignorieren, entwerten, lächerlich machen, zur Tagesordnung übergehen.

Drei Jahre später gehören die Botschaften des Weltagrarberichtes zum Standard wissenschaftlicher und politischer Analyse. Dass es auf die Kleinbäuerinnen dieser Welt ankommt, wenn wir von Raubbau auf Nachhaltigkeit umschalten wollen, sie die künftigen Subjekte postindustrieller Innovation und nicht vorindustrielle Restposten sind, bestreiten nur noch ewig Gestrige. Dass öffentliche Investitionen zur nachhaltigen Bekämpfung des Hungers vornehmlich in längst verfügbare agrarökologische Maßnahmen fließen sollten, fehlt heute in keiner offiziellen Analyse mehr; auch nicht, dass Hunger letztlich nur vor Ort mit Hilfe traditionellen und modernen Wissens ganzer Dörfer und Regionen zu überwinden ist. Agrarökologie zielt darauf ab, wie etwa der Bioanbau, mit dem geringstmöglichen externen Input von Mineraldünger und Pestiziden langfristig stabile und hohe Erträge zu erzielen und dabei biologische Vielfalt, Bodenfruchtbarkeit, Nährstoff- und Wasserkreisläufe und andere ökologische Funktionen des Standortes zu nutzen und zu verbessern.

Maßgeblich an diesem Umdenken beteiligt ist Professor Jules Pretty von der Universität Essex. 2001 verfasste er im Auftrag von Greenpeace und Brot für die Welt eine wegweisende Studie über kleinbäuerliche Formen nachhaltiger, agrarökologischer Ertragssteigerung. Die seither mehrfach fortgeschriebene Bestandsaufnahme von 286 Beispielen in 57 Ländern Asiens, Afrikas und Latein-

---

1 International Assessment of Agricultural Knowledge, Science and Technology for Development (IAASTD), 2009, *Agriculture at a crossroads*, www.agassessment.org. Den kompletten Weltagrarbericht und alle in dem Artikel erwähnten Studien finden Sie unter www.weltagrarbericht.de.

Der ökologische Fußabdruck gängiger landwirtschaftlicher Methoden ist zu groß.
BILD [S. 109/110]: SHUTTERSTOCK

amerikas, die etwa 12,6 Millionen Kleinbauern und 37 Millionen Hektar erfasst, gehört mittlerweile zu den meistzitierten Standardwerken[2].

Der Beweis, schreibt der UN-Sonderbeauftragte für das Recht auf Nahrung, Olivier De Schutter[3], sei erbracht: In nur fünf Jahren könnte der Ernteertrag von 500 Millionen hungernden Kleinbauern dieser Welt nachhaltig verdoppelt werden.

Anders als sein US-Kollege Miguel Altieri, der als moderner »Erfinder« des Konzepts der Agrarökologie eine ebenso wegweisende Rolle bei der Entwicklung der neuen Agrar-Perspektive spielt, vermied Pretty es stets peinlich, sich außerhalb des Konsenses der »herrschenden Lehre« und ihrer Institutionen, auch bei deren Begeisterung für die Gentechnik, zu begeben. Sein Begriff der »nachhaltigen Intensivierung«, den er zusammen mit einer Corona altgedienter Agrarkapazitäten in der Zeitschrift *Science*[4] und einer Großstudie der britischen Regierung[5] vorschlug, ist listig gewählt.

Auch die Europäische Kommission denkt um: Im Mai 2011 präsentierte ihr Ständiger Ausschuss für Agrarforschung (SCAR) den Bericht *Nachhaltiger Verbrauch und Produktion in einer Welt begrenzter Ressourcen*.[6] Er geht über die Zumutungen des Weltagrarberichts deutlich hinaus: »Ein radikaler Wechsel beim Verbrauch und in der Produktion von Lebensmitteln ist in Europa unvermeidlich, um die Herausforderungen künftiger Mängel zu meistern und das europäische Lebensmittel-System in Zeiten wachsender Instabilität und Überraschungen, widerstandsfähiger zu machen.« Die Sorge ums tägliche Brot von morgen erreicht die Metropolen.

Der SCAR-Bericht fordert eine radikale Wende. Das künftige Mantra müsse der Mangel, nicht das Wachstum sein, genauer gesagt eine Vielzahl von Mängeln: an Lebensmitteln, natürlichen Ressourcen und weiterer Belastbarkeit der Ökosysteme, aber auch an Wissen und verfügbarer Zeit zur Anpassung an möglicherweise abrupte, nichtlineare Systemveränderungen: »Überraschungen und Extremereignisse mit katastrophalen Ertragsverlusten in verschiedenen Regionen werden eher die Regel als die Ausnahme werden.«[7] Sei bereits die Entwicklung vieler einzelner Markt- und Umweltfaktoren alarmierend, so seien deren komplexe Wechselwirkung und Rückkoppelungseffekte schlicht nicht vorauszuberechnen.

Unumwunden spricht er von zwei gegensätzlichen Paradigmen der Agrarforschung. Dem herrschenden, produktivistischen Paradigma, das in der Steigerung der Produktion plus etwas ökologischer Effizienzverbesserung sein Heil sucht, stehe ein am Erforderlichen und Verfügbaren orientiertes Suffizienz-Paradigma gegenüber. Nicht mehr als nötig *und* so effizient wie möglich zu produzieren, Produktion *und* Verbrauch an realem Wohlstand statt monetärem Wachstum zu orientieren, müsse die künftige Priorität sein. So wichtig Effizienzsteigerungen der herkömmlichen Agrarsysteme im Übergang seien, komme es doch im Kern auf die Entwicklung »radikal neuer Agrarsysteme« an.

Von nicht unbedingt demselben Kaliber, doch vom selben Geist zeugt eine Reihe weiterer 2011 erschienener programmatischer Veröffentlichungen. Der Wirtschafts- und Sozialbericht der Vereinten Nationen fordert »Die große grüne Technologie-Transformation«[8] und ein »nachhaltiges Agrarinnovationssystem«: »Es hat sich gezeigt, dass für die meisten Anbaufrüchte kleine Höfe die optimale Größe bieten und in Bezug auf nachhaltige Ertragssteigerungen und die Bekämpfung ländlicher Armut die größten Gewinne versprechen.«

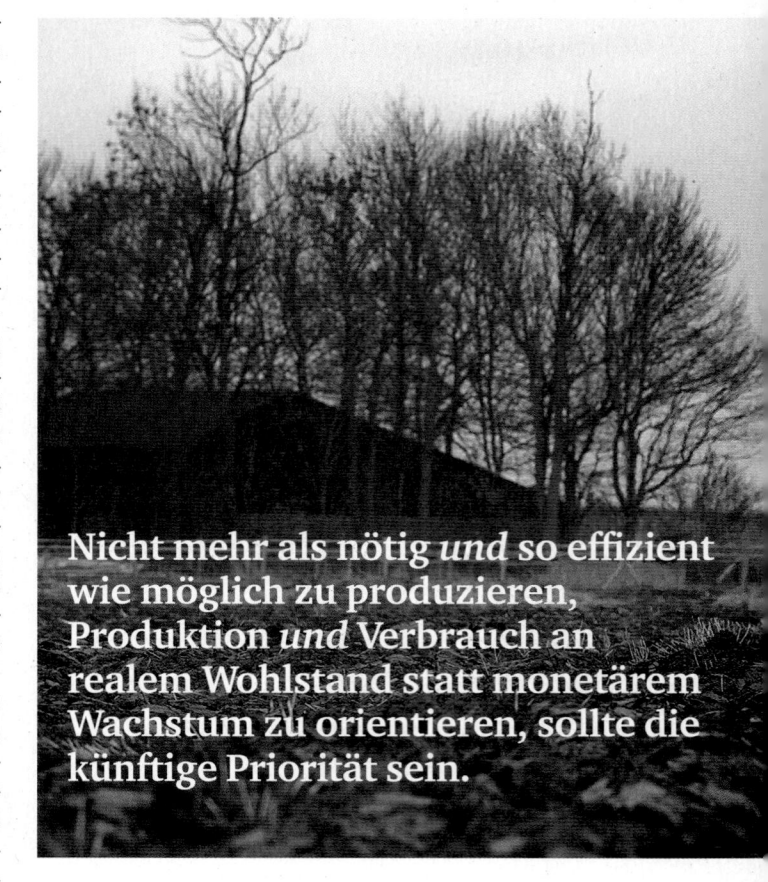

Der Wissenschaftliche Beirat der Bundesregierung für globale Umweltfragen empfiehlt einen neuen »Gesellschaftsvertrag für eine Große Transformation«[9], in der die Landwirtschaft den Erfordernissen des Klimawandels angepasst und die Ressourcen-Intensität von Lebensmitteln besteuert werden sollten.

Der Jahresbericht des World-Watch-Institute belegt unter dem Titel *Innovationen, die die Welt ernähren* detailliert gewaltige Fortschritte durch kleine, agrarökologische Projekte in Afrika[10]. Die Recherchen dafür finanzierte übrigens die Bill & Melinda Gates Foundation. Der Leiter ihrer Agrarabteilung ist Robert Horsch, Erfinder der Roundup-resistenten Gentechnik-Sojabohnen. Als damaliger Vizepräsident der Firma Monsanto war er frühzeitig aus dem Weltagrarberichts-Projekt ausgestiegen. Nur eine Schwalbe, die noch keinen Frühling macht?

> **Nicht mehr als nötig *und* so effizient wie möglich zu produzieren, Produktion *und* Verbrauch an realem Wohlstand statt monetärem Wachstum zu orientieren, sollte die künftige Priorität sein.**

---

[2] Pretty et al. 2006. *Resource-conserving agriculture increases yields in developing countries.* http://pubs.acs.org/doi/full/10 1021/es051 670d; Pretty, Hine, 2001, *Reducing Food Poverty with Sustainable Agriculture: A Summary of New Evidence, 208 case studies from 52 countries,* www.essex.ac.uk/ces/esu/occasionalpapers/SAFE%20FINAL%20-%20Pages1-22.pdf. Siehe auch www.farmingsolutions.org

[3] Olivier De Schutter, 2011, *Agroecology and the right to food,* Report presented at the 16th Session of the United Nations Human Rights Council.

[4] Godfray et al, »Food Security: The Challenge of Feeding 9 Billion«, *Science* 327, 812 (2010).

[5] Foresight, 2011. *The future of food and farming: Challenges and choices for global sustainability.* Final Project Report. London, the Government Office for Science. Siehe auch The Royal Society, 2009, *Reaping the benefits: Science and the sustainable intensification of global agriculture.*

[6] Ständiger Ausschuss für Agrarforschung der Europäischen Union (SCAR), 2011, *Sustainable food consumption and production in a resource-constrained world.*

[7] Ebenda, S. 38.

[8] World Economic and Social Survey 2011: »The Great Green Technological Transformation«.

[9] Wissenschaftlicher Beirat der Bundesregierung Globale Umweltveränderungen (WBGU), 2011, Welt im Wandel - Gesellschaftsvertrag für eine Große Transformation«.

[10] Worldwatch Institute, 2011, *State of the World 2011, Innovations that nourish the Planet,* www.worldwatch.org/sow11. Deutsche Ausgabe (Hrsg. Heinrich-Böll-Stiftung), *Zur Lage der Welt 2011, Hunger im Überfluss: Neue Strategien gegen Unterernährung und Armut.*

»Das gegenwärtige Paradigma intensiver Pflanzenproduktion wird den Herausforderungen des neuen Jahrtausends nicht gerecht. Um zu wachsen, muss die Landwirtschaft lernen zu sparen und zu erhalten«, schreibt schließlich kein Geringerer als der indische »Vater der Grünen Revolution« M.S. Swaminathan in der Einleitung zu einer programmatischen Schrift der Welternährungsorganisation FAO, *Save and Grow*[11], der vielleicht wichtigsten Publikation in der Reihe der Paradigmen-Wechsler des Jahres.

Die FAO bleibt zwar bei der Forderung nach Produktionssteigerungen und bricht auch keineswegs mit den Technologien des vergangenen Jahrhunderts. Doch die radikal veränderte Zielsetzung ist unüberhörbar. Nicht mehr von der bisher geforderten Steigerung der gesamten landwirtschaftlichen Produktion der Welt um 70 Prozent ist die Rede, sondern von einer Verdoppelung der *Lebensmittelproduktion in Entwicklungsländern*. Eine quantitativ wie qualitativ bemerkenswerte Veränderung. Der Einsatz von Mineraldünger und Pestiziden wird im Wesentlichen unter dem Gesichtspunkt massiver Reduktion behandelt.

In dem von Pretty übernommenen »neuen Paradigma« der »nachhaltigen Intensivierung des Anbaus« stehen Mulchen[12], der Einsatz von Leguminosen (Hülsenfrüchtler), die auf natürliche Weise im Boden Stickstoff binden, Fruchtwechsel und pfluglose Bodenbearbeitung ganz oben. Die Bodenfruchtbarkeit rückt in den Mittelpunkt, Agro-Forstsysteme und andere ökologische Ansätze dominieren die Liste der Beispiele dieser neuen Intensivierung. Selbst das hohe Lied der Hochleistungssorten wird ergänzt durch die Forderung nach Beteiligung der Bauern und ihrer traditionellen Sorten und Wissenssysteme. Hinzu kommen massive Zweifel am gegenwärtigen »anti-gemeinschaftlichen« Patentsystem und an der Fähigkeit der sechs weltbeherrschenden Agrarchemie-Konzerne, zu liefern, was am dringendsten gebraucht wird.

»Und sie bewegt sich doch!« möchte man hoffnungsvoll ausrufen. Wäre da nicht die eklatante Diskrepanz zwischen diesen neuen Tönen und dem realen Verhalten von Markt und Politik. Während die einen formulieren, wie der Weg aus der Sackgasse industrieller Landwirtschaft aussieht, galoppieren die Märkte mit ungebremster Wut in exakt die entgegengesetzte Richtung: Der Lebensmittelpreis-Index liegt heute über den Rekordmarken des Jahres 2008, angeheizt durch Biosprit und -energie, Agrar-Spekulation und neokoloniale Landnahme von Investoren, die den künftigen Mangel als großartiges Geschäft entdeckt haben.

Die Chance eines politischen Paradigmenwechsels scheint auch bei der gegenwärtig zur Entscheidung stehenden Reform der Gemeinsamen Agrarpolitik der Europäischen Union bereits fast verpasst. Weder die Vorschläge der EU-Kommission noch die Reaktionen der Agrarminister und des Europäischen Parlaments geben Anlass zu Hoffnung: Keine klaren Umwelt- und Nachhaltigkeits-Ziele, keine Perspektive für die Kleinbauern Europas, die zu Millionen vor dem Aus stehen, kein Ausstieg aus dem unanständig billigen Import von Agrarrohstoffen aus ökologischen Krisenregionen. Kein Abschied vom subventionierten Export tierischer Produkte, deren ökologischer Fußabdruck zum Himmel stinkt.

Es wäre wohl ein regelrechter Bürger-Aufstand[13] nötig, um die wissenschaftlichen Empfehlungen zum Überlebensthema Ernährung gegen die Lobby der Profiteure in politisches Handeln umzusetzen. Doch nichts ist unmöglich … die Verhandlungen laufen noch.

Dennoch ist die Paradigmendämmerung, selbst ihre Vereinnahmung durch industrielles und institutionelles Greenwashing, Grund zur Hoffnung. Zu wissen, wohin die Reise gehen muss, ist zwar keine hinreichende, aber doch eine unverzichtbare Voraussetzung für entsprechendes Handeln. Eine Fortführung des Weltagrarberichts (wo wären wir heute, wenn der erste Bericht des Weltklimarates 1990 auch sein letzter gewesen wäre?) könnte dabei hilfreich sein. Seine Wirkung verdankte er einer Unabhängigkeit und Vielfalt der Wissenschaftler, die man den Autoren der besprochenen Nachfolgeberichte nicht nachsagen kann.

Die Bundesregierung könnte durch beherzten Einsatz für ein solches Projekt bei den Rio-+20-Verhandlungen in Brasilien 2012 die Scharte auswetzen, den ersten Weltagrarbericht nicht unterzeichnet und dessen Paradigmenwechsel schlichtweg geschwänzt zu haben.

---

11 Das Deutsche kennt keinen Begriff, der wie »Save« sowohl Sparen als auch Erhalten umfasst. FAO, 2011, *Save and grow – A policymaker's guide to the sustainable intensification of smallholder crop production*.

12 Mulchen ist das Bedecken des Bodens mit Blättern, Stroh oder anderem unverrotteten organischen Material (Mulch). Dadurch wird die Entwicklung von Unkraut gehemmt, da es die Lichteinstrahlung vermindert. Wenn der Mulch verrottet, wirkt er wie Dünger.

13 Siehe www.meine-landwirtschaft.de

© *Le Monde diplomatique*, Berlin

Die Programme des Deutschlandradios jetzt auch im neuen

DiGITALRAD!O

Weitere Informationen:
Hörerservice 0221.345-1831
www.dradio.de
www.digitalradio.de

Deutschlandfunk

Deutschlandradio Kultur

DRadio Wissen

Nach uns die Sintflut

Metalle und Holz, Getreide und Fleisch, Gas und Öl schippern über Weltmeere, fließen durch Pipelines, sausen über Autobahnen von West nach Ost, von Süd nach Nord. Und machen sich als Handy, Pullover oder Tierfutter erneut auf den Weg mit unbekanntem Ziel. Doch wer zahlt den Preis für diesen Wohlstand?

„Biosprit ist nichts als eine faule Ausrede derjenigen, die sich um wirkliche Lösungen herumdrücken wollen und die sich nicht durchringen können, der heiligen Kuh Individualverkehr ihre Schranken zu zeigen." *Verkehrsclub Deutschland, Landesverband Niedersachsen*

www.westendverlag.de

192 Seiten, ISBN 3-938060-38-4, € 12,99

Armin Reller
Heike Holdinghausen

Wir konsumieren uns zu Tode

Warum wir unseren Lebensstil ändern müssen, wenn wir überleben wollen

WESTEND BÜCHER FÜR DIE WIRKLICHKEIT